AF570432

Michael Dimor

Im Edertal

Biographischer Roman

Aus dem Hebräischen von Gabi Madar-Bradley

FRIELING

Bibliografische Information der Deutschen Nationalbibliothek
Die Deutsche Nationalbibliothek verzeichnet diese Publikation in der Deutschen Nationalbibliografie; detaillierte bibliografische Daten sind im Internet über http://dnb.d-nb.de abrufbar.
© Frieling-Verlag Berlin • Eine Marke der Frieling & Huffmann GmbH & Co. KG
Rheinstraße 46, 12161 Berlin
Telefon: 0 30 / 76 69 99-0
www.frieling.de

ISBN (Print): 978-3-8280-3425-9
ISBN (E-Book): 978-3-8280-3426-6

1. Auflage 2018
Umschlaggestaltung: Michael Beautemps
Lektorat: Rassel Dickshtien
Übersetzung: Gabi Madar-Bradley
Sämtliche Rechte vorbehalten
Printed in Germany

Inhalt

In Liebe und Sehnsucht dem Andenken

Riekchens und Elses gewidmet.

Vorwort

Moritz bog von der Dorfstraße nach links ab. Nach ungefähr dreißig Metern war er am Zaun angelangt, der das Haus der Hartmanns umschloss, öffnete das Tor und trat in den Hof ein. Er atmete schwer. Schnee wirbelte durch den eisigen Winterwind und schlug unentwegt in sein Gesicht; längst hatte er jegliches Gefühl verloren.

Er war froh, endlich am Zufluchtsort seiner letzten Jahre angekommen zu sein. Er stapfte zur Hinterseite des Hauses, gelangte an die Tür der Wohneinheit, die ihm Max Hartmann zur Verfügung gestellt hatte, öffnete sie und betrat den Raum. Allmählich taute die warme Zimmerluft sein verfrorenes Gesicht auf. Er streifte die dicken Wollhandschuhe ab, zog den alten geflickten Mantel aus und setzte sich mit einem schweren Seufzer auf die Bank im Vorraum. Moritz entledigte sich der Stiefel, die auch schon bessere Zeiten gesehen hatten, streckte seinen Rücken und tat einen tiefen Atemzug der Erleichterung.

In letzter Zeit verließ er das Haus nur noch selten – eigentlich nur noch, um dringende Arbeiten zu verrichten – denn er fühlte eine große Schwere in sich. Seine Beine trugen ihn kaum noch, sie schlurften am Boden und jeder Schritt fiel ihm schwer. Das beklemmende Engegefühl in der Brust hatte sich verstärkt und begleitete ihn mittlerweile fast ständig, und er konnte kaum mildernde Medikamente bekommen.

Frau Hartmann, der sein sich verschlechternder Zustand nicht verborgen geblieben war, bereitete ihm fast alle Mahlzeiten zu, damit er nicht auf die wenigen Nahrungsmittel beschränkt war, die ihm zur Verfügung standen. Als Jude hatte Moritz keinen Anspruch auf Lebensmittelscheine. Frau Hartmann empfand Mitleid mit ihm wegen seiner großen Einsamkeit – er war der letzte Jude, der im gesamten Landkreis zurückgeblieben war.

Aus Gehorsamkeit den nationalsozialistischen Rassengesetzen gegenüber hatten auch seine Tochter, seine Frau und deren gesamte Familie schon vor Ausbruch des Krieges jeglichen Kontakt mit ihm abgebrochen.

Als Moritz sich nach einer Weile von der Bank erhob und den mit einem Tuch bedeckten Topf sah, der auf dem kleinen Tisch im Vorraum stand, dankte er innerlich Frau Hartmann. Er legte noch ein wenig Kohle in den Ofen, der ihm sowohl zum Heizen als auch zum Kochen diente, setzte den Topf auf die Herdplatte und schlurfte in die Kammer.

Es war kein großer Raum, bot aber genug Platz für ein rustikales Doppelbett, einen Kleiderschrank aus Holz, eine Kommode mit Waschutensilien, einen kleinen Tisch und zwei Stühle. Seit zehn Jahren war dies nun sein Zuhause – nachdem er mit Verabschiedung der Nürnberger Gesetze gezwungen worden war, seine Frau und seine Tochter zu verlassen.

Langsam zog sich Moritz aus, wusch sein Gesicht, trocknete sich ab, schlüpfte in Hauskleidung und ließ sich erleichtert auf sein Bett fallen.

Ein leichter Schwindel überkam ihn. Er schloss die Augen und beabsichtigte, vor dem Nachtmahl ein kleines Nickerchen zu halten. Plötzlich erinnerte er sich, dass er den Pfarrer gesehen hatte, der im Pfarrhaus bei der Kirche am Fenster gesessen hatte, und bedauerte nun, dass er nicht für einen kurzen Besuch zu ihm hineingegangen war.

Er war so kraftlos gewesen, dass er nicht einmal die Hand zum Gruß erhoben hatte. Seine Augen fielen zu, doch er konnte nicht einschlafen – wie im Film liefen vor seinem inneren Auge Bilder aus seinem Leben ab. Erinnerungsbilder aus seiner Kindheit in Schaffhausen – das Edertal mit den großen Staudämmen, seine erste Liebe Emma Krummel, seine Freunde von der Musikkapelle – Max, Rudi und Hans –, seine Eltern und Großmutter Regina, seine Schwester Rachel, die gen Osten verschickt wurde, wo sich ihre Spur verloren hatte, Freddi und die Kinder – Helmut und Ruth – ob auch sie gemeinsam mit all den anderen Juden nach Osten geschickt worden waren? Der Große Krieg in Russland und danach an der Westfront, die Scheidung, Gretchen und Waltraud, die ihn verlassen hatten, die schweren Jahre, die er während des zweiten Krieges durchlitten hatte. Grausamer als alle vor ihm war dieser Krieg.

Er hatte das Gefühl, als sänke sein Körper immer tiefer ins Bett. Er konnte seine Augen nicht öffnen, obgleich der Film, der in seiner Vorstellung abgelaufen war, zu Ende war und an seiner Stelle nun tiefe Dunkelheit herrschte. Er hatte kein Bedürfnis, sich zu bewegen oder aufzustehen.

Sein Atem wurde zunehmend schwerer. Er hörte nicht, wie die Luft pfeifend seinen Lungen entwich.

Bei einem letzten Aufflackern des Bewusstseins fand er sich außerhalb seines Körpers, auf den alten und ausgemergelten Mann blickend, der hilflos im Bett lag und dessen Zeit gekommen war, seinen Geist dem Schöpfer wiederzugeben.

Die Hartmanns, die zu dieser Zeit am Abendtisch saßen, meinten etwas Angebranntes aus Richtung von Moritz' Kammer zu riechen. Als sie angelaufen kamen, um der Sache auf den Grund zu gehen, fanden sie den Topf auf der heißen Herdplatte – das Essen im Topf war verbrannt.

Moritz lag tot im Bett, in seinem Gesicht ein Ausdruck innerer Seelenruhe, wie er sie lange Zeit nicht mehr verspürt hatte.

1 Schaffhausen

Allmählich wich der lange, kalte Winter. Der Schnee auf den Feldern klumpte schon, und unter ihm tauchten Flecken von trockenem gelbem Gras auf, Überreste vom letzten Sommer. Die Felder erstreckten sich über die niedrigen Hügel hin bis zum Tannenwald im Osten des Dorfes. Die Luft war feucht und schwer. Über den Dorfdächern erhoben sich Dunstwolken, die aus Kuhställen und Häusern emporstiegen. Ein schwerer, stechender Geruch von Jauche und Gärfutter wurde vom Wind davongetragen. Weißer Rauch wogte aus den Schornsteinen der Häuser – ein Zeichen dafür, dass die Heizöfen weiterhin unentwegt arbeiteten, obgleich es schon Mittag war und die Sonne, hinter Wolken versteckt, bereits hoch am Himmel stand.

Von Weitem schien das Dorf wie ein grauer Kloben: eine Ansammlung von Häusern mit Ziegeldächern, das eine ins andere übergehend, ohne dass man sie unterscheiden konnte. Moritz marschierte energisch den Weg zum Dorf hinab, seinen Beutel auf dem Rücken. In der Stille ringsum war nur das Knirschen seiner Stiefel auf dem Weggeröll zu hören. Sein Gang war schwer, seine Schritte lang und bedächtig. Er hatte den Rücken ein wenig gebeugt, die Hände in den Taschen vergraben; sein Kopf war nach vorne geneigt und sein Blick auf den Boden gerichtet.

Alles in allem war er zufrieden, obgleich dies seiner gefrorenen Miene nicht anzusehen war. Er hatte die Mission, die ihm seine Mutter Anna am Morgen aufgetragen hatte, erfolgreich ausgeführt: bei einem der Bauern im Nachbardorf Ware einzukaufen. Seit sein Vater Robert am Herz litt und das Haus nicht mehr verlassen konnte, wurden Moritz alle auswärtigen Aufträge zugewiesen, wie Wareneinkauf, Erledigungen bei Ämtern und mitunter auch die Warenverteilung an die Kunden. Ehrlich gesagt war er mit dieser neuen Regelung ganz zufrieden. An Tagen, an denen er auf diverse Missionen geschickt wurde, war er vom Schulbesuch befreit und konnte nach Belieben in den weiten Fluren umherschweifen. Das war die eine Seite. Andererseits würde er im nächsten Sommer ohnehin acht Jahre Schulzeit beenden und wohl beginnen, in der familieneigenen Metzgerei zu arbeiten. Der Wechsel von der Schule zur Verrichtung unterschiedlicher Botengänge hielt ihn von seinen Freunden fern und stellte ihren gemeinsamen Plan infrage: eine Musikkapelle zu gründen, die in den lokalen Wirtshäusern auftreten würde – nicht nur im eigenen Dorf, sondern auch in den Nachbardörfern, und wer weiß, vielleicht sogar in der Kreisstadt Lautbach.

Als Moritz daran dachte, begann er eine flotte Weise zu pfeifen, die sie zuletzt eingeübt hatten, und überlegte sich, wie er trotz allem die Arbeit im Familienbetrieb mit der Tätigkeit in der Kapelle verbinden könnte. Er war zwar nicht der talentierteste Musiker und konnte auch nicht besonders gut singen, aber er konnte Witze erzählen und war ein hervorragender Organisator. Er war im letzten Sommer 15 geworden und fühlte sich erwachsen genug, um sein eigener Herr zu sein und selbst über seinen Lebensweg zu entscheiden.

Das Selbstbewusstsein, das Moritz auf seinem Weg zum Dorf verspürte, bröckelte allerdings immer mehr, je näher er diesem kam und je deutlicher er die einzelnen Häuser unterscheiden konnte. Das Haus seiner Familie lag unweit der Kirche im Dorfzentrum, in der alten Straße, die „Judenstraße" genannt wurde, und war, solange er sich außerhalb des Dorfes befand, nicht zu erblicken. Die Familie wohnte in einem alten Fachwerkhaus – es war aus Holzbalken gebaut, zwischen denen weiß verputzte Lehmziegel steckten; im Erdgeschoss befand sich der Metzgerladen und in der Etage darüber wohnte die Familie.

Moritz kam an eine Weggabelung und bog nach rechts ab. Der Weg links führte ins Nachbardorf. Vor ihm lag noch ungefähr eine Viertelstunde Fußmarsch. Bald konnte er einzelne Details der Häuser und der Kirche erkennen. Ein Großteil seiner Verwandten lebte im Dorf, doch einige Ableger der Familie wohnten auch in Nachbardörfern. An Feiertagen kam es zu Familientreffen, dann hatte er Gelegenheit, alle zu treffen und Verwandte seines Alters kennenzulernen. Im Dorf selbst wohnten nicht wenige jüdische Familien, die meisten von ihnen in der Judenstraße; sie waren im Handel tätig oder betrieben Gewerbe, die mit Tieren zu tun hatten. Moritz' Vater Robert hatte eine Metzgerei, wie auch einige seiner Brüder. Andere Familien waren auf den Handel mit Vieh oder mit Fellen spezialisiert, betrieben eine Gerberei oder handelten mit Nahrungsmitteln. Ihre nicht jüdischen Nachbarn waren zum großen Teil Bauern, andere waren Handwerker und im Bereich der Metall- und Holzbearbeitung tätig.

Vor der Erkrankung seines Vaters war Moritz morgens in die Dorfschule gegangen und hatte zusätzlich zweimal pro Woche am jüdischen Religionsunterricht in der Synagoge teilgenommen, der von einem Lehrer aus der Bezirksstadt Lautbach erteilt wurde. Moritz lernte nicht gern. Er hatte Mühe, sich eine volle, 50 Minuten lang währende Unterrichtsstunde zu konzentrieren. Allein die Furcht vor seiner Mutter brachte ihn dazu, durchzuhalten und es gerade noch von einer Klasse zur nächsten zu schaffen. Im jüdischen Religionsunterricht konnte er sich von Anfang an nicht einfügen, und glücklicherweise übte seine Mutter keinen Druck auf ihn aus, und auch der Lehrer gab klein bei und ließ ihn gewöhnlich schon eine Viertelstunde nach Beginn des Unterrichts gehen.

Moritz' beste Freunde, wie auch seine Kameraden von der Musikkapelle, waren keine Juden. Die jüdischen Eltern erlaubten ihren Sprösslingen nicht, sich an Musik- und Unterhaltungstätigkeiten zu beteiligen, insbesondere nicht an Veranstaltungen, die in den lokalen Wirtshäusern stattfanden.

Moritz als der älteste Sohn der Familie interessierte sich nicht besonders für den familiären Metzgerladen, obgleich er dessen Leitung eines Tages übernehmen sollte. Seine zwei Jahre jüngere Schwester Rachel würde gewiss in wenigen Jahren heiraten und das Elternhaus verlassen, und dann würden alle Augen auf ihn gerichtet sein in der Hoffnung – oder mit der Forderung –, dass er ins Geschäft einsteige und es zu gegebener Zeit von seinem Vater übernähme. Seine Großmutter, die mit im Haus lebte und die höchste Autorität in allen Angelegenheiten war, zögerte nicht, ihren Unwillen über Moritz' Verhalten zu bekunden, und brachte das Thema seiner Schulleistungen und der Mitarbeit im Geschäft bei jeder Gelegenheit zur Sprache. Ihr

Sohn Robert war kränklich und zu schwach, um sich einerseits mit ihren Argumenten und andererseits mit seinem Ältesten auseinanderzusetzen, und ließ den Dingen seinen Lauf. Seine Mutter wiederholte gewöhnlich papageienhaft die Worte der Großmutter, allein um nicht mit ihr zu streiten und den Hausfrieden aufrechtzuerhalten. Im Innern ihres Herzens sah sie keinen Sinn darin, gegen die Neigungen des Jungen anzukämpfen. Sie wollte nicht, dass er Dinge tun müsse, die ihm verhasst waren, und darum sein Leben lang frustriert sein würde, so wie sie es war.

Moritz zog die körperliche Arbeit vor und hatte sich seit frühester Kindheit in den Handwerksbetrieben des Dorfes herumgetrieben – beim Schmied, beim Tischler, beim Sattler und beim Schlosser –, wo er aufmerksam die Arbeit der Handwerker verfolgte. Die meisten von ihnen waren keine Juden, doch sie erlaubten dem neugierigen Jungen, ihnen zuzusehen, und trugen ihm im Laufe der Zeit auch verschiedene Aufgaben auf. So lernte er auch ihre Kinder kennen, die – wie er selbst – nicht besonders gerne lernten. Sie wurden zu seinen besten Freunden, und aus dieser Bekanntschaft heraus war die Musikkapelle entstanden.

Moritz war mittlerweile am Dorfeingang angelangt und marschierte nun die Hauptstraße zur Kirche hoch, die auf einer Anhöhe stand. Die Hauptstraße war breit angelegt, um den Bauernwagen das Wenden zu ermöglichen. Die an beiden Straßenrändern gepflanzten, noch blätterlosen kahlen Birken verstärkten den allgemein tristen Eindruck des Dorfes.

Die Häuser selbst waren aus Holzbalken gebaut, zwischen denen Lehmziegel und grau, braun oder weiß verputzte Strohbündel steckten. Ihre Dächer waren mit grauen Schieferziegeln bedeckt, aus den Schornsteinen stieg Rauch – nun konnte man sehen, dass er grau war und nicht weiß. Zwei bis drei Stufen hohe Hauseingänge wandten sich der Straße zu, die kleinen Fenster waren mit dicken Vorhängen versehen, um das Privatleben der Hausbewohner zu schützen. Jedes Haus hatte einen Hinterhof mit landwirtschaftlichen Gebäuden – einer Scheune, Ställen für die Haustiere und Ähnlichem. Die anderen Straßen des Unterdorfes waren nicht so geradlinig wie die Hauptstraße, sie verliefen parallel zu ihr und krümmten sich dann Richtung Kirche. Eine von ihnen war die Judenstraße. Moritz bog nach rechts, ging durch eine schmale Gasse zwischen zwei Höfen hindurch, erreichte die Judenstraße und betrat die Metzgerei im Haus Nr. 16.

Der Laden war leer. Er nahm die erstandene Ware aus seinem Beutel und legte sie in den Schrank, in dem Zubehör und Arbeitsgeräte aufbewahrt wurden.

Die Stimmen aus der oberen Etage und der Geruch, der über der Treppe lag, erinnerten ihn daran, dass es Zeit zum Mittagessen war. Ein starkes Hungergefühl, das sich wohl während des langen Fußmarsches aufgebaut hatte, machte sich plötzlich bemerkbar und zog seinen Magen zusammen – wie es einem heranwachsenden Jungen halt so passiert.

Moritz sprang die Treppe hinauf, stürmte ungestüm ins Esszimmer und sah, dass die ganze Familie bereits zu Tisch saß. Er wollte sich an seinen Platz setzen, doch der eindringliche Blick seiner Großmutter hielt ihn davon ab. Er wusste, dass er etwas falsch gemacht hatte. Natürlich, er hatte die Anwesenden beim Eintritt nicht begrüßt, er hatte weder seine verschmutzten Stiefel noch seine Jacke ausgezogen und auch seine Hände nicht gewaschen. Moritz wurde rot, murmelte eine unverständliche Begrüßung und ging zurück in den Flur, um seine Schuhe auszuziehen und die Jacke abzulegen. Nachdem er Hände und Gesicht gewaschen hatte, kehrte er an den Tisch zurück und setzte sich mit saurem Lächeln an seinen Platz. Die Wanduhr zeigte ein Uhr und zehn Minuten. Die Mahlzeit begann mit einer unvertretbaren Verspätung von zehn Minuten. Wenn es in seinem Elternhaus etwas Unumstößliches, ja fast Heiliges gab, dann waren es die Essenszeiten. Wehe dem, der zu spät kam.

Doch diesmal hatte niemand etwas zu beanstanden, vielleicht aus Nachsicht ob des langen Fußmarsches, den Moritz hinter sich hatte. Er sah fragend seine Schwester an, doch diese ignorierte ihn oder hatte ihm nichts auszurichten. Seine Mutter lächelte ihm zu, während sie seinen Teller mit Suppe füllte, und Moritz beruhigte sich und konzentrierte sich auf den Teller vor ihm. Im Esszimmer herrschte Stille, so wie es sich ziemte und üblich war. Zu hören waren allein das Klappern des Geschirrs und die Kaugeräusche der Anwesenden, die selbstverständlich bei geschlossenem

Mund aßen. Moritz blickte um sich und beobachtete seine Familienmitglieder, wie er es gerne während der Mahlzeiten tat. Er meinte nämlich, dass Menschen, die auf eine grundlegende Sache wie das Essen konzentriert sind, für einen Augenblick ihre Masken fallen lassen und sich so geben, wie sie wirklich sind. Die dreizehnjährige Rachel stocherte mit der Gabel im Teller herum und probierte nur wenige Essensbrocken. Es war offensichtlich, dass sie mit ihren Gedanken woanders war. Sie war ein schmales Mädchen mit länglichem Gesicht, kleinen ovalen braunen Augen und brünettem Haar, das zu Zöpfen geflochten war. Sie strahlte eine sanfte Melancholie aus, besonders im Beisein der Eltern und der Großmutter, und war immer eifrig bemüht, es ihnen recht zu machen. Moritz liebte seine Schwester auf seine unbeholfene Art, doch aus Desinteresse sprach er nur wenig mit ihr.

Seine Mutter Anna saß auf der Stuhlkante – bereit, jederzeit aufzuspringen und jeden, der es wünschte, zu bedienen – und aß in Gedanken versunken. Sie war eine kleine, füllige Frau mit rundem Gesicht und wachen braunen Augen, deren äußere Winkel mit Lachfältchen verziert waren. Ihr braunes Haar war am Hinterkopf zu einem Knoten gedreht. Sie trug einen schwarzen Arbeitskittel und darüber eine Wollweste gleicher Farbe. Moritz liebte seine Mutter sehr, hütete sich aber, dies zu zeigen, damit man nicht auf die Idee käme, er sei ein Muttersöhnchen – was seinem Status im Freundeskreis gewiss geschadet hätte.

Seine Mutter war die Einzige, die ihm stets aufmerksam zuhörte, nicht über seine Schwächen in der Schule spottete und ihn ermutigte, das zu tun, was er gerne tat.

Sein Vater aß schweigend, den Rücken gebeugt und die Augen auf den Teller gerichtet. Er hatte ein längliches, mageres und zerfurchtes Gesicht, seine schwarzen Augen lagen tief in ihren Höhlen, sein schütteres Haar war grau und auch der kurze Schnurrbart wies bereits graue Haare auf. Moritz hatte es nie gewagt, sich unaufgefordert an seinen Vater zu wenden, und sah in ihm eine stille Autorität, über die er nicht nachzudenken und die er nicht anzuzweifeln hatte. Nach Moritz' bestem Verständnis beruhte die Beziehung zwischen ihm und seinem Vater auf Gehorsam den ausdrücklichen Anweisungen seines Vaters gegenüber, aber auch auf der Erfüllung von Erwartungen, die er nur erahnen konnte.

Robert war ein fleißiger und gewissenhafter Mann. Er hatte den Fleischerladen mit sechzehn Jahren von seinem Vater Meir übernommen und trug seither die Verantwortung für den Unterhalt seiner Familie; er widmete dieser Aufgabe all seine Zeit. Er wirkte älter als ein Mann von fünfzig Jahren und litt an einer Herzschwäche. Es war ihm daher ein dringendes Anliegen, Moritz auf die Geschäftsführung vorzubereiten.

Doch Moritz fürchtete die Verantwortung und wollte nicht von morgens bis abends dem kleinen Laden verpflichtet sein und dafür auf seine Freunde, die Musikkapelle und seine Vergnügungen verzichten. Ihm gegenüber saß mit geradem Rücken Großmutter Regina, die mehr damit beschäftigt war, alle zu überwachen, als selbst zu essen. Sie war eine groß gewachsene, magere Frau und trug ihr Haar aufgesteckt wie ihre Schwiegertochter. Sie hatte eine ausgeprägte Höckernase, ihre dünnen Lippen waren fest zusammengepresst und ihre schwarzen Augen eindringlich wie Adleraugen. Sie liebte all ihre Familienmitglieder, zeigte dies jedoch nur äußerst selten, um selbst nicht als schwach angesehen zu werden. Außerdem fürchtete sie, ihre Nächsten könnten in ihren überlebenssichernden Anstrengungen nachlassen, sollte sie die Zügel einmal lockern.

Moritz fürchtete seine Großmutter und liebte sie zugleich. Er spürte, dass sie ihn verstand, doch dies nicht einmal im Ansatz verraten würde, damit er ja nicht von seiner Bestimmung abweiche: seinen Vater zu beerben und zu gegebener Zeit den Familienbetrieb zu übernehmen. Er würde sich für die Familie opfern müssen, genau wie sein Vater, der mit sechzehn seinen Vater verloren hatte, und genau wie seine Großmutter, die bereits mit sechsunddreißig Witwe geworden war und bis zum heutigen Tag, im Alter von siebzig Jahren, der Familie vorstand.

Die Mahlzeit selbst bestand wie üblich aus Kohlsuppe, Braten, Kartoffeln und Kohl. Moritz aß mit großem Appetit, doch seine Gedanken waren woanders. Er dachte an das Fest, das möglicherweise am kommenden Samstagabend in der Dorfschenke stattfinden würde. Fritz, der Wirtshauseigentümer, hatte ihm versprochen, Moritz und seine Musikkapelle vorspielen zu lassen, und sogar angedeutet, dass man über weitere Auftritte reden könnte, sollte es den Gästen gefallen.

Moritz wartete ungeduldig darauf, dass die anderen ihr Mittagsmahl beendeten, damit er aufstehen und zu seinen Freunden gehen konnte. Sie hatten abgemacht, sich im leeren Schuppen der Kohlers zu treffen, der den Jungen als Proberaum diente. Großmutter Regina musterte ihn mit ihren eindringlichen Augen, so als würde sie seine geheimsten Gedanken kennen, doch sie sagte nichts, sondern wandte ihren Blick seiner Mutter zu, und diese erkundigte sich: „Hast du auch alle Ware gebracht, die auf der Liste stand?"

„Ja Mutter, habe ich. Ich habe auch alles im Laden abgelegt, bevor ich hochgekommen bin, kann ich jetzt raus?"

„Nein, Vater ist noch nicht fertig mit dem Essen, und überhaupt ... Was hast du draußen zu suchen vor vier Uhr, was ist mit deinen Hausaufgaben? Und heute um sechs hast du auch noch Gebetsunterricht in der Synagoge."

„Hausaufgaben hab ich keine und die Synagoge habe ich ganz vergessen, aber ich hab den Freunden versprochen, zur Probe zu kommen, wir treten doch in einer Woche in Ederfall auf."

„Schon wieder steckst du mit deinen Gojim[1]-Freunden zusammen? Robert, heb mal deinen Kopf aus dem Teller und sag was zu deinem Sohn! Warum muss immer nur ich mit ihm streiten? Wie kann denn ein Junge in seinem Alter in einem Wirtshaus auftreten?! Er hat ja schon ganz vergessen, dass er Jude ist ... Er kann ja kaum ein Gebet in der heiligen Sprache aufsagen!"

Robert sah auf, wischte sich über Mund und Schnurrbart und wandte sich an Moritz: „Du bist kein Kind mehr, du musst mehr Verantwortung übernehmen, in der Schule und auch im Geschäft, anstatt deine Zeit mit unnützem Zeug zu vergeuden wie mit einer Kapelle von Rabauken im Wirtshaus."

1 **Goi**, auch **Goj** (jiddisch Goj, Goja, Plural Gojim), ist ein auch im Deutschen verwendetes jiddisches Wort, das einen Nichtjuden bezeichnet, manchmal auch einen Juden, der sich nicht an die Vorschriften des jüdischen Gesetzes hält.

Nach diesem energischen Satz, selbst ein wenig erschrocken ob seiner Kühnheit, warf Robert seiner Frau und seiner Mutter einen kurzen Blick zu, so als wolle er ihre Bestätigung erheischen. Als er kein sichtbares Zeichen der Ermunterung erntete, senkte er von Neuem seinen Kopf und aß langsam und bedächtig weiter.

Moritz reagierte nicht, um die Stimmung nicht weiter zu erhitzen, und sagte nur: „Gut, ich gehe aufs Zimmer und mache Hausaufgaben. Sind jetzt alle zufrieden?"

Nachdem Robert sein Mahl beendet hatte, stand Moritz wortlos vom Tisch auf, stieg zum Dachboden hinauf, wo sich sein Zimmer befand, verschloss die Tür und ließ sich auf sein Bett fallen. Er war tatsächlich recht müde von seinem langen Fußmarsch, und kurz darauf war er auch schon eingeschlafen.

Unten räumte Anna das Geschirr vom Tisch, schickte Rachel auf ihr Zimmer und begab sich in die Küche, um Kaffee zu kochen. Nachdem sie Kaffee und Plätzchen serviert hatte, nippten die drei Erwachsenen, die nun unter sich waren, schweigend an ihren Getränken und warteten darauf, dass einer von ihnen ein Gespräch begänne.

Wie gewöhnlich war es auch diesmal Regina, die das Wort ergriff. Sie seufzte einmal tief, richtete sich dann in ihrem Stuhl auf und sah ihrem Sohn Robert ins Gesicht, der unmittelbar kleiner wurde, so als wolle er verschwinden in der Hoffnung, sie würde ihn mit ihren Vorwürfen verschonen.

„Moritz macht mir große Sorgen. Er ist schon im Alter, in dem er in den Familienbetrieb eingeführt werden müsste, aber er ist mit dem Kopf ganz anderswo. Guckt euch doch mal seine Vettern an – Max und Aizik – die haben nicht vergessen, dass sie Juden sind, und arbeiten schon den lieben langen Tag im Geschäft. Moritz beträgt sich wie ein leichtfertiger Taugenichts, er lernt nicht, arbeitet nicht und treibt sich nur rum – und das auch noch in Gesellschaft von Gojim. Was für eine Botschaft gebt ihr ihm denn, wenn ihr ihm immer nachgebt und ihm nicht beibringt, Verantwortung zu übernehmen? Ich sorge mich sehr um die Zukunft, besonders da Robert nicht gesund ist, und ich in meinem Alter habe noch die gesamte Familie auf dem Buckel ... Ich könnte meine letzten Lebensjahre gemächlich im großen Haus deines Bruders Moses verbringen, aber mein Verantwortungsgefühl für die Familie lässt das nicht zu. Sagt schon, wo soll das noch enden?“

Anna sah zu Robert in der trügerischen Hoffnung, dass er seiner Mutter etwas entgegnen möge und sich mit ihren Klagen und Beschwerden auseinandersetzen würde, doch sie wusste nur zu gut, dass die alte Frau im Grunde genommen sie als den verantwortlichen Erwachsenen angesprochen hatte. Es stand tatsächlich schlecht. Robert führte zwar den Fleischerladen, doch er war ein passiver Betriebsleiter. Er hatte Mühe, mit anderen Metzgereien mitzuhalten, darunter auch mit denen, die von seinen Verwandten betrieben wurden. Sie hatten kein Geld, um für die Schulkosten beider Kinder aufzukommen, sollten diese weiter lernen, und in dieser Frage gab Anna Rachel den Vorzug, die ein stilles, fleißiges Mädchen war – im Gegensatz zu Moritz, der ohnehin nicht das Sitzfleisch hatte, länger als eine Viertelstunde lang still zu sitzen. Anna hatte Verständnis für seine stürmische Seele, die ihn zur Musik und zu den weiten offenen Feldern hinzog, und wusste, dass er zu körperlicher Arbeit neigte. Tatsächlich war er ihr in der Persönlichkeitsstruktur sehr ähnlich. Doch zu ihrer Zeit war es undenkbar gewesen, dass ein jüdisches Mädchen aus gutem Haus derartige Neigungen weiterentwickelte, und sie musste sich den Konventionen beugen: Mit achtzehn Jahren einen gut situierten jüdischen Mann heiraten, der wesentlich älter war als sie – wie Robert damals.

Sie hatte sich mit ihrem Schicksal abgefunden und mit der Zeit Robert lieb gewonnen; sie führte den Haushalt geschickt und sparsam, so wie sie es von ihrer Mutter gelernt hatte, und gebar ihrem Mann zwei Kinder. Sie lernte auch, mit ihrer herrischen Schwiegermutter auszukommen, war immerzu bemüht, ein gutes Verhältnis mit ihr aufrechtzuerhalten – und zahlte dafür einen Preis. Sie lernte, dass es zwecklos war zu streiten, und hielt ihre Meinung gewöhnlich für sich. Doch diesmal beschloss sie, ihrer Schwiegermutter zu widersprechen: „Moritz ist nicht dumm und sieht genau, wie es steht. Ich bin mir sicher, dass er im Geschäft arbeiten wird, wenn ihm keine Wahl bleibt. So ist es doch immer bei ihm, er handelt ohne Plan und reagiert dann auf die Geschehnisse. Er ist doch eigentlich ein guter Junge. Ihr habt doch gesehen, wie er auf das Treffen mit seinen

Freunden verzichtet hat und auf seine Kammer gegangen ist. Er ist bald so alt, dass er mit der Schule aufhören kann, die ihm ohnehin nichts bringt ... und dann können wir ihm eine Stelle als Lehrling beim Schmied im Dorf besorgen, und er kann das machen, was er gerne tut. Robert, ich meine, du solltest mit ihm reden und das alles mit ihm besprechen."

Regina saß aufrecht da und hörte verblüfft dem ungewohnten Redeschwall zu. Um ihre Verlegenheit zu verbergen, knabberte sie konzentriert an einem Plätzchen, doch ihr Blick wanderte zu Robert.

Dieser war noch weiter in sich zusammengesunken und begann nun zu husten, so als erwarte er, die Demonstration seiner körperlichen Schwäche würde ihn von der Pflicht befreien, seine Meinung zu sagen. Doch angesichts des festen Blickes der beiden Frauen wurde ihm klar, dass er sich der Situation würde stellen müssen. Er suchte fieberhaft nach dem einfachsten Ausweg aus der komplexen Situation, in die er geraten war, räusperte sich dann und sagte bedächtig, den Blick auf den Tisch gerichtet:

„Vielleicht habt ihr ja recht. In zwei Monaten, wenn das Schuljahr beendet ist, versuche ich, ihm Arbeit beim Schmied zu besorgen, damit er das Handwerk lernt und das Gefühl hat, dass wir ihm entgegenkommen, was seine Neigungen betrifft. Danach wird er dann allmählich damit beginnen, die Metzgerei zu führen. Ich werde mich da auch mit Moses beraten, was zu tun ist. Es geht mir doch letztens besser und ich brauche nicht viel Hilfe im Laden. Moritz kann mir bei den schweren Arbeiten helfen, und Anna – wenn viele Käufer im Laden sind. Ich denke, wir werden schon zurechtkommen."

Robert war der Meinung, eine befriedigende Antwort gegeben zu haben. Zugleich hatte er auch nicht die volle Verantwortung auf sich geladen, denn er hatte ja versprochen, sich mit seinem Bruder Moses zu beraten. Er streckte sich ein wenig, blickte die beiden Frauen an und senkte sogleich wieder seinen Blick.

„Ich finde, dass er sofort in die Fleischerei gehört", sagte Regina. „Dein Gesundheitszustand ist nicht so gut, wie du meinst. Du gehst zwar nicht mehr zu Doktor Herzig, aber ich sehe doch, wie schwer es dir fällt, die Treppen zu steigen, ich höre, wie dich der Husten quält, und ich spüre, dass du nachts kaum schläfst. Aber wer hört schon auf eine alte Frau?"

Anna reagierte nicht. Für sie war das Gespräch beendet. Sie stand auf, räumte das Geschirr vom Tisch und ging in die Küche. Robert erhob sich ebenfalls mit einem schweren Seufzer vom Stuhl und begab sich in die Schlafkammer, um sein Mittagsschläfchen zu halten. Um vier Uhr würde er den Metzgerladen wieder öffnen.

Er zog Schuhe und Jacke aus und legte sich aufs Bett, doch er fand keinen Schlaf; die Gedanken in seinem Kopf ließen ihm keine Ruhe. Er dachte an seine Kindheit und daran, wie er schon als Zwölfjähriger im Fleischerladen der Familie hatte arbeiten müssen. Die Familie hatte fünf Kinder und lebte in dem kleinen Haus, in dem er heute noch mit seiner Familie lebte, damals gemeinsam mit Großvater Moritz und Großmutter Rochel, die in seinen Augen immer uralt gewesen waren. Großvater hatte ihm erzählt, wie sie aus dem Kassler Getto ins Dorf gekommen waren, nachdem der Kurfürst von Kurhessen den Juden mit besonderer Erlaubnis gestattet hatte, die Gettos zu verlassen und sich in den kleinen Städtchen und Dörfern der Region niederzulassen. Das war vor fast hundert Jahren geschehen, unter dem Einfluss der „Aufklärung", die sich damals in den Ländern Westeuropas ausgebreitet hatte. Den Juden war es nun gestattet, Häuser zu kaufen – allerdings kein Land – und auch Geschäfte in bestimmten Wirtschaftszweigen zu gründen, wie beispielsweise im Vieh- und Fleischhandel, im Fell- und Textilhandel und in freien Berufen. Diese Gewerbe waren den Juden im Mittelalter erlaubt – sie galten als verachtenswert und konkurrierten nicht mit den Betätigungsfeldern der nicht jüdischen Bevölkerung und mit den Berufsgilden.

Roberts Großvater war Viehhändler gewesen. Um den Lebensunterhalt für seine Familie zu verdienen, war er immer unterwegs gewesen und nur selten zu Hause anwesend. Seine Frau, Großmutter Rochel, war eine fleißige Frau; um zum Lebensunterhalt der Familie beizutragen, eröffnete sie im Erdgeschoss des Hauses einen kleinen Laden für Lebensmittel und Fleischwaren. Mit der Zeit florierte das Geschäft und wurde zum Metzgerladen, der bald das ganze Dorf versorgte.

Robert dachte an seinen Vater Meir, der die Tradition seines Vaters weitergeführt hatte und wie dieser Viehhandel betrieb. Doch nachdem er mit Regina die Ehe geschlossen hatte, zog er es vor, im Laden zu arbeiten, um seiner Mutter zu helfen. Als diese alt und gebrechlich wurde, übernahm Meir die Metzgerei, die sich mit der Zeit vergrößert hatte. Seine Brüder Moses und Michael – die Onkel Roberts – öffneten eigene Läden. Robert seufzte unwillkürlich, als er daran dachte, wie erfolgreich ihre Betriebe waren; sie hatten seinen Vettern ansehnliche und gut florierende Läden vererbt, um die er sie nur beneiden konnte. Doch er war nicht neidisch – im Grunde war er froh darüber, dass die Goldbergs heute eine der angesehensten Familien im Dorf waren. Sie hatten Besitz, ihre Geschäfte liefen gut und die Männer der Familie gehörten zu den Führern der Gemeinde.

Er selbst war der Erste unter seinen Vettern gewesen, der die allgemeine Schule besucht hatte, parallel zum jüdischen Religionsunterricht in der Synagoge. Daher konnte er Deutsch sowohl lesen als auch schreiben, im Gegensatz zu seinem Vater, der allein die gesprochene Sprache beherrschte. Im Dorf gab es keinen Rabbiner, und die jüdische Gemeinde wurde von einem gewählten Gabbai[2] geleitet. Zu jüdischen Feiern wie einer Hochzeit oder einer Beschneidungsfeier kam der Rabbiner der Kreisstadt Lautbach ins Dorf, um die Rituale abzuhalten, und einmal pro Woche kam ein Religionslehrer, um die Jungen der Gemeinde zu unterrichten.

Robert mochte die religiöse Unterweisung nicht, denn er hatte große Mühe, den Stoff zu verstehen und die fremdartigen Worte zu erfassen, doch unter dem Druck seiner Mutter ging er weiterhin zum Unterricht. Auf jeden Fall zog er es immer vor, die Gebete aus der ins Deutsche übersetzten Siddur[3] zu lesen.

Robert war sich mittlerweile klar, dass er nun nicht mehr in den Genuss des gewohnten Mittagsschlafes kommen würde, und ließ seinen Gedanken freien Lauf. Er ließ seine Kindheit und Jugendzeit Revue passieren; das Leben im kleinen Dorf war ruhig und geregelt, und zwischen den Juden und ihren nicht jüdischen Nachbarn bestanden gute nachbarliche Beziehungen. Tatsächlich waren die Unterschiede zwischen den beiden

2 Ein **Gabbai** (hebräisch, von „erheben“) ist die Bezeichnung einer jüdischen Person, deren Amt die Unterstützung des synagogalen Betriebes ist. Auch: *Synagogendiener*, Synagogenvorsteher.

3 **Siddur** (hebräisch „Ordnung“) ist die übliche Bezeichnung für das jüdische Gebetbuch für den Alltag und den Sabbat.

Gemeinden, abgesehen von der Religion, nicht groß; alle hatten Anteil am alltäglichen Dorfleben.

Sie hatten Verwandte in den nahe gelegenen Dörfern und standen in Kontakt miteinander, die familiären Bande vertieften sich mit der Zeit noch durch Eheschließungen, sodass die Goldbergs wie andere Familien auch in der gesamten Gegend verstreut waren. Ab und zu, insbesondere zu Feiertagen, kam es zu Zusammenkünften der gesammelten Verwandtschaft, zu denen Angehörige der Großfamilie aus allen Dörfern eintrafen. Den jungen Leuten boten diese Zusammenkünfte Gelegenheit, einen Ehepartner kennenzulernen. So hatte Robert auch Anna Levinstern kennengelernt und zwei Jahre später geheiratet. Er erinnerte sich an seine häufigen Fahrten nach Ederfall und an die gemeinsamen Ausflüge entlang der Eder. Anders als ihre Vorväter war seine Generation schon nicht mehr auf die traditionelle Eheanbahnung angewiesen. Anna und er hatten, so glaubte Robert, aus Liebe geheiratet. Natürlich erst, nachdem seine Mutter genau nachgeforscht hatte, wer seine Auserwählte war und von welcher Familie sie abstammte.

Moritz wachte erschrocken auf und warf einen Blick auf die Uhr. Es war bereits Viertel nach vier. Obwohl er wusste, dass er verspätet in Kohlers Schuppen eintreffen würde, wusste er, dass die Jungs ohne ihn nicht anfangen würden. Also stand er gemächlich auf, wusch sein Gesicht in der Wasserschüssel, die auf dem Waschtisch stand, zog ein sauberes Hemd an, kämmte sich, zog Schuhe an und stieg aus dem Fenster. Er hatte genug von dem Vorfall am Mittag und wollte das Ganze nicht weiter verschlimmern und bei Eltern und Großmutter unnützen Ärger auslösen. Draußen war es noch hell, und er lief geschwind die Straße hinunter. Ein paar Minuten später war er am Kohler'schen Schuppen angekommen und hörte schon von draußen die Musikklänge. Seine Freunde hatten begonnen, die Instrumente zu stimmen. Als er eintrat, sah er, dass alle drei schon da waren, und begrüßte sie lautstark mit erhobener Hand, um seine Verspätung zu überspielen.

Die Kapelle bestand aus Rudi Kohler, dessen Familie der Schuppen gehörte und der die Trompete spielte, Hans Schmuller, Sohn des Wirtshauseigentümers Fritz Schmuller und der das Schlagzeug spielte, und dem Geigenspieler Max Schlesinger, der wie Moritz Jude war.

„Also gut, Jungs, bin ein bisschen eingenickt, nachdem ich echt erledigt vom Einkauf für den Laden zurück war. Jetzt können wir ja loslegen. Hat jemand eine Idee?"

„Wir sind doch nur die Musiker", sagte Rudi. „Die Ideen wollen wir von dir hören. Wir haben eine Woche, um ein Programm für das Fest zusammenzustellen, und haben überhaupt noch nicht angefangen."

„Ich finde, am wichtigsten ist es, Tanzmusik einzuüben, und dann auch ein paar Märsche und Volkslieder, um die Stimmung anzukurbeln. Daran arbeiten wir, aber wieso wollt ihr denn, dass ich auch singe?"

„Wir haben niemanden, der singt, und du spielst kein Instrument. Wir werden unser Bestes tun, um deine schiefen Krächztöne mit unserem großartigen Musizieren zu übertönen", sagte Hans grinsend.

„Wisst ihr was? Dann bringe ich eine Flöte und spiele mit, unter der Bedingung, dass ich nicht singen muss. Einverstanden?"

„Vielleicht sollten wir ein Mädel suchen, das bereit wäre zu singen?", schlug Max vor und erschrak nahezu vor seinem eigenen kühnen Gedanken.

Die anderen sahen ihn mit großen Augen an – der Junge hatte den Mund aufgemacht, das war eine Überraschung!

„Hast du denn jemanden im Sinn?", fragte Moritz ruhig, um den armen Max nicht einzuschüchtern, dessen Miene davon zeugte, dass er schon einen Rückzieher machen wollte.

„Ehrlich gesagt kann ich mir nur schwer vorstellen, dass man einem Mädel erlauben würde, bei einem Fest in der Kneipe zu singen, und noch dazu mit uns", grübelte Moritz laut. „Aber was meint ihr zu Emma Krummel?"

Wer kannte nicht Emma Krummel, die Dorfschönheit, wer von ihnen hatte noch nicht von ihr fantasiert oder, wie Heranwachsende es so tun, träumte nicht nachts von ihr? Sie blickten Moritz respektvoll an, dass er überhaupt gewagt hatte, ihren Namen zu erwähnen, und wussten genau, dass nichts passieren würde. Wer würde es wagen, sie anzusprechen? Sie war die Tochter des Dorfschmieds und hatte drei Onkel, allesamt stämmige Burschen, deren Aufgabe es war, den guten Ruf ihrer schönen Nichte zu hüten.

„Schon gut, träumen wird doch wohl noch erlaubt sein, oder? Dann machen wir halt so weiter wie bisher", verwarf Moritz die Idee endgültig;

doch nur dem Schein nach, denn zu sich selbst sagte er: „Ich werd sie zur Feier einladen als meinen Gast, sollen sie von mir aus alle vor Neid erblassen."

Sie musizierten ungefähr eine Stunde lang, übten Tanzmelodien ein und verabredeten sich für Donnerstagnachmittag zu einer weiteren letzten Probe.

Auf seinem Nachhauseweg dachte Moritz an all die Vorbereitungen, die noch vor der Feier erledigt werden mussten. Er wusste, dass alles von ihm und seiner Initiative abhing, denn seine Freunde neigten mehr dazu, Anweisungen auszuüben als aus eigenem Antrieb zu handeln.

Nur Max war in der Lage, selbst etwas anzuregen – wie die Idee, ein Mädel in die Musikgruppe aufzunehmen. „Sind nur wir Juden so?", fragte sich Moritz und meinte auch die Antwort zu haben. „Anscheinend ..." Dies erschien ihm seltsam, denn sie alle waren ja im gleichen Dorf geboren und aufgewachsen, gingen zur gleichen Schule, hatten von klein auf miteinander gespielt und trotz allem schien es Unterschiede zu geben, die nicht von größerer oder minderer Begabung herzurühren schienen, sondern in etwas anderem wurzelten, was ihm schwer verständlich war.

Die Juden hatten zwar auch jüdischen Religionsunterricht, doch nicht alle nahmen daran teil. Moritz war nicht der einzige Junge, der keine Geduld für den langweiligen Rabbiner aufbrachte, der einmal die Woche ins Dorf kam, um sie die Thora[4] und die jüdischen Gebete zu lehren. Moritz war aufgefallen, dass er seiner Umgebung gegenüber neugierig war und immerzu darauf aus, Neues zu entdecken, doch gleichzeitig war er oft besorgt, was in der Zukunft passieren würde, und hing sehr an seiner Mutter. Im Gegensatz zu ihm schienen seine deutschen Freunde viel gelassener, sie waren gehorsam, fürchteten allein ihren Vater und hatten kein Verlangen nach Veränderungen in ihrem bequemen Leben.

Er näherte sich dem Haus und überlegte, wie er sein Ausrücken am Nachmittag erklären könnte, doch es fiel ihm keine passende Ausrede ein. Er beschloss daher, sich im Laden nützlich zu machen, in der Hoffnung, dass sein Eifer und seine Initiative den Fehltritt vergessen lassen würden.

---

4 Die **Thora** ist der erste Teil des Tanach, der hebräischen Bibel.

Er merkte nicht, dass es bereits fast sieben Uhr abends war. Als er den Laden betrat, war sein Vater gerade dabei, einen Kunden zu bedienen. Robert ließ sich seine Genugtuung darüber, dass der Junge überhaupt aufgetaucht war, nicht anmerken, nickte ihm nur zu und sagte: „Gut, dass du kommst, der Vorratsraum muss aufgeräumt und alles gründlich geputzt werden."

Moritz nahm die Schürze vom Nagel, ging ohne Widerrede in den Vorratsraum und begann mit der Arbeit. Nachdem der letzte Kunde den Laden verlassen hatte, betrat Robert den Raum, um nachzuschauen, ob der Junge beschäftigt war oder sich etwa, wie so oft schon, bereits wieder durch die Hintertür davongemacht hatte. Zu seinem Erstaunen sah er, dass Moritz eifrig bei der Sache war, und die vorbildliche Sauberkeit im Vorratsraum bezeugte, dass er nicht gefaulenzt hatte. Robert wartete, bis der Junge fertig war, und sagte dann: „Komm in den Laden und lass uns ein Glas Tee trinken."

Die beiden setzten sich mit ihren Teegläsern. Robert schlürfte in aller Ruhe aus seinem Glas. Moritz wartete darauf, dass sein Tee abkühlte, und beobachtete misstrauisch seinen Vater. Er versuchte zu erraten, was hinter der seltenen Geste steckte. Robert seufzte leicht, stellte das Glas auf die Theke, richtete sich in seinem Stuhl auf und wandte sich an Moritz: „Im Sommer beendest du die Schule, und ich habe mir gedacht, dass du zu mir in den Laden kommst und mich, wenn die Zeit reif ist, ablöst. Du weißt doch, dass ich nicht gesund bin, und ich werde wohl in die Fußstapfen meines Vaters treten, der früh verstorben ist. Was meinst du dazu?"

Moritz war ganz und gar nicht auf dieses Gespräch vorbereitet; er hatte eine Rüge und eine Standpauke erwartet – denen konnte man sich leicht entziehen mit einer flüchtigen Ausrede und im Wissen, dass er sie hinnehmen musste; danach würde alles wieder vergessen und man konnte zur täglichen Routine zurückkehren.

Doch diesmal schien es um etwas Ernsteres zu gehen. Moritz versuchte, Zeit zu gewinnen, um besser zu verstehen, was sein Vater meinte, und antwortete mit einer Gegenfrage: „Bis zum Schulschluss sind es noch ein paar Monate. Was ist denn heute so dringend?"

„Nichts ist dringend, ich habe halt heute mit Mutter und Großmutter darüber gesprochen. Es ist immer besser, bestimmte Dinge im Voraus festzulegen, damit man die Zukunft planen und für sie bereit sein kann. Also, was meinst du?"

Moritz zuckte mit den Schultern und antwortete: „Wie du meinst – hab ich denn eine Wahl?"

„Meinst du denn, es ist uns nicht aufgefallen, dass dir die Arbeit im Laden keinen Spaß macht? Wir wollen doch nur dein Bestes und sorgen uns um dich … wir möchten, dass du zufrieden bist. Hast du einen anderen Vorschlag?"

Moritz machte sich unmittelbar kleiner, die Situation war ihm unbehaglich. Die Aufforderung, seine Meinung zu sagen und möglicherweise auch eine Entscheidung zu treffen, kam ihm ungelegen – gerade dies fiel ihm am schwersten. Er zog es vor, sich wie ein Blatt im Fluss treiben zu lassen und abzuwarten, an welches Ufer die Strömung ihn führen würde.

„Daran hab ich noch nicht gedacht. Das hat doch noch Zeit, oder?"

„Jeder Zeitpunkt ist passend, um Pläne für die Zukunft zu machen, und je früher du es tust, desto besser. So kannst du dich angemessen auf die anstehenden Veränderungen einstellen. Also – vielleicht machst du dir die Mühe und denkst darüber nach?"

„Na gut, ich seh schon, dass es dir wichtig ist. Aber ich weiß wirklich nicht, welche Alternative es zur Arbeit im Laden gibt. Es gehen doch ohnehin alle in den Familienbetrieb. Wozu also von etwas anderem träumen?"

Robert merkte, dass Moritz nicht den Mut aufbrachte, ihm zu sagen, dass er kein Interesse an der Familienmetzgerei hatte. Es hatte keinen Sinn, weiterhin um den heißen Brei herumzureden. „Gut, ich habe schon verstanden, was du dir denkst, aber mir nicht sagen willst. Was hältst du davon, dass ich dir eine Stelle als Lehrling bei einem der Handwerker im Dorf verschaffe?"

Moritz war sprachlos. Eine Woge der Zuneigung zu seinem Vater füllte sein Herz. Er war innerlich nicht darauf vorbereitet gewesen, dass einer der Erwachsenen – außer vielleicht seine Mutter – ihn verstehen würde. Er sah dies nicht nur in der eigenen Familie, sondern auch bei all seinen Verwandten und Bekannten. In den meisten ihm bekannten Familien standen nicht Verständnis und Rücksichtnahme an erster Stelle, sondern

Strenge und die Forderung nach Gehorsam, im Sinne alter Gebräuche und Traditionen. Er sah seinen Vater an und fragte: „An wen hast du denn gedacht?"

„Ich habe an Schmied Krummel gedacht. Wir haben doch gesehen, wie gern du immer bei ihm in der Schmiede gesessen hast, um ihm bei der Arbeit zuzusehen. Er ist ein ehrlicher und anständiger Mann. Vielleicht wird er einwilligen, einen Lehrling zu nehmen, auch wenn er Jude ist."

Moritz war, als setzte sein Herz für ein paar Schläge aus. Von allen Handwerkern im Dorf mochte er besonders den Schmied, der ihm immer wohlgesonnen gewesen war. Er errötete unmittelbar, als er an Emma Krummel dachte, und an den Vorschlag, den er mehr zum Spaß beim Treffen mit den Freunden gemacht hatte. Er spürte eine Hitzewelle von den Fußsohlen bis zum Kopf hochschnellen, und für einen Moment schwebte er in seiner Fantasie weit weg von der Ladentheke. Er senkte gleich seinen Blick, um nicht auf frischer Tat ertappt zu werden, scharrte mit dem Fuß auf dem Boden und hoffte, sich zu beruhigen, bevor sein Vater mitbekäme, was mit ihm geschah. Doch Robert war in sein Teeglas versunken. Es fehlte ihm auch an dem notwendigen Einfühlungsvermögen, um Moritz' Geschichtsausdruck oder seine Stimmung auszumachen – dies war etwas, das über seinen intuitiven Fähigkeiten lag –, daher wartete er geduldig auf eine Antwort. Moritz fasste sich allmählich, hob seinen Blick und sagte möglichst gleichmütig: „Danke Vater. Ich bin wirklich froh, dass ich ein Gewerbe lernen kann, besonders bei Krummel, der ist doch ein angesehener Handwerker und ich kenne ihn gut. Die Metzgerei kann noch ein paar Jahre warten ... Und unabhängig von der Arbeit bei Krummel werde ich auch weiterhin mithelfen, so wie bisher ..."

„Sehr gut. Ich werde also mit Krummel reden. Ich hätte es zwar lieber, dass du im Betrieb arbeitest, aber ich verstehe dich ja auch. Ein junger Mensch muss Erfahrungen sammeln. Du kannst immer in unseren Laden zurückkommen."

Und so kam es, dass Moritz als Lehrling in der Schmiede Krummels anfangen würde – ohne dass er selbst dafür hätte kämpfen müssen, wie Moritz befürchtet hatte. Als besonderen Bonus würde er dabei auch noch die Gelegenheit haben, dessen Tochter Emma zu Gesicht zu bekommen, anfangs gewiss nur von Weitem, doch wer weiß, was sich daraus würde entwickeln können ...

Am nächsten Tag trommelte Moritz seine Freunde zusammen, um ihnen die Neuigkeiten zu erzählen, und der Anlass wurde im Kohler'schen Schuppen gebührend gefeiert.

Noch im gleichen Sommer, nach Beendigung des Schuljahres, fing Moritz als Lehrling bei Schmied Krummel an. Dies war ohne Beispiel. Nie zuvor hatte ein jüdischer Junge den Familienbetrieb verlassen, um als Lehrling in der Werkstatt eines Nichtjuden zu arbeiten. Doch in jenen Jahren war der Zeitgeist liberal, sodass die Sache im Dorf kaum Aufsehen erregte.

Moritz' Freunde akzeptierten die Veränderung freudig und Moritz' gesellschaftlicher Status stieg. Sein Lohn war bescheiden, gewährte ihm aber eine gewisse Unabhängigkeit und Handlungsfreiheit, wie er sie bisher nie gekannt hatte, und von nun an zog Moritz oft mit den anderen Burschen aus, um sich zu amüsieren.

Die Schmiedewerkstatt war im Hof hinter dem Haus der Familie Krummel gelegen. Die Hauptarbeit lag in der Wartung und Reparatur von Landmaschinen, daneben fielen auch die unterschiedlichsten mechanischen Arbeiten an: Reparatur von Hausgeräten, Montage von Dachrinnen und sogar häusliche Klempnerarbeiten.

Das Haus der Krummels lag am Rande des Dorfes, an der Straße, die gen Norden in Richtung Schulhoff führte, nahe den Feldern. Der große Hof hinter dem Wohnhaus beherbergte außer der Schmiede auch verschiedene Wirtschaftsgebäude, die im Laufe der Generationen errichtet worden waren. Da gab es einen Stall für ein paar Kühe und Pferde; einen Verschlag für Hühner und Enten, ein großes Lagerhaus und eine Hütte, die den Arbeitern als Unterkunft diente.

Johann Krummel war ein Mann in den Fünfzigern, groß gewachsen und breitschultrig. Er hatte braunes Haar und in seinem kurz getrimmten Bart sprießten ein paar graue Haare. Er hatte blaue Augen, eine Höckernase, schmale Lippen und ein vorspringendes Kinn. Der Schmied war stämmig gebaut und schob ein Bäuchlein vor sich her; er strahlte Sicherheit und Selbstbewusstsein aus. Krummel entstammte einer Familie von

Hufschmieden, die seit vielen Generationen ihr Gewerbe betrieb. Nach dem Tod seines Vaters hatte er den Familienbesitz geerbt und führte die Familientradition weiter. Seine Frau Trude war zehn Jahre jünger als er, wie es üblich war, und das Paar hatte drei Kinder – Emma war die Älteste, Jürgen war dreizehn Jahre alt und Thomas war zehn. Die Krummel'schen Söhne waren zu jung für die Arbeit in der Schmiedewerkstatt und mussten noch ihre Schule beenden, daher willigte Krummel ein, Moritz als Lehrling anzunehmen. Er kannte den Jungen, der so oft in seinen Hof gekommen war, ihm bei der Arbeit zugeschaut hatte und ihm, wenn er konnte, zur Hand gegangen war. Krummel hatte mitbekommen, dass er geschickte Hände hatte und die handwerkliche Betätigung liebte. Er maß der Tatsache, dass Moritz Jude war, keinerlei Bedeutung zu. Er kannte Robert Goldberg gut und respektierte dessen Fleiß, und als dieser mit seinem Anliegen zu ihm gekommen war, hatte er gerne eingewilligt, und die beiden Männer hatten das Abkommen mit einem Händedruck und einem Gläschen Schnaps besiegelt.

In Schaffhausen lebten um die hundert Familien, zwanzig davon jüdischen Glaubens, und in allen zivilen Angelegenheiten wurde die Dorfgemeinschaft gemeinsam geführt.

Die Juden waren Ende des 17. Jahrhunderts ins Dorf gekommen, und im Laufe der Jahre war ein stilles Einvernehmen entstanden. Jede Glaubensgemeinschaft war mit ihren Angelegenheiten beschäftigt und mischte sich nicht in die der anderen Gemeinschaft ein. Die christlichen Dorfbewohner waren Landbesitzer, lebten von der Landwirtschaft und den dazugehörigen Gewerben, unter ihnen waren Hufschmiede und Holzarbeiter, Sattler, Müller und Bäcker. Die Juden waren im Handel wie dem Vieh- und Fellhandel tätig, im Schneiderhandwerk, betrieben Fleischereien und anderes mehr.

Moritz arbeitete nun von Montag bis Donnerstag in der Werkstatt; freitags half er seinem Vater im Fleischerladen. Dieses Arrangement kam allen gelegen. Robert hegte die Hoffnung, dass sich der Junge mit der Zeit Arbeitsgewohnheiten aneignen würde und aufhören würde, sich immerzu Vergnügen und neuen Zeitvertreib zu suchen. Die Freunde seines Sohnes gefielen ihm gar nicht, denn seiner Meinung nach waren es Drückeberger, und außerdem waren sie Gojim. Moritz fand sich jeden Morgen Punkt sieben in der Schmiede ein und verließ sie gewöhnlich erst wieder um vier Uhr nachmittags. Während des Arbeitstages verließ er die Werkstatt kaum, betrat auch nicht das Haus der Krummels und bekam die Familienmitglieder kaum zu sehen – abgesehen von der Hausfrau, die um zwölf Uhr mittags immer eine leichte Mahlzeit brachte. Sein Verhältnis zu Johann Krummel war sachlich und neutral, wie es sich für das Verhältnis zwischen einem Handwerksmeister und seinem Lehrling gehörte. Zu Beginn lernte er die verschiedenen Werkzeuge kennen und kümmerte sich um Sauberkeit und Ordnung, ab und zu erledigte er auch Aufträge für Herrn Krummel. Die Tage verstrichen, und die Arbeit entpuppte sich als schwer und eintönig, wie es wohl bei der Ausbildung eines jeden Lehrlings zu erwarten war.

Moritz' Hoffnung, die schöne Emma zu erblicken, schwand zusehends dahin. Er hatte sie seit seinem ersten Arbeitstag noch nicht zu Gesicht bekommen, obgleich er immer wieder versuchte, sie abzupassen, wenn sie zur Schule ging oder von der Schule nach Hause kam. Er begann zu argwöhnen, dass dies von der Familie so beabsichtigt war, die wohl kein Interesse daran hatte, dass zwischen ihrer Tochter und dem jüdischen Lehrling irgendeine Art von Kontakt entstand. Er verstand sie; er wusste selbst, dass den gesellschaftlichen Verbindungen zwischen Juden und Nichtjuden in ihrer Dorfgemeinschaft klare Grenzen gesetzt waren. Gleichgeschlechtliche Freundschaften waren üblich, trugen im Lauf der Zeit zum guten Verhältnis der beiden Bevölkerungsgruppen bei und hatten sich generationenlang bewährt. Doch die Annäherung zwischen den Geschlechtern war für beide Gemeinschaften weiterhin ein Tabu, nicht nur aufgrund der religiösen Verbote, sondern auch aus dem allseitigen Verständnis heraus, dass ein Tabubruch die Beziehungen zwischen den beiden Gemeinschaften schädigen, wenn nicht sogar zerstören würde. Die Beibehaltung des Status quo war den Juden besonders wichtig, denn infolge der Aufklärung, ihres Auszugs aus den Gettos und der Möglichkeit, in allgemeinen Schulen zu lernen, hatte ein allmähliches Abrücken von der religiös-traditionellen Lebensweise begonnen, und die Gefahr der Assimilation und des Verlusts der jüdischen Identität hatte zugenommen. Überlegungen wie diese beschäftigten Moritz nicht, vielleicht war er sich ihrer nicht einmal bewusst. Er war alles in allem ein heranwachsender Junge, der seinem Herzen und seinen Träumen zu folgen versuchte und die Beschränkungen der gesellschaftlichen Realität nicht hinnehmen wollte. Mit der Zeit akzeptierte er die Umstände, wie sie waren, und seine Erwartung, Emma kennenzulernen, schwand dahin.

Zu gern hätte er vor seinen Freunden mit seiner Bekanntschaft zu Emma geprahlt; ihre diesbezüglichen frotzelnden Anfragen ärgerten ihn, und nur seine Einbildungskraft machte ihm ein wenig Mut. Wenn er den Boden der Werkstatt fegte und zum offenen Tor hinausblickte, sah er in seiner Fantasie Emmas Gestalt im Hof vorbeilaufen, das Kleid im Wind flatternd, ihr dicker Zopf hüpfte auf ihrer Schulter und sie lächelte ihm zu, entfernte sich aber sogleich wieder und schon war sie verschwunden ...

Auch des Nachts besuchte sie ihn im Traum, dann spazierten sie gemeinsam zur Eder, schlenderten Händchen haltend am Ufer entlang bis zum großen Staudamm, erfreuten sich an der blühenden Landschaft, aber vor allem einer am anderen. Der Traum wurde meistens vom Rasseln seines Weckers abgebrochen, der Moritz aus dem Schlaf schreckte und zur Arbeit schickte. Dann hatte Moritz das Gefühl, als sei er vom Gipfel eines Baums in den schlammigen Hof eines Schweinestalls gefallen.

Und so gingen Tage, Wochen und Monate ins Land. Moritz konnte nun schon eigenhändig Reparaturen vornehmen und spürte, dass er auf dem Weg war, das Handwerk zu meistern, doch Emma bekam er nicht zu Gesicht. Mitunter sah er sie für einen Moment, wenn sie das Haus betrat oder es verließ, doch die beiden wechselten nie einen Blick. Ihm schien, sie wusste nicht einmal, dass er der Lehrling ihres Vaters war. Moritz wagte es nicht, mit irgendjemandem über seine Gefühle zu sprechen, und behielt seine Ernüchterung für sich. Wenn er mit Johann Krummel redete, ging es einzig und allein um die Arbeit, und im Allgemeinen vermied er es, ein Gespräch mit seinem Meister anzuknüpfen, und begnügte sich damit, ihm zu antworten, wenn dieser ihn ansprach.

Die Jungs der Musikkapelle trafen sich weiterhin, musizierten und zogen durchs Dorf oder durch die Nachbardörfer, um sich zu vergnügen; sie waren in der ganzen Gegend bekannt als eine frohsinnige Bande.

Als der Sommer kam und mit ihm die Ferienzeit, füllte sich die Gegend mit Sommerfrischlern, die sich entlang der Eder und an den Ufern der kleinen Seen vergnügten; Familien aus den großen Städten „mit Kind und Kegel" mieteten Zimmer oder ganze Häuser für die Sommerfrische. Aus diesem Grund vermieteten zahlreiche Familien im Dorf im Sommer einzelne Zimmer oder Hütten, andere machten improvisierte Restaurants oder Bierhäuser auf. Tatsächlich erfreute sich das ganze Dorf während der Sommersaison zusätzlicher Einnahmen. Auch Familie Krummel hatte die Hütte im Hinterhof vermietet, und Emma war zuständig für die Bedienung der Gäste. Die Hütte lag nahe der Werkstatt, und so konnte Moritz Emma endlich fast jeden Tag sehen. Doch dies war ein schwacher Trost; das Mädchen ignorierte ihn vollkommen und tat, wenn sie an ihm vorbeiging, als sei er Luft. Moritz versuchte mit Seitenblicken und angedeuteter Körpersprache ihre Aufmerksamkeit zu erwecken, doch alles war umsonst. Er begriff schließlich, dass er keine Chance bei ihr hatte, und wandte sich wieder eifrig seiner Arbeit zu. Krummel spürte die in der Luft liegende Spannung nicht, oder tat zumindest so, und die Arbeitsroutine in der Schmiede nahm keinen Schaden.

An Sommerabenden und an Wochenenden trat die Musikkapelle in den improvisierten Bierhäusern auf und spielte vornehmlich ländliche Tanzweisen, die von den Gästen „Schmalzmusik" genannt wurden. Dies war gut fürs Geschäft, und die jungen Musiker erhielten freies Bier und mitunter sogar Trinkgeld von den Feiernden.

Die Eltern erlaubten den Jungen zu musizieren, denn dies war Teil der sogenannten „Sommergeschäfte". Mit anderen Worten – das Musizieren war auf die Sommerferien begrenzt, und daher konnte man die Zügel ein wenig lockern.

An einem Samstagabend im August war im Wirtshaus der Familie Schmuller ein Sommerfest geplant. Das Wirtshaus war um ein riesiges Zelt erweitert worden. Plakate, die an alle Anschlagsäulen der Nachbardörfer gehängt wurden, gaben neben den Biersorten, die ausgeschenkt werden würden, auch das künstlerische Programm bekannt – der Auftritt einer bayerischen Musikkapelle, die auf „Schmalzmusik" spezialisiert war. Moritz erahnte hier sogleich eine Gelegenheit und trommelte seine Freunde zu einer dringlichen Besprechung im Kohler'schen Schuppen zusammen.

„Auf diese Gelegenheit haben wir gewartet", sagte er, „es werden eine Menge Leute kommen, die bestimmt auch Musik aus unserer Gegend hören wollen – wenn sie von der bayerischen Schmalzmusik genug haben."

Hans Schmuller schüttelte skeptisch den Kopf und sagte: „Spinnst du? Wer will schon eine Jugendkapelle anhören? Mein Vater hat ein stattliches Fest ausgerichtet und viel Geld in das Orchester gesteckt, warum sollte er dem zustimmen?"

„Weil das Fest sich über Stunden hinziehen wird, da muss man doch auch was anderes bieten, damit die Leute nicht in andere Bierhäuser ziehen. Komm, lass uns mit deinem Vater reden ..."

Rudi und Max nickten zustimmend und Rudi sagte: „Ich bin dafür. Es wird doch Zeit, dass wir bekannt werden. Aber was könnten wir spielen, was nicht langweilig ist?"

Max senkte verlegen seinen Blick. Die Freunde begriffen, dass er eine originelle Idee hatte, doch nicht wagte, den Mund zu öffnen, aus Furcht, sie könnten ihn verspotten.

„Also sag schon, Max, was du sagen willst, wir versprechen auch, nicht zu lachen", sagte Moritz.

„Gut, also ich bin mir gar nicht sicher, dass das eine gelungene Idee ist, aber erinnert ihr euch noch an unseren Einfall von damals? Warum nicht Musik und Gesang miteinander verbinden? Wir könnten bekannte Volkslieder spielen und das Publikum ermuntern mitzusingen. Das wäre keine Konkurrenz zu den Bayern, würde aber sicher das Publikum auf uns aufmerksam machen."

Max erschrak vor seinem eigenen Wortschwall und tat einen Schritt nach hinten, als wolle er fliehen. Zu seiner Erleichterung machten sich seine Freunde nicht über ihn lustig. Moritz beeilte sich, die Idee in praktische Gleise zu leiten. „Eine großartige Idee", sagte er, „aber da wären noch ein paar Verbesserungen notwendig ... mir fallen da gleich zwei ein: Wir sollten eine Ziehharmonika dazunehmen, weil das ein Instrument ist, das zum Mitsingen taugt, und wir brauchen jemanden, der das Mitsingen leitet."

„Ich hab eine Ziehharmonika und ich kann auch drauf spielen, mehr oder weniger", sagte Max. „Wir müssten auch eine Liste vorbereiten mit bekannten Liedern", fügte Rudi hinzu.

„Am besten bereitet jeder eine Liste von Liedern und Noten vor, die er kennt", sagte Moritz, ganz aufgekratzt von der Begeisterung seiner Freunde. „Max, du fängst sofort an, mit der Harmonika zu üben, ich spiel dann das Schlagzeug, das ohnehin bei den meisten Liedern nicht gebraucht wird, da fallen die schiefen Töne weniger auf … Wir treffen uns jeden Tag um fünf zur Probe. Aber als Erstes müssen wir Hans' Vater überzeugen, und das machen wir so, dass wir ihn zur zweiten Probe einladen, damit wir ihm schon etwas Konkretes vorstellen können."

„Und wer soll das Mitsingen leiten?", fragte Rudi. „Am besten wäre ein Mädel. Aber kein Mädel aus dem Dorf würde da mitmachen."

„Das Leben ist nicht perfekt", bemerkte Moritz schroff und fügte sogleich hinzu: „Wenn wir niemanden finden, machen wir es selbst. Als Mädchen verkleidet würde Max doch hübsch aussehen – oder wir finden jemanden aus dem Publikum. Die Mädels aus der Stadt sind längst nicht so schüchtern und viel freier … vielleicht können wir ja sogar mit ihnen tanzen, was meint ihr dazu?"

Sie gingen auseinander, um ihre Vorbereitungen zu treffen, und jeder von ihnen stellte sich bereits vor, mit welchem Mädchen aus der Stadt er auf dem Fest tanzen würde.

Eine Woche genau blieb ihnen zum Proben. Sie trafen sich jeden Tag. Zu ihrer eigenen Überraschung gelang es ihnen, ein wohllautendes musikalisches Programm zusammenzustellen. Das Selbstvertrauen der Jungen stieg, und am Freitag luden sie Hans' Vater zur Generalprobe ein. Herr Schmuller fand sich mit einem kühlen Glas Bier in der Hand ohne besondere Erwartungen im Probeschuppen ein. Er ließ sich gemütlich auf einem alten Fass nieder, nippte bedächtig und genussvoll an seinem Bier, räusperte sich und hob dann seinen Blick zu dem Ensemble hin, das im hinteren Teil des Schuppens zum Auftritt bereit war.

Verlegenes Schweigen.

Die Jungen wussten nicht, wie sie beginnen sollten. Sie stimmten ihre Instrumente, sahen einander an und warteten auf irgendetwas. Moritz fasste sich als Erster, machte mit einer Handbewegung dem Quietschen der Instrumente ein Ende, sah sich nach seinen Freunden um und blinzelte ihnen zu. Dann wandte er sich an Herrn Schmuller: „Im Namen unserer Orchestermitglieder möchte ich Ihnen danken, dass Sie uns erlauben, morgen auf dem Fest aufzutreten (obgleich die Erlaubnis noch gar nicht gegeben war!). Wir würden uns freuen, wenn Sie sich ein oder zwei unserer Lieder anhören würden … So können Sie sich versichern, dass wir Ihre Kneipe nicht blamieren werden! Vielen Dank und alle Achtung für Ihre Hilfe."

Herr Schmuller hob gut gelaunt sein Glas und rief: „Dann mal viel Erfolg, ich höre!" Er lächelte vor sich hin, nippte an seinem Bier, stellte dann das Glas ab und neigte abwartend den Kopf.

Sie spielten einen bekannten Marsch, der zu Bismarcks Zeiten populär geworden war, als die preußische Armee auf das besetzte Paris zumarschierte. Von Hans wussten sie, dass Herr Schmuller damals Soldat gewesen war und dass er diesen Marsch besonders liebte. Daher hatten sie abgemacht, gerade dieses Stück zu spielen – vielleicht würde es ihre Chance vergrößern, als ernst zu nehmende Musikkapelle anerkannt zu werden. Und tatsächlich, Schmullers Gesicht rötete sich ein wenig, Tränen traten in seine Augen und seine linke Hand begann sich wie von allein im Takt der Musik auf und nieder zu bewegen. Um seine Gemütsbewegung zu überspielen, nippte er hastig wieder an seinem Bier. Nach dem Marsch spielten die Freunde ein lokales Volkslied und Herr Schmuller stimmte beim Gesang mit ein. So musizierten sie noch eine Weile, bis der Wirtshausbesitzer ihnen mit einer Handbewegung signalisierte, dass er genug gehört hatte. Die Musik verstummte und die Jungen sahen ihn erwartungsvoll an.

„Sehr schön, Kinder", sagte er, „ich sehe, dass ihr ernsthafte Arbeit leisten könnt, wenn ihr wollt. Schade, dass das nicht in der Schule auch so ist oder wenn ihr im Haus oder auf dem Hof mit anpacken sollt." Er blickte Hans an, der versuchte, sich so klein wie möglich zu machen, und fuhr fort: „Wenn ihr mir versprecht, euch auch auf den anderen Gebieten zu bessern, erlaube ich euch, auf dem Fest aufzutreten. Aber nur vor dem bayerischen Orchester, zum Vorwärmen sozusagen. Und was in Zukunft wird – das wird sich zeigen." Er lächelte ihnen zu, nahm sein Glas und verließ den Schuppen.

Sekundenlang herrschte Stille, dann stießen die vier Jungen Freudenschreie aus und klopften einander glückstrahlend auf die Schultern.

Moritz fing sich als Erster und sagte: „Das Fest soll um sieben Uhr anfangen, die Leute werden aber schon ungefähr eine halbe Stunde vorher da sein ... Wir müssen vor allen auf der Bühne sein. Wir können zuerst mal ein paar ruhige Weisen spielen, und sobald ein ordentliches Publikum zusammenkommt, legen wir mit den Märschen los. Und dann spielen wir vielleicht bekannte Volkslieder vor, damit die Leute mitsingen können und nicht meine schrägen Töne hören ... Also dann bis morgen, hier um sechs. Und zieht euch alle ordentlich an, das heißt auch mit Krawatte!!"

„Zu Befehl, Kommandant!", erwiderten seine Freunde prustend vor Lachen und stoben auseinander.

Moritz ging schwebenden Schrittes nach Hause. Nach unzähligen Enttäuschungen sollte sein großer Traum nun doch Wirklichkeit werden. Er verspürte große Befriedigung und ein neues Selbstwertgefühl. Vielleicht schlummerten in ihm doch gute Eigenschaften und Fähigkeiten, die er nur erkennen musste, um sie zu verwirklichen, und dabei Willenskraft und Ausdauer aufbringen musste. Doch er war sich auch bewusst, dass dies seine Achillesferse war – es fiel ihm schwer, sich einer Aufgabe auf Dauer hinzugeben und sich ganz auf sie zu konzentrieren, auch wenn sie klar vorgegeben war. Dies galt ganz besonders für Aufgaben, die andere ihm auferlegten – die Eltern oder seine Lehrer. Doch bei der Leitung der Kapelle bewies er Ausdauer und Einsatzbereitschaft. „Vielleicht liegt es daran, dass ich mir diese Aufgabe selbst ausgesucht habe?", grübelte Moritz.

Zu Hause angekommen, ging er durch die Metzgerei, nickte seinem Vater zu, der gerade eine Kundin bediente, und betrat den Wohnbereich. Er grüßte seine Mutter, die in der Küche stand, und seine Großmutter, die in ihrem Armstuhl in der Wohnstube saß und schläfrig schien. Er hatte es eilig, auf sein Zimmer zu kommen, um in aller Ruhe über die Dinge nachzudenken, die ihn auf dem Nachhauseweg beschäftigt hatten, doch die scharfe Stimmer seiner Großmutter hielt ihn auf: „Wo willst du denn so eilig hin? Hast du nichts zu erzählen? Ich sehe doch deinem Gesicht an, dass du etwas verschweigst!"

„Ich dachte, du schläfst, und wollte dich nicht stören", erwiderte er in der Hoffnung, ihrem Verhör zu entkommen. Moritz wusste aus Erfahrung, dass ihr nichts entging, selbst wenn sie vor sich hin döste; sie würde nun nicht lockerlassen, bis dass sie mit ihm zufrieden war. Er erzählte ihr also vom Sommerfest, das am morgigen Abend stattfinden würde, von seiner Musikkapelle, die dort musizieren sollte, und wartete auf ihre negative Reaktion. Auch seine Mutter in der Küche hatte gespannt aufgehorcht, um sich die Worte der alten Frau nicht entgehen zu lassen, denen auch sie, wie gewöhnlich, ihre eigene Antwort anpassen würde.

Die alte Frau ließ mit ihrer Reaktion warten, was so gar nicht ihre Art war. Sie zupfte das Wolltuch zurecht, das ihren Rücken bedeckte, ließ ihren Blick zur Seite schwenken, so als wolle sie Zeit gewinnen, bevor sie sprach – auch das war ganz und gar untypisch für sie. Dann sah sie Moritz an, lächelte leicht und sagte: „Das hört sich ja fidel an. Ich muss an die Feste zurückdenken, die in unserer Synagoge stattgefunden haben, da war es ja verboten, zu musizieren und zu tanzen, und ganz speziell mit den Burschen zu tanzen ... Ich bin immer ganz enttäuscht nach Hause gekommen. Aber gib acht – das ist ein Fest der Gojim, und die trinken zu viel und verlieren die Kontrolle und rempeln dann den ersten Juden an, der ihnen über den Weg läuft. Komm sofort nach Hause, wenn ihr mit dem Musizieren fertig seid ... Bleib nicht dort, um zu trinken und mit all den Schicksen[5] zu tanzen."

„Aber Großmutter, auf dem Fest werden doch auch viele Juden sein, wie Max, der bei uns in der Kapelle ist. Und überhaupt, warum verlangst du von mir etwas, das dir selbst so verhasst warst, als du jung warst?"

Moritz erschrak ob seiner freimütigen Worte und hätte sich beinahe entschuldigt, doch die alte Frau lächelte nur und sagte: „Vielleicht hast du ja recht. Mach das, was du gerne tust. Doch vergiss nicht, dass wir oftmals das tun müssen, was wir nicht so gern tun, besonders wenn ein anderer uns dies gebietet."

Anna in der Küche öffnete den Mund, um auch etwas zu sagen, doch Moritz hatte seiner Großmutter bereits ein dankendes Lächeln zukommen

5 **Schickse** bezeichnet ursprünglich eine nicht jüdische Frau. Es geht auf das nachantike Femininum „schiqesa" zurück und wurde ursprünglich wie auch später im Jiddischen zunächst zur Bezeichnung eines nicht jüdischen Mädchens oder Dienstmädchens gebraucht.

lassen, rannte die Treppe hoch und verschwand mit Schwung in seinem Zimmer.

Am nächsten Abend stieg Moritz, in seinen guten Anzug gekleidet, gewaschen und gekämmt, das Haar mit Pomade gebändigt, zur Wohnetage hinunter. Seine Schuhe waren geputzt, sein Gesicht vor Aufregung und Vorfreude gerötet. Die Familie empfing ihn stumm und mit neugierigen Blicken. „Gut, ich muss jetzt los, bis später", sagte er und dachte bei sich: *Dass sie jetzt bloß nicht anfangen mit allen möglichen Warnungen und Rügen!* Aber keiner sagte ein Wort, so als hätten sie untereinander abgemacht zu schweigen. Moritz zuckte mit den Schultern, nahm seinen Mantel vom Kleiderständer bei der Tür und wollte das Haus verlassen, als seine Schwester Rachel, die es sich nicht verkneifen konnte, hinter ihm herrief: „Viel Glück, Moritz. Nicht nur beim Musizieren!"

Im Wirtshaus von Herrn Schmuller liefen die Vorbereitungen auf Hochtouren. In dem geräumigen Hof waren lange Holztische mit Bänken aufgestellt worden, große Kohleöfen, ein improvisierter Schenktisch und ein großer Bretterschrank gefüllt mit Gläsern und Tellern. Eine kleine Holzbühne stand für das Orchester bereit. An den Ästen der den Hof einrahmenden Bäume hingen Petroleumlampen, welche die gesamte Fläche in ein großzügiges Licht tauchten.

Moritz hielt nach Hans Ausschau, doch der ließ sich nicht blicken – er war wohl noch damit beschäftigt, sich zurechtzumachen. Moritz erblickte Hans' Vater und grüßte ihn höflich. Herr Schmuller lächelte ihm zu und sagte: „Ah, junger Mann, man kann dich ja kaum erkennen, so sauber und herausgeputzt … seid ihr bereit? Dass ihr mich nur ja nicht blamiert!"

„Alles in bester Ordnung, Herr Schmuller, wann soll denn das bayerische Orchester ankommen?"

„Sie haben versprochen, bis acht hier zu sein. Ihr könnt musizieren und die Gäste unterhalten, sobald wir den Abend eröffnen."

„Wir hatten uns eigentlich gedacht, schon um sechs anzufangen, noch bevor die Gäste kommen, um so richtig in Schwung zu kommen."

„Ausgezeichnet. Viel Erfolg. Und jetzt entschuldige mich, es gibt noch viel zu tun." Herr Schmuller verschwand.

Moritz musste nicht lange warten. Noch vor sechs Uhr waren seine Freunde zur Stelle, jeder von ihnen mit seinem Instrument. Sie stiegen sogleich auf die Bühne, setzten sich auf ihre Plätze und begannen, die Instrumente zu stimmen. Moritz hatte nur eine Flöte und eine kleine Mundharmonika zur Begleitung – für den Fall, dass er sich auf der Bühne überflüssig fühlen würde.

Die Jungs spielten ruhige Melodien. Allmählich trafen die Gäste ein. Die jungen Dörfler bemerkten die ihnen bekannten jungen Musikanten und scharten sich um das Podest, um sie zu begrüßen.

Moritz war angespannt, weniger wegen des Auftritts, sondern eher in Erwartung Emmas, die ebenfalls zum Fest kommen würde. Je mehr Zeit verstrich, desto stärker wurde seine Anspannung; schon bald würden sie von der Bühne abtreten müssen, das bayerische Orchester würde ihren Platz einnehmen und Emma seinen Auftritt verpassen. Er wollte ihr zeigen, dass er nicht nur ein Schmiedelehrling war. Zu seinem Leidwesen würde er die so sehr ersehnte Gelegenheit wieder einmal verpassen: Emma wirklich zu beeindrucken und ihre Aufmerksamkeit zu erlangen – vielleicht sogar ein wenig mehr. Das Wirtshausgelände war bereits voller Menschen, das Bier floss in Strömen aus dem Fass in die Gläser und die Stimmung wurde von Minute zu Minute besser.

Die Freunde versuchten sich an munteren Melodien und das Publikum reagierte ausgelassen und sang mit. Sie spielten keine Tanzmusik, denn dies war dem bayerischen Orchester vorbehalten.

Plötzlich fühlte Moritz, wie das Blut aus seinem Gesicht wich – Emma schlenderte mit einigen Freundinnen in den Hof. Sein Herz schlug buchstäblich einen Takt schneller und er erntete einen tadelnden Blick von Max, der mit seinem absoluten Gehör sofort den fehlenden Ton mitbekommen hatte. Die kleine Mädchengruppe sah indes überhaupt nicht zur Musikkapelle auf der Bühne und ließ sich an einem der langen Tische nieder, an dem bereits einige Schulkameraden saßen.

Ohne länger nachzudenken, wohl aber um die ersehnte Aufmerksamkeit auf sich zu ziehen, legte Moritz die Flöte zur Seite und begann, mitzusingen. Die Feiernden bemerkten die neuen Töne und drehten die Köpfe zur Bühne, auch Emma und ihre Freundinnen.

Moritz lächelte dem überraschten Publikum zu, hob die Hand zum Gruß und rief: „Einen schönen guten Abend allesamt! Willkommen zum Fest! Die Dorfkapelle freut sich, dass ihr gekommen seid und dass so viele von euch gekommen sind ... Wir hoffen, dass ihr euch gut amüsiert ... Gleich nach uns spielt das bayerische Orchester mit Tanzmusik auf. Freunde und Freundinnen, vorwärts – hebt das Glas, auch die hinten rechts, und alle zusammen – zum Wohl!!!"

Er richtete sein Glas und seinen Blick direkt auf Emma, lächelte breit und setzte das Glas an seine Lippen, in der Hoffnung, dass die Botschaft angekommen war. Doch abgesehen vom vagen Heben ihres Glases zeigte Emma keinerlei Anzeichen dafür, dass sie etwas von dem verstanden hatte, was er ihr hatte vermitteln wollen.

Mit einem Handzeichen signalisierte Moritz der Kapelle, weiterzumusizieren. Trotz der herben Enttäuschung war er noch nicht bereit, aufzugeben: Der Abend war noch jung, und nach dem Abtritt von der Bühne würden sich weitere Gelegenheiten bieten. Hauptsache, Emma hatte ihn auf der Bühne gesehen – genau so hatte er es ja gewollt. Grund genug, um auf eine positive Entwicklung zu hoffen.

Später am Abend, als er schon frei war, versuchte Moritz immer wieder, sich Emmas Aufmerksamkeit zu verschaffen, doch ohne Erfolg. Jedes Mal, wenn er sich ihr und ihren Freundinnen mit treuherzigem Hundeblick und einem dümmlichen Lächeln näherte, blieb die erwartete Reaktion aus.

Moritz war sich sogar sicher, dass Emma bewusst versuchte, seinem Blick auszuweichen, und sich nicht einmal Mühe gab, die Geringschätzung zu verbergen, die sie dem Lehrling ihres Vaters gegenüber verspürte. Er hatte nicht den Mut, sie direkt anzusprechen oder sie zum Tanz aufzufordern; ohnehin konnte er nicht tanzen und befürchtete, sich lächerlich zu machen.

Erst als das Fest seinem Ende zuging und Emma und ihre Freundinnen Anstalten machten zu gehen, stürmte Moritz wie von unsichtbarer Kraft getrieben auf sie zu und sprach sie an: „Grüß dich Emma, ich hoffe, dir hat das Fest gefallen. Bestell einen Gruß an deine Eltern und auf Wiedersehen nächste Woche."

Überrascht wandte sich Emma der Stimme zu, sah Moritz direkt in die

Augen, lächelte ein süßes, ein wenig künstliches Lächeln – ihre Augen lächelten nicht mit – und erwiderte nach einer kurzen Pause: „Ah! Grüß dich auch Moritz, ja, ganz ehrlich, es hat mir gefallen, auch eure Kapelle. Viel Erfolg." Sie drehte sich um und ging davon.

Moritz blieb starr wie eine Salzsäule stehen, sein Kopf drehte sich und sein Gesicht war bleich; all seine Mühen waren umsonst gewesen. Ein freundlicher Schulterklopfer riss ihn aus seiner Starre. Max grinste ihn an und sagte: „Ist schon spät, komm, wir gehen. Auf dem Weg denken wir nur an die guten Dinge, die hier heute Abend passiert sind."

„Verflucht, du hast recht! Wer ist sie denn schon? Eine armselige Schmiedetochter, die sich für eine Prinzessin hält."

Wenig später war Moritz im finsteren Haus angekommen, streifte die Schuhe ab, lief leise die Treppe zu seinem Zimmer hoch, zog sich aus und warf sich aufs Bett. Das Gesicht im Kissen vergraben, schlief er sofort ein.

Montagmorgen ging Moritz wie gewohnt zur Arbeit, doch Emma sah er den ganzen Tag nicht. Ob sie ihm aus dem Weg ging? Er wagte nicht, nach ihr zu fragen, doch sie spukte weiterhin in seinen Gedanken herum, und je mehr er versuchte, die Gedanken an sie abzuschütteln, desto stärker schien sie in ihnen gegenwärtig und ließ ihm keine Ruhe. Schmied Krummel spürte, dass sein Lehrling nicht bei der Sache war, und überlegte laut: „Nun, hat dich der Lärm des Orchesters aus der Reihe gebracht? Willst du nun ein Unterhaltungskünstler werden oder ein ordentlicher Handwerker? Bei mir gibt es keine halben Sachen – da musst du dich schon entscheiden!"

Moritz entschuldigte sich damit, dass er erkältet sei und es ihm schwerfalle, bei der Sache zu sein. Er versprach, alles zu tun, um das in ihn gesetzte Vertrauen zu rechtfertigen. Als Johann Krummel später seinen Angelegenheiten nachgegangen war, sprach Moritz Emmas Bruder Jürgen an: „He, hast du Emma gesehen?"

„Nein, sie ist früh aus dem Haus."

„Weißt du, wohin sie gegangen ist?"

„Sie sagt mir nie, wohin sie geht."

„Kannst du ihr etwas von mir bestellen?"

„Kommt drauf an, ich verspreche nichts."

„Hör schon auf mit der Klugscheißerei. Bestell ihr, dass ich mit ihr reden möchte, ja?"

„Gut, ist aber gar nicht sicher, dass sie zustimmen wird – Herr Lehrling."

Am nächsten Tag sah Moritz Emma unweit der Schmiedewerkstatt über den Hof gehen. Er blieb in der offenen Tür stehen, in der Hoffnung, ihre Aufmerksamkeit zu ergattern, doch das Mädchen schritt erhobenen Hauptes und geradeaus blickend weiter. Nicht das geringste Zeichen sprach dafür, dass sie ihn überhaupt bemerkt hatte, geschweige denn daran interessiert war, mit ihm zu reden. Moritz sah sich um, vergewisserte sich, dass niemand auf dem Hof war, und rief ihr kühn zu: „Guten Morgen, wie geht es dir?"

Sie hielt inne, drehte den Kopf zu ihm um, musterte ihn mit ihren kühlen blauen Augen, erwiderte: „Guten Morgen Moritz!", und lief auch schon weiter – ihn wissen lassend, dass sie kein Interesse an einem Gespräch hatte. Doch Moritz wollte nicht aufgeben. Ermutigt von ihrer Antwort und ihre offensichtliche Interesselosigkeit ignorierend, rief er ihr nach: „Ich hoffe, du kommst nächste Woche zu unserem Auftritt. Wird Spaß machen!" Emma antwortete nicht und ging weiter, doch Moritz war sich mit einem Mal sicher, dass sie kommen würde – und diesmal würde er sie nicht so leicht davonkommen lassen.

Moritz war glücklich, er hatte das Gefühl, dass die Beziehung Fortschritte machte, und zur großen Verwunderung von Herrn Krummel setzte er bei der Arbeit all seine Energie und Tatkraft ein. Am Ende des Tages sagte dieser zu ihm: „Ich sehe, dass es dir besser geht … vielleicht ist die Musik doch ganz gut für dich. Wenn du so weitermachst, werde ich wider Erwarten doch daran glauben, dass aus dir noch etwas wird …!"

„Ich verspreche Ihnen, Herr Krummel, ich bin der Chance würdig, die Sie mir gegeben haben. Und ich liebe die Arbeit in der Schmiede."

Krummel lächelte verschmitzt, schüttelte den Kopf und dachte bei sich: Was ist mit diesem Faulenzer los? Ob er sich tatsächlich ändert? Und vielleicht steckt ein ganz anderer Grund hinter seiner Süßholzraspelei. Mal abwarten …

Mit einem leichten Seufzer wandte er sich der Arbeit zu.

Moritz war die ganze Woche lang euphorisch. Seine Mutter und Großmutter wussten nicht, was mit dem sonst so lethargischen Burschen los war. Entgegen seiner gewöhnlichen passiven Verhaltensweise schien Moritz energiegeladen und betriebsam – er stand früh auf, grüßte alle aus eigenem Antrieb, aß zügig sein Frühstück und ging sofort zur Arbeit. Sogar Robert spürte, dass sich bei dem Jungen etwas verändert hatte. Nach einigen Tagen wagte er es, Großmutter Regina zu fragen: „Was ist mit Moritz los?"

„Sehr schön, endlich bist du aufgewacht und merkst, dass da etwas im Gange ist. Ich weiß nicht, ob es der Erfolg der Kapelle ist oder – ich vermute eher, dass ein Mädel damit zu tun hat." Tatsächlich hatte die Großmutter mit ihren scharfen Sinnen gespürt, dass Moritz verliebt war, doch sie hatte keine Ahnung, um wen es sich handeln könnte.

Ich hoffe nur, dachte sie sich, dass es ein jüdisches Mädel ist und keines der deutschen Schicksen, die hier in der Gegend rumlaufen. Durch seine Beziehungen zu den Nichtjuden, mit denen er Feste und Tanzabende veranstaltete, und aufgrund der Trinkgewohnheiten, die er sich angeeignet hatte, war die Chance groß, dass er sich in eine Goja verliebt hatte. Sie sorgte sich, er könne dadurch in Schwierigkeiten geraten und würde ihre Hilfe benötigen, um sich aus der Patsche zu befreien. Doch andere Gedanken wogen in jener Zeit schwerer: Roberts Gesundheitszustand bereitete ihr großen Anlass zur Sorge. Ihr von jeher stiller Sohn war jetzt noch stiller und noch mehr in sich gekehrt als früher. Er war abgemagert, seine Gesichtsfarbe war fahl und auch seine Leistungsfähigkeit im Laden hatte abgenommen. Sie sorgte sich sehr um die kleine Familie, deren Schicksal, wie sie meinte, allein auf ihren Schultern ruhte.

Ich bin schon alt, dachte sie bekümmert, was soll werden, wenn ich nicht mehr bin? Robert ist in jeder Hinsicht viel zu schwach, Anna kann keinen Betrieb führen, und Moritz ist jung und unverantwortlich; der Familienbetrieb interessiert ihn nicht, er denkt nur ans Vergnügen, und schlimmer noch, vielleicht ist er sogar hinter einer Schickse her. Sie seufzte und beschloss, ihren Enkel genau zu beobachten, bevor sie etwas Konkretes unternehmen würde.

Der nächste Auftritt der Musikkapelle fand am Samstagabend im Nachbardorf Herringhausen statt.

Moritz sorgte dafür, dass Emma informiert war. Am Freitag hatte er Herrn Krummel vom bevorstehenden Fest erzählt und ihn beiläufig gefragt, ob er wohl kommen würde. Johann Krummel sah ihn mitleidig an und entgegnete: „Glaubst du, ich komme zu einem Sauffest, wo dazu auch noch ein lärmendes Orchester spielt? Wirklich Moritz, meinst du, dass auf diese Art und Weise etwas aus dir wird?"

„Herr Krummel, das ist kein Sauffest, sondern ein Tanzabend. Sie sind auch eingeladen. Vielleicht bringen Sie auch Emma mit, die würde sich bestimmt freuen."

„Du bist ganz schön unverschämt, Moritz. Hast du auch deine Eltern eingeladen?"

„Ja klar doch. Meine Mutter tanzt furchtbar gerne, aber ich bin mir nicht sicher, dass meine Großmutter kommen wird, sie ist schon alt."

Herr Krummel schnalzte ob des Vergleichs mit der Großmutter ärgerlich mit der Zunge und drehte sich um, zu gehen. Moritz rief ihm nach: „Sagen Sie wenigstens Emma, dass sie eingeladen ist."

Krummel, schon auf dem Weg nach draußen, machte eine vage Handbewegung und ließ Moritz stehen. Ob die Botschaft diesmal ankommen würde?

Moritz' Freunde von der Kapelle wussten nichts von seinen wiederholten Versuchen, das Interesse des hübschen jungen Mädchens zu wecken. Aus Furcht, verspottet zu werden, behielt er die Sache für sich. Während der Proben, wenn sie nicht gerade über Musik fachsimpelten, schlossen die vier Freunde Wetten ab, wer von den hübschen Mädchen aus der Gegend zum Tanzabend erscheinen würde.

Samstagabend war alles bereit. Die Musiker saßen auf der etwas erhöhten Bühne und spielten ruhige und melodische Weisen, um eine angenehme Atmosphäre für die ankommenden Gäste zu schaffen. Der Platz füllte sich. Die Anwesenden bestellten ein erstes Bier und ließen sich auf den langen Holzbänken nieder. Moritz beobachtete aus dem Augenwinkel die eintreffenden Gäste. Emma war nicht unter ihnen. Um acht, wie mit dem Wirtshauseigentümer vereinbart, begann die Kapelle, flotte Stücke zu spielen; Volkslieder und Tanzmusik. Die Feiernden machten mit und begannen zu tanzen. Der Abend entwickelte sich prächtig – abgesehen davon, dass Emma nicht erschien. Moritz versuchte, seine Frustration zu verbergen und sich auf den Auftritt zu konzentrieren. Er begeisterte das Publikum mit Witzen und animierte die Gäste, mitzusingen. Während er gerade dabei war, eine Anekdote zum Besten zu geben, bemerkte er, wie Emma mit zwei ihrer Freundinnen den Raum betrat. Sein Herz klopfte wie wild, was ihn jedoch nicht daran hinderte, seine Anekdote mit einer Pointe zu beenden und Lachsalven und Applaus zu ernten.

Seine Gedanken überschlugen sich: Hatte Emmas Vater ihr seine Einladung bestellt oder war sie aus eigenem Antrieb gekommen?

Er gab seinen Freunden ein Zeichen, winkte dem Publikum zu und verkündete eine zehnminütige Pause. Die Ansage wurde mit Applaus aufgenommen und er sah, dass Emma zur Bühne hinüberschaute. Sie musste seine Begrüßung gesehen haben, von der allein er wusste, wem sie gegolten hatte. Die Kapellenmitglieder stiegen vom Podest, und Moritz ging zur Theke, nahm sich ein Glas Bier und näherte sich – noch bevor er es sich anders überlegen könnte – dem Tisch, an dem Emma saß. Er stellte sich vor ihr auf, blickte ihr in die Augen und sagte: „Grüß dich Emma. Freut mich, dass du meine Einladung angenommen hast." Sie sah ihn mit kalten Augen an und erwiderte, ohne zu lächeln: „Grüß dich Moritz, von was für einer Einladung redest du?"

„Hat dein Vater dir nichts bestellt? Ich hab dich in den letzten Tagen nicht gesehen und da habe ich ihn gebeten, dir zu sagen, dass ich dich zum Tanzabend einlade. Ich wollte dich gern treffen."

„Nein, davon weiß ich nichts. Meine Freundinnen und ich wollten ohnehin gerne kommen, unabhängig davon. Aber danke für die Einladung."

„Was hältst du davon, gleich mit mir zu tanzen?"

„Du bist doch einer der Musikanten, wie kannst du da tanzen?", fragte sie, und Moritz lächelte nur vielsagend. Er kehrte zu seinen Freunden zurück, die von einer Schar Verehrerinnen umringt an der Theke saßen. Als die Pause zu Ende war, bat er die Jungs, ihn für kurze Zeit zu entschuldigen. Auf ihre fragenden Blicke antwortete er: „Ich habe Emma Krummel zum Tanz gebeten, und das ist wichtig!" Sie sahen ihn überrascht an, klopften ihm auf die Schulter und Hans bemerkte: „Was ist das denn? Eine neue Liebschaft? Und wir wussten von nichts, warum hast du nichts gesagt?"

„Ich wusste ja nicht, wie ihr reagieren würdet. Außerdem kann von einer Liebschaft noch keine Rede sein, ich glaube nicht, dass sie hingerissen ist."

„Viel Erfolg, Moritz. Aber ganz ehrlich – ich glaube nicht, dass die schöne Emma ausgerechnet mit dir ausgehen wird", bemerkte Rudi und meinte damit – die Chance, dass sie mit einem Juden ausging, war gleich null.

Max erkannte sogleich Rudis Absicht und antwortete an Moritz' Stelle: „Und ich wette, dass sie doch zustimmt, obwohl es Moritz ist – sie ist doch ein gescheites Mädchen."

Rudi antwortete nicht, und Moritz beeilte sich hinzuzufügen: „Das ist doch jetzt nicht wichtig, wünscht mir einfach nur Erfolg. Fangt an zu spielen, aber nur Tanzstücke, zu denen ich auch tanzen kann ..."

Die Kapelle nahm wieder auf dem Podest Platz und spielte auf. Moritz ging zu Emma hinüber, nahm ihre Hand und führte sie zur Tanzfläche. Die beiden tanzten eine Weile. Zu seinem Leidwesen spürte er, dass sie steif und sehr distanziert war. Er verstand den Wink und – vorgebend, dass er wieder auf die Bühne musste – verabschiedete sich von ihr.

Trotzdem hatte Moritz es eilig, als das Fest zu Ende war. Er packte hastig die Instrumente zusammen und zwinkerte den anderen mit der Bemerkung zu, dass er Emma abpassen müsse, um sie nach Hause zu begleiten. Doch zu seiner Enttäuschung war sie bereits mit ihren Freundinnen gegangen und hatte nicht auf ihn gewartet. „Verflucht", flüsterte er mit verhaltener Wut, „schon wieder habe ich eine Gelegenheit verpasst. Ich habe wirklich kein Glück. Sie kann mich einfach nicht ausstehen. Das hätte ich schon kapieren müssen, als sie so gefühllos mit mir getanzt hat." Er trat wütend ins Gras und beschloss, nicht zu seinen Freunden zurückzukehren, die ihn zweifellos verspotten würden, sondern geradewegs nach Hause zu gehen.

Am folgenden Morgen – es war Sonntag – wachte Moritz spät auf, doch entgegen seiner Gewohnheit verließ er nicht gleich das Haus. Zur Verwunderung der Familie nahm er in aller Ruhe das Frühstück mit ihnen ein. Alle vier blickten ihn erwartungsvoll an – gewiss war etwas geschehen, was den Jungen dazu brachte, sich so häuslich zu geben.

Doch Moritz schwieg. Er hielt die Augen gesenkt, um nicht dem durchdringenden Blick seiner Großmutter zu begegnen, die, so glaubte er, in seinen Augen lesen konnte, was in ihm vorging. Alle warteten ab. Sie hatten die Geduld erfahrener Jäger, wissend, dass das gefangene Tier in der Falle saß und keine andere Wahl hatte, als sich mittels eines Geständnisses einen Ausweg zu bahnen.

Schließlich konnte Rachel nicht länger an sich halten und rief: „Nun komm, erzähl schon, was gestern bei dem Fest war! Bestimmt ist da doch was Interessantes passiert, oder?"

Moritz warf seiner Schwester einen Blick zu, deutete ein gequältes Lächeln an und sagte: „Nichts Besonderes. Was soll schon passiert sein? Wir haben musiziert, es wurde getrunken und getanzt. Das war's."

Regina räusperte sich und Moritz wusste, dass nun das wahre Verhör begann. Sein Vater und seine Mutter saßen wie gewöhnlich stumm da, darauf vertrauend, dass die Großmutter die Sache in die Hand nehmen würde.

Robert hockte schlapp in seinem Sessel, versunken in das beschwerliche Gefühl in seiner Brust. Dieses Gefühl, das mitunter zu einem stumpfen Schmerz wurde, begleitete ihn nun schon mehr als ein Jahr und nahm ihm mittlerweile jegliche Lust, irgendetwas zu tun. Nur mühsam gelang es ihm, morgens aufzustehen, den Fleischerladen zu öffnen, seine Kunden zu bedienen und mit seinen Familienangehörigen zu reden – geschweige denn, es mit Moritz aufzunehmen.

Anna, die sich ihr Leben lang nur um ihre Pflichten als Hausfrau gekümmert hatte, dachte gar nicht daran, dass sie vielleicht mit ihrem Sohn über seine Probleme sprechen müsste. Sie wusste, dass Großmutter Regina das Gespräch mit Moritz führen würde und dass sie auch entscheiden würde, was zu tun wäre – wenn etwas unternommen werden musste.

Die alte Frau, sich der Verantwortung bewusst, die auf ihr lastete, sah Moritz direkt in die Augen und schwieg; sie ließ die Stille und die verstreichende Zeit auf ihn wirken. Sie wusste, dass Moritz beim Reden alle möglichen Geschichten erfinden konnte, es ihm jedoch schwerfiel, eisiges Schweigen und eindringliche Blicke zu ertragen, die scheinbar seine Lügengespinste entblößten und seine Märchengeschichten zu widerlegen vermochten.

Moritz rutschte ungemütlich auf seinem Stuhl hin und her, wagte jedoch nicht, seinen Blick zu senken. Er spürte, wie ihm winzige Schweißperlen den Rücken herunterliefen und war froh, dass sich seine Hände, die ebenfalls feucht geworden waren, unter dem Tisch befanden, sodass niemandem seine schweißbedeckten Handflächen auffallen konnten. Schließlich hob Regina den Kopf und sagte: „Ich merke doch, dass gestern Abend etwas passiert ist. Ich hoffe aber sehr, dass du uns mit deinen Dummheiten keine Schande machst. Zu deinem eigenen Besten, erzähl mal genau, was vorgefallen ist."

„Es war ein ganz erfolgreicher Abend und es ist gar nichts Besonderes passiert – im Gegenteil! Also, es sieht ganz so aus, als ob wir in Zukunft noch mehr Aufträge bekommen werden."

„Moritz, Moritz, denkst du denn wirklich, dass ich dir diesen Unsinn abkaufe? Wenn es so erfolgreich war, würdest du jetzt nicht hier mit uns am Tisch sitzen, sondern dich bei deinen Freunden rumtreiben. Ihr habt vielleicht gut gespielt, das mag ja stimmen, aber da ist noch etwas passiert. Ich habe das Gefühl, dass ein Mädchen damit zu tun hat, was sagst du?"

Moritz wand sich auf seinem Stuhl; die alte Hexe würde so oder so die Wahrheit erfahren, da wäre es am besten, sie hörte sie von ihm.

„Ja, da war ein Mädchen. Na und? War es halt und das ist auch alles und die Sache ist erledigt. Das ist doch gar nicht wichtig."

„So, so ... Und warum bist du so deprimiert? Meinst du, ich bekomme das nicht mit? Wer ist dieses Mädchen? Ist sie wenigstens eine von uns?"

„Ich bin überhaupt nicht deprimiert, ich bin halt müde. Ich bin spät nach Hause gekommen und alles andere ist unwichtig, basta!", erwiderte Moritz und stand auf, um das Haus zu verlassen. Ihm war nicht nach weiteren Auseinandersetzungen zumute, deren Ausgang ohnehin im Voraus bekannt war.

„Jetzt weiß ich, dass es doch Wichtigkeit hat und dass das Mädel nicht eine von uns ist!", triumphierte Regina, um gleich darauf beunruhigt hinzuzufügen:

„Nun wird er wieder – zum soundsovielten Mal – in Schwierigkeiten geraten. Am Ende wird alles auf uns zurückkommen."

Robert dachte, dass hiermit die unliebsame Angelegenheit, die seine

Sonntagsruhe gestört hatte, beendet sei. Er seufzte erleichtert, nickte seiner Mutter zustimmend zu und versank erneut in Selbstmitleid. Auch Anna war erleichtert, stand auf, um in die Küche zu gehen, und bemerkte wie nebenbei: „Ich glaube, du hast recht, aber ich denke nicht, dass sich das weiterentwickelt. Lasst uns erst mal abwarten."

Nur Rachel war von der Beunruhigung der Großmutter angesteckt worden, sie rief: „Großmutter hat recht! Moritz hat eine Liebschaft mit einer Goja, und ich werde herausfinden, wer das ist ... verlasst euch auf mich."

„Ah, wenigstens einer hier hat Grips im Kopf ... da darf ich ja noch hoffen, dass sie einmal meinen Platz in der Familie einnimmt. Komm Mädchen, lass dich umarmen."

Allzu gern nahm Rachel die seltene Gelegenheit wahr, umarmt zu werden – noch dazu von ihrer gefürchteten Großmutter. Sie setzte sich auf den Schoß der alten Frau und legte ihren Kopf auf deren Schulter. Die strenge Alte ließ ihren Panzer fallen, umschloss ihre Enkelin in liebevoller Umarmung und küsste sie. Ein unbeteiligter Betrachter hätte meinen können, ein leichter Schleier bedecke ihre stechenden schwarzen Augen. Eine Freudenträne lief über die zerfurchte Wange. Diese ungewöhnliche Gefühlsdemonstration stand in scharfem Kontrast zu den strengen Normen, die den Familienalltag jeder deutschen Familie traditionell beherrschten – auch den der jüdischen Familien.

Indessen hatte sich Anna in ihrem Reich, der Küche, verschanzt und begann mit den Vorbereitungen zum Mittagsmahl, vor allem, um allein nachdenken zu können, ohne von den scharfen Augen ihrer Schwiegermutter verfolgt zu werden. Auch sie machte sich Sorgen um Moritz; sie hatte das Gefühl, dass der Junge seinen Weg nicht fand, sich von einer Enttäuschung zur nächsten schleppte und nicht weiterkam.

Vor einem Jahr hatte er sechs Schuljahre auf der Mittelschule abgeschlossen und sofort eine Lehre bei Schmied Krummel angefangen. Es stimmte schon, niemand hatte sich Illusionen gemacht, dass Moritz weiterstudieren und einen renommierteren Beruf erlernen würde. Doch sollte Roberts Gesundheit weiter nachlassen, dann würde Moritz die Zügel in die Hand nehmen und den Fleischerladen führen müssen, es gab keine andere Wahl. Anna wusste, dass ein ansehnliches Auskommen nur von Beschäftigungen zu erwarten war, die höhere Studien voraussetzen – wie die Medizin, die Rechtskunde oder das Bankwesen –, doch zu ihrem Leidwesen fehlten Moritz die hierfür erforderlichen Eigenschaften. Theoretische Studien waren nichts für ihn, es fiel ihm schwer, sich länger auf etwas zu konzentrieren. Doch am meisten enttäuschte es sie, dass er sich keinen Anforderungen stellen wollte oder konnte, die Ausdauer und Willensstärke von ihm verlangten. Er lief vor Problemen davon und hatte immer Ausflüchte parat, die erklären sollten, dass ihm dies und jenes ohne eigenes Verschulden aufgezwungen worden war.

Andererseits war er gescheit und aufgeweckt, dazu gesellig und knüpfte mit Leichtigkeit Kontakte. Er war zwar kein wirklich attraktiver Bursche – durchschnittlich groß, schmal gewachsen, seine Gesichtszüge ein wenig kantig –, doch dank seiner Aufgewecktheit, seines Menschenverständnisses und seiner Redegewandtheit war er ein beliebter junger Mann. Anna war sich dessen bewusst, dass die Familie nicht die erforderlichen Mittel hatte, um den Kindern eine höhere Bildung zu finanzieren. Sie stellte nachdenklich den Topf in den Ofen und resümierte, dass Moritz schließlich den Platz seines Vaters in der Metzgerei einnehmen würde. Gewiss könnte er das Geschäft noch besser etablieren, es dank seines persönlichen Charmes weiter ausbauen und dann auf zusätzliche Bereiche ausdehnen. Sie ignorierte wissentlich die Folgen, die seine fragwürdige Glaubwürdigkeit nach sich ziehen konnte, und vertraute wie immer auf Regina, sich mit den weniger guten Eigenschaften ihres Erstgeborenen zu befassen. Die Alte würde schon wissen, damit umzugehen.

Moritz wiederholte nach einer Weile seine Versuche, mit Emma Kontakt aufzunehmen, und umwarb sie hoffnungslos. Doch das Mädchen wich ihm aus, und abgesehen vom Austausch höflicher Begrüßungsfloskeln entstand keine echte Verbindung zwischen den beiden.

Moritz gab sich große Mühe, seine Aufgaben in der Schmiede tadellos auszuführen und Johann Krummel zufriedenzustellen, in der Hoffnung, sich so einen Weg zum Herzen seiner Tochter zu ebnen. An einem Donnerstag lauerte er ihr außerhalb des Gehöftes auf, als Emma aus der Schule kam. Das Mädchen musste gezwungenermaßen mit ihm reden, doch als er ihr vorschlug, am Wochenende mit ihm und seinen Freunden einen Abend im Wirtshaus von Schmuller zu verbringen, weigerte sie sich. Es gelang ihm nur, ihr ein vages Versprechen zu entlocken, dass sie vielleicht mit ihren Freundinnen kommen würde und sie tanzen könnten.

Moritz wartete angespannt, doch Emma kam weder an diesem Samstag noch an den darauffolgenden Samstagen zur Dorfschenke. Moritz begriff, dass Emma nicht an ihm interessiert war. „Bin ich denn so hässlich?“, dachte er. Vielleicht meint sie ja, ich bin zu dumm für sie, weil ich die Schule aufgegeben habe? Es kam ihm gar nicht in den Sinn, dass der Hauptgrund für ihre Interesselosigkeit in seiner jüdischen Abstammung liegen könnte. Erst Jahre später sollte er dies verstehen.

Allmählich verblich die schmerzhafte Erfahrung, wie es in der Jugendzeit nicht selten geschieht. Das Leben nahm seinen Lauf, Feste wurden gefeiert, die Kapelle musizierte und gewann an Beliebtheit. Sie sammelte eine ansehnliche Anhängerschar um sich und wurde sogar in Lautbach bekannt.

Der Sommer verging und mit ihm der Zeitvertreib außer Haus. Der Herbst war kürzer als gewöhnlich, im November regnete es heftig und im Dezember war das Dorf bereits in eine weiße Decke gehüllt. Die Menschen verschanzten sich zu Hause, die Felder lagen verlassen da und die Bauern widmeten sich den Haustieren und den notwendigen Wartungsarbeiten in Haus und Hof. Eine fahle Stille lag über dem Dorf – und so würde es bis zum Frühling bleiben.

Auch Familie Goldberg verweilte zu Hause. Die Frauen gingen ihren gewohnten Beschäftigungen nach und waren dazu auch mit Stricken und Nähen beschäftigt. Je kälter es wurde, desto schlechter ging es Robert; er hustete ständig, der chronische Schmerz in der Brust verstärkte sich, er war erschöpft und wollte nur ruhen. Der Arzt bestätigte, dass sein Herz stark geschwächt sei, obgleich er erst dreiundfünfzig war. Das wunderte niemanden, denn die Familiengeschichte zeugte von Männern, die relativ jung infolge einer Herzschwäche verstorben waren. „Die Krankheit ist unheilbar“, sagte der Arzt bedauernd und hinterließ ein paar Kapseln Nitroglyzerin, die Robert etwas Erleichterung bringen sollten.

In jenem Winter war der Fleischerladen nur wenige Stunden täglich geöffnet, und alle Familienmitglieder bedienten die Kunden, während sich Robert die meiste Zeit über in der Wohnung in der ersten Etage aufhielt.

An einem eiskalten Morgen im Februar wachte Robert nicht mehr auf. Anna fand ihn leblos neben sich liegen, sein Körper erkaltet, ein friedvoller Ausdruck in seinem Gesicht. Die bittere Nachricht löste bedrückte Stille aus, doch überraschte sie niemand; Roberts Tod war erwartet worden.

Regina weinte ein wenig, nahm sich aber sogleich zusammen und begann, Vorkehrungen für die Bestattung zu treffen. Moritz, der begriff, dass er von nun an als Familienoberhaupt Verantwortung für alles würde übernehmen müssen, bat seine Großmutter, ihn die notwendigen Formalitäten bei den Behörden und der jüdischen Gemeinde erledigen zu lassen.

Roberts Bestattung fand auf dem jüdischen Friedhof statt, der auf einer Anhöhe westlich des Dorfes lag. Alle Mitglieder der jüdischen Gemeinde waren anwesend, aber auch nicht jüdische Freunde der Familie wie Herr Krummel, seine Frau und sogar seine Tochter Emma. Verwandte aus den umliegenden Dörfern hatten sich ebenfalls eingefunden – Angehörige, die Moritz bei Anlässen wie diesen traf oder auch bei Festen, auf Hochzeiten und Beschneidungsfeiern. Die Familien Goldberg und Levinstern zählten zu den größten Familien der Umgegend, und wie auch bei anderen Familien üblich, hatten nicht wenige Sprösslinge der beiden Familien im Laufe der Generationen untereinander geheiratet, sodass es mittlerweile unmöglich war zu durchschauen, wer zu wem gehörte und auf welche Art und Weise er mit den anderen verbunden war.

Die Beziehungen zwischen den beiden Großfamilien waren kompliziert, und die Bande wurden allein dank persönlicher Nähe und freundschaftlicher Beziehungen mit einem kleinen Teil der Verwandtschaft aufrechterhalten.

Moritz hatte dabei keine Zeit, sich mit Emma zu befassen, wie er dies insgeheim wünschte. Er wurde vom Gabbai in die Formalitäten der Trauerzeremonie hineingezogen und musste sich konzentrieren.

Als Oberhaupt der kleinen Familie – Großmutter Regina hatte als Frau keinen Status – spürte er das Gewicht der Verantwortung, die ihn fast überwältigte.

Er wusste nicht, was er auf die Beileidsbekundungen erwidern sollte, und stand steif da, eingezwängt in seinen schwarzen Anzug, drückte die Hände der Trauergäste und nickte nur stumm mit dem Kopf.

Die Beerdigungsgesellschaft hatte den Toten hergerichtet, und dieser war nun im Vorraum der Synagoge aufgebahrt. Alle fanden sich dort zum Totengedächtnis ein, wonach der Leichenzug einige wenige Hundert Meter weiter zum Friedhof zog. Gott meinte es gut mit den Trauernden; der klirrenden Kälte zum Trotz schien die Sonne und der Himmel war wolkenlos. Der Leichenzug kam langsam voran, und die einzigen Geräusche, die zu hören waren, waren das Knirschen der Sohlen auf dem Schnee. Die Bestattungszeremonie war kurz; Moritz sprach zum ersten Mal in seinem Leben das Kaddisch[6], in einer ungewohnten Sprache, die er nicht verstand, und ringsum herrschte gefasste Stille. Niemand weinte, nur Anna und Regina vergossen ein paar Tränen, die sie rasch abwischten. Rachel klammerte sich während des gesamten Rituals an Anna, so als wolle sie ihre Mutter schützen, die nun allein zurückgeblieben war, doch ihr Gesicht blieb starr und zeigte keine Gefühle.

Während der Schiv'a[7] war das Haus voller Besucher, die kamen, um der Familie zu kondolieren. Die Frauen der Verwandtschaft kümmerten sich um Speis und Trank und entbanden Anna und Regina so von der Pflicht, für die Bewirtung zu sorgen, damit auch sie – wie in der Trauerwoche üblich – still auf niedrigen Schemeln dasitzen konnten.

Noch nie waren so viele Besucher im Haus gewesen, dachte Moritz, muss man denn sterben, damit die Menschen einen besuchen? Robert hatte nur wenige Freunde, und auch diese hatten ihn zu Lebzeiten nicht zu Hause besucht, da sie sich immer im Wirtshaus getroffen hatten. Moritz hatte keine Ruhe, dazusitzen und mit Besuchern zu schwätzen, die ihm

6 Das **Kaddisch** (Heiligungsgebet) ist eines der wichtigsten Gebete im Judentum. Das Gebet ist im Wesentlichen eine Lobpreisung Gottes. Es wird zum Totengedenken und am Grabe gesprochen.

7 Mit **Schiv'a** (hebräisch „sieben“) bezeichnet man im Judentum die erste Periode der Trauerzeit. Sie beginnt für die Hinterbliebenen mit der Beerdigung des Verstorbenen.

fremd waren, obgleich die meisten von ihnen über irgendeine Ecke mit ihm verwandt waren.

Er begriff, dass sein Leben sich nun verändern würde: Die Jugend war zu Ende und er würde die Verantwortung als Familienhaupt übernehmen müssen. Je mehr er sich mit diesem Gedanken befasste, desto größer wurde seine Beklemmung.

Wie üblich suchte er einen Fluchtweg, um das Unabwendbare aufzuhalten, und zog sich, wann immer er konnte, in sein Zimmer auf dem Dachboden zurück. Es war ihm klar, dass von nun an seine Freiheit, wann immer er wollte, Zeit mit seinen Freunden zu verbringen, drastisch eingeschränkt war, dass er die Arbeit in der Schmiede Krummel würde aufgeben müssen – und die Chance, Emma zu sehen, gleich null sein würde. Diese Überlegungen lösten bei ihm tiefe Traurigkeit und Niedergeschlagenheit aus, eine Trostlosigkeit, wie er sie infolge seines Vaters Tode nicht verspürt hatte, die sich aber in seinem Gesicht und in seinem Verhalten widerspiegelte; es kam ihm wohl gelegen, dass die Menschen annahmen, er trauere um den Verlust des Vaters.

Seine besten Freunde besuchten ihn fast täglich, und immer stieg er rasch mit ihnen auf sein Zimmer, wo sie ungestört über die Dinge reden konnten, die sie wirklich interessierten.

Abends kam regelmäßig ein Minjan[8]von Trauergästen zum jüdischen Abendgebet zusammen, und danach leerte sich das Haus mit einem Mal. Eine seltsame Stille nahm überhand. Die kleine Familie blieb unter sich und saß beieinander. Nicht einmal Moritz versuchte, sich in sein Zimmer auf dem Dachboden davonzumachen. Die vier saßen da auf ihren Schemeln, sahen einander an, ein jeder mit seinen Gedanken beschäftigt, und wagten nicht, die Stille zu unterbrechen. So war es an den ersten beiden Tagen. Doch am dritten Tag erhob sich Regina, nachdem alle Besucher gegangen waren, bereits nach wenigen Minuten erzwungener Stille. Die Alte rieb sich erleichtert den schmerzenden Rücken, sah alle mit aufmüpfigem Blick an und ließ sich in ihrem gewohnten Sessel nieder. Anna spürte,

8 **Minjan** (hebräisch) ist im Judentum das Quorum von zehn oder mehr im religiösen Sinne mündigen Juden, das nötig ist, um einen vollständigen jüdischen Gottesdienst abzuhalten.

dass die Stunde der Entscheidung gekommen war – es war an der Zeit, die Lage zu besprechen, Entscheidungen mussten getroffen werden. Man konnte die Dinge nicht belassen, wie sie waren, und es musste sogleich mit Beendigung der Trauerwoche gehandelt werden. Sie stand auf, ging zur Küche und kam mit Tee und Gebäck für alle zurück, um die bittere Pille, die ihnen wohl bevorstand, ein wenig zu versüßen.

Rachel lächelte zaghaft, erhob sich ebenfalls und setzte sich an den Tisch. Sie verstand, dass eine wichtige Besprechung bevorstand, bei der sie anwesend sein musste. Moritz hingegen wartete ab, was die Frauen der Familie vorhatten, um erst dann zu entscheiden, wie er sich verhalten solle. Als er begriff, wohin der Wind wehte, machte er sich auf in Richtung Treppe, in der Hoffnung, es gelänge ihm auch diesmal, sich davonzuschleichen.

Doch der scharfe Blick seiner Großmutter gebot ihm Einhalt, und er ließ sich auf den Stuhl neben seiner Schwester fallen. Er vermutete, dass man ihn nun auffordern würde, die Verantwortung für die Familie, für den Laden und für die Verbindung mit der gesamten Großfamilie zu übernehmen. Er war achtzehn und hatte Situationen wie diese bereits kennengelernt, sodass er genau wusste, was auf ihn zukommen würde; doch insgeheim hegte er eine mystische Hoffnung, dass sich das Ende der Kindheit noch würde hinausschieben lassen. Bis zum heutigen Tag hatte man ihm – abgesehen von den gelegentlichen Aufträgen – keine wahre Verantwortung auferlegt, sodass seine Kindheit länger angehalten hatte, als es üblich war; nun stürzte mit einem Mal alles auf ihn ein, während er noch nicht bereit dafür war, und er dachte voll Bangen und Schrecken an die Zukunft. Um seine Gefühle zu überspielen, goss er sich ein Glas Tee ein und begann, an einem trockenen Plätzchen zu knabbern.

Großmutter Regina tat so, als bemerke sie seinen inneren Aufruhr nicht. Sie ließ ihm Zeit, sich zu beruhigen, schenkte gemächlich Tee ein, bedeutete Anna mit einer Handbewegung, sich zu setzen, hob den Kopf und sagte: „Meine Lieben, wir haben keine Wahl, wir müssen uns besprechen, um nach Roberts Tod unser Leben neu zu arrangieren. Wir alle wussten, wie es um ihn stand, und es war vorauszusehen, was leider geschehen würde …

Ich bin schon alt und kann die Last der Familie nicht weiter tragen. Anna war immer zu Hause. Rachel ist noch ein junges Mädchen, und daher bist du, Moritz, jetzt das Familienoberhaupt mit allen Konsequenzen. Du warst zwar bislang nicht in die Geschäftsangelegenheiten eingebunden, aber du kennst die Lieferanten und die Kunden und bist dir wohl auch unserer nicht sehr erfreulichen wirtschaftlichen Lage bewusst ... Mit dem Laden ist es in den letzten Jahren infolge Roberts Zustand bergab gegangen, aber er lässt sich wiederaufbauen, wenn sich ein junger und tatkräftiger Bursche wie du mit aller Kraft dafür einsetzt ... Ich habe mit vielen aus der Familie geredet, und sie haben versprochen zu helfen. Alle haben doch ähnliche Geschäfte, also kannst du von ihnen lernen. Moses hat mir versprochen, dass er in den nächsten Wochen eng mit dir zusammenarbeiten und dich anleiten wird. Sollte es nötig werden, wird er auch Max bitten einzuspringen. Viele Burschen in deinem Alter führen schon Geschäfte und es gibt überhaupt keinen Grund, dass du es nicht auch schaffst. Was meinst du dazu?“

Moritz hatte das Gefühl, von einem schweren Gewicht auf seinem Stuhl niedergedrückt zu werden. Nie zuvor hatte Regina mit ihm auf Augenhöhe gesprochen, so ganz ohne Herablassung und ohne den Anspruch auf unanfechtbare Autorität.

Die Frauen sahen ihn erwartungsvoll an, so als sei es ihnen äußerst wichtig, seine Meinung zu hören. Dies war eine unbekannte Erfahrung für Moritz – bisher hatten sie nichts von ihm erwartet. Das Einzige, was seine Familie bislang von ihm erhofft hatte, war, keine neuen Ausreden oder Lügen zu hören, um seine Verwicklung in einen Streit oder eine Fehlleistung seinerseits zu entschuldigen. Der gespannte Blick der Frauen weckte in ihm das Gefühl, dass sie sich auf ihn verlassen wollten. Wenn dem so war, hatte er wohl keine Wahl und müsste die Verantwortung für die Familie übernehmen.

„Ich werde Herrn Krummel mitteilen, dass ich die Arbeit in der Werkstatt aufgeben muss. Er versteht das bestimmt. Gleich nach Beendigung der Trauerwoche öffnen wir den Laden wieder. Ich werde Onkel Moses bitten, während der ersten Tage mit im Laden zu sein oder Max zu schicken. Ich finde, dass auch Mutter im Laden sein muss, wenn Hochbetrieb ist. Das Leben muss weitergehen und wir wollen doch alle Erfolg haben.“

Regina war von der sachlichen und reifen Reaktion Moritz' überrascht; eigentlich hatte sie damit gerechnet, dass er mit einem raffinierten Manöver versuchen würde, sich zu drücken.

Mit einem bei ihr selten gesehenen Lächeln sagte sie: „Ich stimme dir zu und hoffe, dass du der Aufgabe auf Dauer gerecht wirst", wobei sie sich dachte – die Chance dafür ist zwar gering, aber warum die gute Atmosphäre zerstören?

Anna war fassungslos und konnte es nicht verhindern, dass ihr ein paar Tränen der Rührung die Wange hinunterliefen. Sie stand auf und ging zu Moritz, umarmte ihn in einer ungewohnten Geste und küsste ihn auf die Stirn.

Regina betrachtete mit kühler Missbilligung diese ihrer Meinung nach überflüssige Gefühlsdemonstration; sie überging den Vorfall in der Hoffnung, dass nun für sie alle ein neues Leben begänne.

Auch Rachel war erleichtert; endlich waren die Streitereien in der Familie beendet. War dies das Ergebnis ihres Vaters Tod? War er es gewesen, der zu all den Auseinandersetzungen geführt hatte?, überlegte sie.

Bei ihrem wöchentlichen Treffen am Samstagabend im Wirtshaus teilte Moritz seinen Freunden mit, dass es fraglich war, ob er weiterhin an den Auftritten der Kapelle würde teilnehmen können. Die Freunde beschlossen, die Proben und Auftritte für eine Weile auszusetzen, doch auch in Zukunft mindestens einmal die Woche zusammenzukommen, um sich miteinander zu vergnügen. Das passte allen; auch von Hans wurde erwartet, seinem Vater im familieneigenen Wirtshaus zur Hand zu gehen, nachdem er die Schule abgebrochen hatte. Rudi zog es nach Kassel zum Institut für Maschinenbautechniker, das dort unlängst eröffnet worden war und die veraltete Meister-Lehrlings-Methode ersetzen sollte. Max wollte im nächsten Schuljahr auf das Gymnasium in Lautbach wechseln, die Abiturprüfung machen und später dann in Frankfurt Medizin studieren. Die Jungen waren sich bewusst, dass die Musikkapelle eine großartige Sache gewesen war, das Leben jedoch seinen Lauf nahm und dass nun für jeden von ihnen die Zeit gekommen war, ihre Bestimmung zu erfüllen: einen Beruf zu erlernen, zu arbeiten, zu heiraten und eine Familie zu gründen. Dies war die Tradition und sie akzeptierten bereitwillig den ihnen vorgegebenen Lebenslauf.

Der Einzige, der keine eigenen Pläne hatte, war Moritz; seine Entscheidungen wurden von Sachzwängen bestimmt. Er hatte nie Pläne für die Zukunft gemacht, und seine Träume erstreckten sich nur auf die unmittelbare Zukunft. Er verstand nicht, dass er, um etwas Beachtliches im Leben zu erreichen, Zeit und Mühe investieren und vor allem Ausdauer beweisen musste. Er hatte es immer auf sofortige Belohnung abgesehen und geriet nicht selten in Auseinandersetzungen, um schnelle Resultate zu erzielen, die nicht von Dauer waren und ihn zwangen, mit einem neuen Kampf zu beginnen.

Im Gegensatz zu seinen Freunden und deren Plänen auf ein Leben in der sich weiterentwickelnden Welt, weit weg von der Provinz, war Moritz – der am nächsten Tag und an allen kommenden Tagen den Fleischerladen seines Vaters betreten und das seit Generationen betriebene Gewerbe der Familie weiterführen würde – zutiefst frustriert.

Erst viele Jahre später sollte Moritz verstehen, dass er sich hiermit für ein ungewöhnliches Überleben gerüstet hatte.

Unmittelbar nach der Trauerwoche hatte Moritz Herrn Krummel benachrichtigt, dass er leider aufgrund der Verpflichtung, den Familienbetrieb weiterzuführen, von seiner Arbeit und seiner beruflichen Ausbildung Abschied nehmen müsse. Krummel nahm die Nachricht mit Verständnis auf, wünschte Moritz viel Glück und lud ihn ein, die Familie jederzeit zu besuchen. Emma kam extra aus dem Haus, um Moritz die Hand zu geben und ihm alles Gute zu wünschen. Das Gespräch zwischen den beiden war freundschaftlich und ohne Spannung. Sie verabschiedeten sich mit dem Versprechen, sich gelegentlich bei Veranstaltungen der jungen Leute im Dorf wiederzusehen.

Moritz tat sein Bestes, den Familienbetrieb zu erhalten. Er war vor allem mit zwei Aufgaben beschäftigt – der Verbindung mit den Lieferanten und dem Verkauf im Laden. Offenbar waren sein angenehmes Wesen, seine natürliche Freundlichkeit und seine Kontaktfreude ihm dabei behilflich, sich in der ihm neuen Welt zurechtzufinden, und es gelang ihm sogar, die sich auf einem wirtschaftlichen Tiefstand befindliche Geschäftslage zu verbessern. Der Aufschwung kam vor allem dank der Kontakte, die Moritz mit den Kunden schloss; die hatten sich im Laufe der Jahre an den kränkelnden, schweigsamen Robert und dessen überhebliche und griesgrämige Mutter Regina gewöhnt. Nun empfing sie der neue Geschäftsleiter mit einem Lächeln, verblüffte sie mit Anekdoten und Scherzen und bewies beeindruckendes Wissen zu ihrer Familiengeschichte und zu den Namen ihrer Familienangehörigen und Verwandten. Die Kunden, die meisten davon Frauen, kamen gerne zu dem neuen Metzgermeister, bei dem sie nicht nur das erwünschte Fleisch erhielten, sondern auch die neuesten Nachrichten aus Dorf und Umgebung austauschen konnten. Auch die Lieferanten arbeiteten gerne mit Moritz zusammen, da er selten den Preis herunterhandelte, nicht allzu streng die Qualität der Ware prüfte und immer nett war. Sie kannten Moritz noch von den Tagen, an denen er die von seinem Vater erstandene Ware abgeholt hatte, und der Übergang zur neuen Situation war nur natürlich.

Regina fiel es schwer, sich aus dem Laden zurückzuziehen und sich auf die Buchhaltung zu beschränken, doch sie war klug genug zu wissen, dass dies für alle das Beste war – damit Moritz das Gewerbe erlernte und um den Hausfrieden zu wahren. Doch als ihr auffiel, dass Moritz mehr Ware minderer Qualität zu höherem Preis erstand, konnte sie nicht anders, als einzuschreiten.

„Moritz, ich bin ja froh, dass du so gut mit den Kunden und den Lieferanten auskommst … Jetzt können wir hoffen, dass sich das Geschäft erholen wird nach der schweren Zeit, die wir mitgemacht haben", begann sie mit einem Lob und kam dann zur Sache: „Doch wenn du weiterhin teuer einkaufst und mittelmäßige Ware verkaufst, dann wird es schnell wieder bergabwärts gehen. Man kann nicht immer zu allen nett sein und dabei auch Erfolg haben, verstehst du das?"

„Ich wollte im Geschäft einen guten Anfang haben, deshalb ist es mir wichtig, mit allen auf gutem Fuß zu stehen, aber ich versteh schon, was du meinst. Was schlägst du denn vor?"

Regina atmete auf – auf diese Antwort hatte sie gewartet.

„Ich schlage vor, dass wir die Einkäufe bei den Lieferanten gemeinsam machen. Wenn die mich sehen, wird sich die Qualität sofort verbessern – ohne dass wir ein Wort verlieren müssen. Was die Preise angeht, das regelst du, ich werde aber ab und zu meine Bemerkungen dazu geben. Wir könnten auch um Rabatt bitten, weil wir nun größere Menge einkaufen."

„Und was ist mit den Kunden?"

„Ich denke, meine Anwesenheit im Geschäft bringt nicht viel ... deshalb schlage ich vor, dass deine Mutter im Laden aushilft, wenn du anderweitig beschäftigt bist."

Regina hatte erreicht, was sie wollte; bessere Kontrolle über die Ausgaben und die Warenqualität einerseits und die Einbeziehung von Anna in den Laden andererseits.

Und so, mittels geschickt vereinter Kräfte der Familie, verbesserte sich der Betrieb des Metzgereiladens zusehends.

Dies schlug sich nicht nur eindeutig in den Einnahmen nieder, sondern wirkte sich auch auf die Beziehungen innerhalb der Familie aus, die gelassener wurden, nachdem sich ein großer Teil der in den letzten Jahren herrschenden Spannung in nichts aufgelöst hatte.

Das intuitive Gefühl der jungen Rachel, dass mit dem Tod ihres Vaters die Streitereien in der Familie abnahmen, sickerte unmerklich auch ins Bewusstsein der anderen Familienmitglieder.

Sogar Regina spürte dies und fragte sich, wie es denn möglich sei, dass der stille und passive Robert, ihr fügsamer Sohn, der Grund für Anspannung und Streitereien gewesen sein mochte.

Ausgerechnet Robert, der nie selbst einen Streit begonnen hatte, immer bemüht war zu vermitteln, all ihre Forderungen klaglos ertragen und niemandem je etwas zuleide getan hatte. Sollten die ganzen familiären Spannungen von der Erfordernis hergerührt haben, ihn und seine Schwächen zu schützen? Hatte er die anderen, unwissentlich und unabsichtlich, dazu veranlasst, ihren Aggressionen freien Lauf zu geben, um ihn zu schonen, und sei es unbewusst – sollte dies der Grund für die familiären Spannungen gewesen sein?

Man konnte tatsächlich sagen, dass mit Roberts Tod der Beweggrund für Reginas eigene Angriffslust verschwunden war, die Stimmung wurde ruhiger und man konnte sich den wahren Problemen annehmen und sie lösen.

Regina tat sich schwer, diese Einsicht zu akzeptieren, doch sie war eine pragmatische Frau und konnte Geschehenes nicht ignorieren.

Moritz merkte, dass er trotz der langen Arbeitsstunden voller Energie war, sich seine Stellung in der Familie verbessert hatte und er nun immer Geld in der Tasche hatte. Trotzdem hatte er nicht das Bedürfnis, sein Geld zu verschleudern, wie er es früher oft getan hatte, sondern gab es nur für seine Wochenendvergnügungen aus. Er konnte sich nun auch teureres Amüsement erlauben und fuhr mitunter nach Lautbach und sogar nach Kassel. Dort lernte er neue Freunde kennen und schloss unverbindliche Bekanntschaften mit Mädchen aus der Gegend. Er war mittlerweile schon über achtzehn und fieberte danach, endlich seine Jungfräulichkeit zu verlieren. Wie damals üblich, war der geeignete Ort dafür das Bordell. Ein solches Etablissement gab es nur in Kassel, denn auch Lautbach war ein zu kleines Städtchen, um einen solchen Betrieb zu beherbergen. Moritz wusste, dass es auch dort Frauen gab, die sich in ihren Häusern feilboten, doch alle kannten ihre Namen, und Moritz scheute sich, ihre Dienste in Anspruch zu nehmen.

Einige Monate nach dem Tod seines Vaters hatte Moritz genug Geld zusammen, und so fuhr er an einem Wochenende nach Kassel. Er kam in einem Gasthof unter, zu dem sowohl ein Bordell als auch eine Schenke mit einer Musikkapelle gehörte. Er hatte genug Geld, um die sexuelle Gefälligkeiten von „Heidi" einen ganzen Tag lang in Anspruch zu nehmen, und die beiden verbrachten lange Stunden miteinander.

Heidi war ein fülliges, fröhliches Dorfmädchen. Das Arrangement mit Moritz passte ihr, denn es ersparte ihr ermüdende Arbeit mit etlichen weiteren Kunden. Moritz war jung und frisch, unterhaltsam und voller Lebensfreude, und sie sah ihn eher als Freund als einen Kunden und gab sich ihm hin. Moritz lernte von Heidi all das, was ein Mann wissen muss, um eine Frau zu beglücken, und kam seinerseits in den Genuss nie erfahrener Liebeswonnen. Moritz beschloss, Heidi von nun an einmal im Monat aufzusuchen, und war glücklich.

Seine neue Position öffnete Moritz vielerlei Möglichkeiten. Er arbeitete zwar hart und viel, doch dafür hatte er nun Geld zur Verfügung und unterlag nicht mehr der bedrückenden Aufsicht der Familie. Niemand verhörte ihn mehr danach, wohin er gehe und zu welchem Zweck, und auch die indirekten Andeutungen, er sei ein Drückeberger, der vor jeglicher Verantwortung davonlaufe, hatten ein Ende.

Selbst die stummen Inquisitionen, die Großmutter Regina mit ihren durchdringenden Augen so gerne ausübte, und sein Gefühl, dass sie durch ihn hindurchsah, als wäre er durchsichtig, wurden weniger.

Moritz spürte, dass die alte Frau sich mehr auf ihn verließ und ihn respektierte, und sein Selbstvertrauen wuchs. Er hatte nicht geahnt, wie sehr ihn die alten Verhaltensmuster beeinflusst hatten, wie sehr sie ihn niedergedrückt und sein Selbstbild zerstört hatten. Erst jetzt, nachdem all dies nicht weiter über ihm schwebte, konnte er aufatmen, und seine apathische Stimmung schlug um in ein Gefühl innerer Freude und Befriedigung.

Sein gestärktes Selbstbewusstsein beflügelte seine Kühnheit gegenüber dem anderen Geschlecht. Er war bestens in das gesellschaftliche Treiben in Schaffhausen und der Umgebung eingebunden und kannte sogar in Lautbach jeden, den zu kennen es sich lohnte.

Außer seinen gewohnten Wochenendvergnügen mit der lokalen Jugend nahm er nun auch an Aktivitäten der jungen Leute in der jüdischen Gemeinde teil. In früheren Jahren hatte er die Aktivitäten der jüdischen Gemeinde verabscheut und immer den allgemeinen gesellschaftlichen Rahmen mit seinen Freunden und den nicht jüdischen Mädchen vorgezogen. Nun begriff er allmählich, dass er – wollte er einmal heiraten – letzten Endes eine jüdische Lebensgefährtin würde finden müssen, der Anziehungskraft der einheimischen Blondschöpfe zum Trotz.

Von seinen allmonatlichen Vergnügungen in Kassel erzählte er niemandem, selbst seinen besten Freunden nicht; dies war sein ganz eigenes Geheimnis – wie er auch früher Geheimnisse gehabt hatte und auch in Zukunft weiter haben würde. Nach außen hin war er ein geselliger Bursche, offen und vergnügt, doch in seinem Innern hütete er seine Geheimnisse und gab nur selten seine wahren Gefühle preis. Im Bedürfnis, sich mitzuteilen, sah Moritz einen Ausdruck von Schwäche und Abhängigkeit und verstand nicht, dass das Gegenteil der Fall ist – gerade schwache und unsichere Menschen neigen dazu, sich mittels Verschlossenheit und Geheimnishalterei abzuschirmen.

Als Moritz neunzehn wurde, erhielt er einen Einberufungsbescheid zum deutschen Heer. Die Wehrpflicht galt für alle Bürger. Den meisten jungen Männern aus der jüdischen Gemeinde gelang es, aus gesundheitlichen Gründen oder aufgrund eines Hochschulstudiums vom Grundwehrdienst freigestellt zu werden. Moritz standen diese Möglichkeiten nicht offen; außerdem war er insgeheim neugierig auf den Wehrdienst und unternahm keinerlei Anstrengungen, um sich davon zu befreien. In seiner Familie löste der Einberufungsbescheid dagegen Bestürzung aus, nicht nur aus Sorge um sein Wohlergehen, sondern vor allem auch wegen der Befürchtung, dass Moritz' Abwesenheit dem Familienbetrieb unweigerlich Schaden zufügen würde. In den Augen der Frauen war dies ein harter Schlag, der sie ausgerechnet jetzt traf – nachdem die Metzgerei dank Moritz' harter Arbeit wieder florierte.

Nach längeren Besprechungen und Überredungsversuchen wurde beschlossen, eine Zurückstellung vom Dienst zu beantragen, mit der Begründung, dass die Familie unlängst ihr Familienoberhaupt verloren hatte und ihre Versorgung von Moritz abhängig war. Der Antrag wurde eingereicht und problemlos gewährt – die Einberufung von Moritz wurde um ein Jahr aufgeschoben.

Und so kam es, dass Moritz an der Schwelle vom 19. zum 20. Jahrhundert, im Alter von zwanzig Jahren, zum Dienst im deutschen Heer einberufen und Soldat des 22. Regiments von Kassel wurde.

Der Einberufungsprozess begann im Januar mit Erhalt des Einberufungsbescheids, in dem die Art der Einziehung angegeben war – zum zweijährigen Dienst im stehenden Heer oder zur Reserve. Wie die anderen Anwärter auch, erhielt Moritz eine Vorladung zur Musterung im April, bei der er für gesund und als diensttauglich für die Kampftruppen befunden wurde.

Im Anschluss an seine Musterung erreichte ihn schließlich der Gestellungsbefehl, nach dem er sich beim 22. Kasseler Regiment einzufinden hatte, in dem die Rekruten der Region ihren Wehrdienst leisteten. In der Vorladung stand, dass er sich am ersten Oktober um 12 Uhr mittags im Stützpunkt des Regiments einzufinden hat, um seinen Militärdienst zu beginnen.

Die Musterung hatte in der Kaserne der Bezirksstadt Kassel stattgefunden. Dazu eingefunden hatten sich junge Männer aus dem gesamten Landkreis, darunter auch aus der Gegend von Moritz, der keine Gelegenheit ausließ, um alte Bekanntschaften zu erneuern und neue zu knüpfen. Nach Abschluss der Untersuchungen und nachdem alle ihre diversen Papiere erhalten hatten, wurden die Rekruten in einen großen Saal berufen. Ein Offizier in voller Montur erschien und hielt einen Einführungsvortrag über die Armee und die militärische Ausbildung, die ihnen bevorstand. Er betonte, dass zum aktiven Dienst im Regiment nur die Besten ausgewählt worden waren; der Kaiser und das Vaterland – die in ihnen Brüder und Waffengefährten sehen würden – seien ihnen zu Dank verpflichtet. Die Rede hinterließ einen tiefen Eindruck auf Moritz, vor allem weil er, ungeachtet seiner jüdischen Wurzeln, mit einem Mal eine tiefe Verbundenheit mit dem deutschen Vaterland verspürte.

Er entdeckte noch ein paar junge Männer aus der jüdischen Gemeinde unter den Zuhörern und sah, dass sie wie er gerührt waren. Dann wurde die Zusammenkunft aufgehoben und Moritz zog mit einigen seiner Bekannten los, die Einberufung in einer nahe gelegenen Schänke zu feiern. Sie alle fühlten sich erwachsen, fast schon als Soldaten, auf jeden Fall nicht mehr als Jugendliche, und hoben zahlreiche Krüge kühlen Biers zu Ehren ihres Erwachsenwerdens.

Moritz wartete, bis der Letzte seiner Freunde das Wirtshaus verlassen hatte, und machte sich dann auf, um Heidi einen Besuch abzustatten. Nachdem sie gehört hatte, wo er herkam und dass seine Einberufung bevorstand, machte sie sich für den Abend frei und zeigte ihm all ihre Künste, und das nicht nur einmal …

Nach bewährtem Brauch versammelten sich alle neuen Rekruten in ihren jeweiligen Gotteshäusern, um eine Segnung zu empfangen und dem Vaterland Treue zu schwören.

Das jüdische Ritual fand alljährlich zu Schawuot[9] in der Synagoge von Lautbach statt. Zur Zeremonie fand sich die gewohnte Gemeinde ein, dazu die neuen Rekruten und ihre Angehörigen, die sich im Vorhof versammelten. Die Synagoge war bis auf den letzten Platz gefüllt, wie auch der Hof und die anliegende Straße. Über dem Eingang des Gebäudes prangte ein Banner mit einem Grußwort an die frischen Rekruten.

Das Innere der Synagoge war mit Blumen und Obst geschmückt, wie es sich für das Wochenfest gehört, doch auch mit deutschen Fahnen und mit einem großen Bild des Kaisers – Wilhelm II.

Im Anschluss an die gewohnten Festgebete wurde auch ein besonderes Segensgebet für den Kaiser gesprochen – in einer in allen Synagogen Deutschlands allgemein anerkannten Fassung.

Im Synagogenhof waren Tische aufgestellt, beladen mit Speisen und Getränken, die von den Frauen der Gemeinde bereitgestellt worden waren, und die Anwesenden langten freudig zu. Moritz war der Einzige seiner Familie, der zum Militär ging. Daher stand er während der Gebete alleine da, während seine Großmutter, seine Mutter und seine Schwester auf der Frauenempore saßen. Auch seine Onkel Moses und Salomon hatten sich die Mühe gemacht, zum Gottesdienst zu erscheinen, obgleich seine Cousins Aizik und Max nicht unter den Rekruten waren. Moritz wurde den Gedanken nicht los, dass sie vielleicht um der köstlichen Erfrischungen willen erschienen waren, gewiss nicht zu seinen Ehren; doch vielleicht auch im Andenken an seinen Vater.

Insgesamt waren es zehn Rekruten, von denen nur Moritz, Samuel und Bernard zum zweijährigen Dienst im Kasseler Regiment herangezogen wurden. Die anderen wurden der Reserve zugeordnet oder waren für den Offizierslaufgang bestimmt und hatten ein Vorbereitungsjahr vor sich. Anwärter für die Offizierslaufbahn mussten selbst für die Dienstausgaben aufkommen – die Nichtjuden unter ihnen gehörten gewöhnlich zum Adelsstand; die Juden kamen aus wohlhabenden jüdischen Familien.

Auch Moritz' Freunde aus der Kapelle hatten Einberufungsbescheide erhalten, doch Rudi als Sohn einer Bauernfamilie sollte aus wirtschaftli-

9 **Schawuot** (hebräisch „Wochen") ist das jüdische Wochenfest, das 50 Tage, also sieben Wochen plus einen Tag nach dem Pessachfest gefeiert wird.

chen Gründen freigestellt werden, Max würde aufgrund seines Studiums vom Dienst zurückgestellt werden und allein Hans Schmuller hatte wie Moritz den Rekrutierungsprozess durchlaufen, doch nach der Musterung wurde beschlossen, dass er lediglich bei der Reserve dienen würde.

Es blieben noch ungefähr drei Monate bis zur Einberufung. Moritz verbrachte all seine Zeit in der Metzgerei, um seine Großmutter zu entlasten. Er drängte seine Mutter und seine Schwester, die nun schon fast achtzehn war, sich mehr am alltäglichen Betrieb des Ladens zu beteiligen und außer dem Verkauf an der Theke noch weitere Pflichten zu übernehmen – vor allem den Wareneinkauf. Diese Aufgabe bedingte häufige Fahrten zu den Lieferanten und die Fähigkeit, erfolgreich um Preise und Warenqualität zu verhandeln. Großmutter Regina konnte dies nicht übernehmen. Ihr Gesundheitszustand verschlechterte sich zunehmend. Sie beschränkte sich nun darauf, ab und zu bei störrischen Lieferanten vorbeizusehen und sie einzuschüchtern, wodurch sie das Berechnen überhöhter Preise und die Verschlechterung der Warenqualität unterbinden konnte.

Anna erkannte, dass sie sich nicht länger in der Komfortzone ihrer eigenen vier Wände verstecken konnte. Früher hatte sie dies mit der Kinderbetreuung begründet, später damit, dass sie sich um ihren kranken Mann kümmern und den Haushalt führen musste. Doch nun, da Moritz zum Militär gehen würde, hatte sie keine Wahl mehr – sie war gezwungen, selbstständig zu werden.

Der Tag der Einberufung kam. Moritz verabschiedete sich von seinen Freunden und seiner Familie und begab sich auf einen neuen Weg – auf der Schulter einen Rucksack mit seinen persönlichen Habseligkeiten und einem üppigen Proviantpaket.

2 Wehrdienst

Das 22. Kasseler Regiment war Teil der 43. Infanterie-Brigade, 22. Division, XI. Armee-Korps des Staates Hessen. Das Hauptlager des 22. Regiments befand sich unweit des Dorfes Meimbressen, etwa 40 Kilometer von Kassel entfernt.

Dabei handelte es sich um eine Kasernenanlage mit mehreren vierstöckigen Gebäuden, die der Unterbringung der Soldaten dienten, diversen Verwaltungsgebäuden, Waffendepots, Speisesälen, Sanitätseinrichtungen und weiteren Einrichtungen.

Das um die zehn Hektar große Lagergelände war mit einem Zaun gesichert, zum größten Teil gepflastert und hatte einen großen Exerzierhof und Übungsplatz. Die Umgebung – sanfte, zum Teil bewaldete Hügel – diente ebenfalls der militärischen Ausbildung. Das Gelände war von einer Umzäunung abgegrenzt, um das Eindringen von Vieh zu vermeiden.

Die frischen Rekruten waren angewiesen worden, sich im Bahnhof von Kassel einzufinden. Von hier aus sollten sie mit einem Sonderzug nach Meimbressen transportiert werden, das nicht weit entfernt vom Stützpunkt des Regiments lag.

Auf dem Bahnhof erkannte Moritz einige bekannte Gesichter, doch seine drei besten Freunde, die nicht zum Wehrdienst einberufen worden waren, waren nicht darunter.

Am Bahnhof von Meimbressen wurden die Neuankömmlinge von den Unteroffizieren der Einheit empfangen. Sie stellten die jungen Männer in Dreiergruppen auf und teilten sie willkürlich in sechs beliebige Gruppen zu je 50 Mann ein. Das Verhalten der Unteroffiziere den neuen Rekruten gegenüber war strikt, doch wohlwollend und höflich, und vermittelte den jungen Soldaten eine erste wichtige Botschaft: Wer sich den Erwartungen gemäß verhielt, konnte faire Behandlung erwarten. Obwohl es Anfang Oktober schon recht kühl war, erwies sich der Tag als sonnig und angenehm, und der Marsch zur Kaserne war leicht und sogar erfrischend.

Anfänglich marschierte die Kolonne stillschweigend. Nach einer Weile bahnten sich zwischen den Rekruten gedämpfte Kennenlerngespräche an, die von den Unteroffizieren nicht verhindert wurden.

Die Farben der Natur – braun gepflügte Äcker, in gelblich braunrote Farbtöne getunkte Waldflächen, gesprenkelt mit dem Immergrün von Nadelbäumen – erfüllten die Rekruten auf ihrem Weg zum Stützpunkt mit einem Gefühl von Frieden und Ruhe.

Auch Moritz kam mit den jungen Männern, die an seiner Seite marschierten, ins Gespräch. Die meisten von ihnen waren Dorfbewohner aus dem Landkreis, einige kamen aus Städten, darunter auch aus Kassel selbst. Als sie sich der Garnison näherten, konnten sie erste Einzelheiten erkennen: Hinter einem das Gelände umschließenden Drahtzaun waren diverse Gebäude zu sehen. Moritz erblickte mehrere lang gestreckte vierstöckige Gebäude aus rotem Ziegelstein und vermutete, dass hier die Mannschaften untergebracht waren, des Weiteren eine ganze Reihe von Bauten, die von Weitem wie Lagerhäuser erschienen, da sie nur wenige Fenster hatten.

Im Zentrum des Lagers befand sich ein riesiger Schotterplatz, auf dem kein einziger Baum zu sehen war. Schon von Weitem konnte Moritz viele Soldaten erkennen, die im Lager hin- und herliefen.

Die Kolonne erreichte das Tor, der Posten hob die Sperrstange, und die Neuankömmlinge wurden auf den Exerzierplatz geführt.

Moritz sah sich um; der Ort, der in den nächsten zwei Jahren sein Zuhause sein sollte, gefiel ihm gar nicht. Das Lager war zwar weitläufig, aber es war eingezäunt und voll massiver rotbrauner Gebäude, die Trostlosigkeit und Furcht bei ihm auslösten. Er fühlte sich mit einem Mal als winziges Geschöpf, machtlos und bedeutungslos, der Gnade anderer ausgeliefert. Er sah zu den anderen Rekruten hinüber, die alle ihre unbekannte Umgebung mit neugierigen Blicken begutachteten, und ihm schien, als hätten sie ähnliche Gedanken. Das scharfe Kommando „Stillgestanden!“ beendete die Grübeleien. Moritz kehrte mit seinen Gedanken zum Exerzierplatz zurück und nahm auf Befehl des Unteroffiziers eine stramme Haltung ein. Ein Offizier in würdevoller Uniform, ein Säbel um den Gürtel geschnallt, näherte sich mit energischem Schritt dem Unteroffizier. Der bellte ein paar unverständliche Worte und salutierte. Der

Offizier salutierte seinerseits, der Unteroffizier zog sich zurück und der Offizier postierte sich vor die Rekruten, die angespannt strammstanden.

„Rührt euch!“, brüllte der Offizier und fuhr fort: „Willkommen zum 22. Regiment der Hessischen Armee. Ich bin Major Johann von Staufer, Ihr Bataillonskommandant – Bataillon 629. Dieses Lager wird in den nächsten zwei Jahren Ihr Zuhause sein, hier werden Sie ein Jahr lang Grundausbildung und Training durchlaufen, bis dass Sie geübte Infanteristen sind. Danach wird das Bataillon als reguläres Bataillon in das Regiment eingegliedert und an jeder Mission teilnehmen, die ihm zugewiesen wird. Heute erhalten Sie Ihre militärische Ausrüstung und werden in Kompanien, Züge und Gruppen aufgeteilt. Das Bataillon 629 blickt auf eine ruhmreiche Tradition zurück, die es sich in unzähligen Schlachten verdient hat, von der Zeit Friedrichs des Großen an bis heute. Sie sollten stolz sein, dass Sie für eine solch ruhmreiche Einheit ausgewählt wurden, und alles daransetzen, um ihrer würdig zu sein. Morgen beginnen Sie die Grundausbildung, die selbst für die unter Ihnen, die motiviert und willig sind, nicht leicht sein wird, und für die anderen schwer und zermürbend. Bei der Disziplin wird es keine Kompromisse geben – doch jeder, der sich verhält wie erwartet, wird fair behandelt. Das Heer begnügt sich nicht damit, Sie zu geübten Soldaten zu machen, sondern will vor allem erreichen, dass Sie dem Vaterland treu ergeben sind, motiviert und tatkräftig! Dies erwarte ich von Ihnen allen. Und nun: *Heil und Sieg, Heil und Sieg, Heil und Sieg!*“

Moritz jubelte voll Begeisterung mit, wie auch die Soldaten rings um ihn, und fühlte sich als Teil eines großen, mächtigen Organismus.

Das Zugehörigkeitsgefühl zu einer Körperschaft, die nicht Familie oder Gemeinde war, war neu für ihn und viel stärker als das, was er beispielsweise für die Schule empfunden hatte – vielleicht, weil er seitdem erwachsen geworden war –, und für einen Moment vergaß Moritz, dass er Jude war. Als er sich plötzlich daran erinnerte, fragte er sich, wie viele Juden wohl unter den Rekruten waren. Er war sich sicher, dass es nicht wenige waren, und überlegte, ob sie wohl ähnlich empfanden wie er – als zugehörig zu einem größeren Gebilde – zu Deutschland.

Doch er hatte keine Zeit, länger hierüber nachzudenken, denn die Stabsunteroffiziere, die bislang an der Seite gestanden hatten, marschierten nun an die Vorderfront der Aufstellung. Jeder von ihnen näherte sich einer Gruppe Rekruten, ließ sie zum Lager marschieren und teilte sie der Größe nach in drei Gruppen ein. Jede Gruppe von Rekruten vergleichbarer Größe wurde nun in eine andere Ecke des Exerzierplatzes geführt, und so bildeten sich drei Gruppen, eine jede hundert Mann stark.

Moritz wurde der Gruppe kleinwüchsiger Soldaten zugeordnet, und als er sich in einer Reihe mit den anderen postierte, fühlte er sich wohl – als Gleicher unter Gleichen. Wiederum wurden die Mannschaften dreigeteilt, und nachdem sich die neuen Gruppen herausgebildet hatten, ertönte der bereits bekannte Befehl „Stillgestanden!" und die jungen Soldaten nahmen eine stramme Haltung an. Moritz wunderte sich, warum sie nun wieder stillstehen sollten, doch schon sah er einen weiteren Rangträger mit energischem Schritt näher kommen und sich vor dem mittleren Unteroffizier aufbauen. Die beiden salutierten, der neue Kommandant rief: „Rührt euch!" und die Anspannung der Jungen ließ nach.

„Ich bin Hauptfeldwebel Joachim Kurtz, Kommandant der 3. Kompanie. Vor Ihnen stehen Ihre Zugführer: Herr Schweinstein – Zug 1, Herr Jäger – Zug 2, Herr Jochel – Zug 3.

Wie Ihnen wohl aufgefallen ist, sind Sie hier die Kompanie mit den kleineren Soldaten. Das betrifft nicht nur die Körperlänge, sondern auch Ihren Status und die Aussicht, nach dem Wehrdienst weiter beim Militär zu dienen. Sie absolvieren das gleiche Training wie die anderen Kompanien, ohne jegliche Abstriche – und die Disziplin hier wird eisern sein!

Ihr Kompaniestab sieht es als seine Aufgabe an, Sie zu guten Soldaten zu machen. Es ist unser aller Herausforderung, uns und den anderen zu beweisen, dass wir zwar die Kompanie der ‚Kleineren' sind, aber besser sind als alle anderen! Deswegen werden wir härter als alle anderen arbeiten, und ich hoffe, dass Sie stolz auf sich sein werden. Und nun gehen Sie essen. Danach erhalten Sie Ihre Ausrüstung und bekommen Ihre Schlafräume zugeteilt."

Der Hauptfeldwebel salutierte, drehte sich um und marschierte zu einem der Verwaltungsgebäude.

Moritz war Zug 2 zugeteilt, der Unteroffizier Kurt Schweinstein unterstand.

In einem der länglichen Gebäude befand sich der Mannschaftsspeisesaal. Er verfügte über lange Tische mit Bänken zu beiden Seiten; am hinteren Ende des Raums war eine Ausgabe, hinter der die Küche lag. Die jungen Soldaten marschierten in Dreierreihen zur Essenausgabe. Jeder erhielt einen tiefen Blechteller und einen Löffel. Hinter der Ausgabetheke standen zwei Kaderangehörige in weißen Kitteln und teilten Portionen aus – gekochte Kartoffeln, Sauerkraut und ein Stück unkenntliches Fleisch.

Moritz war sofort klar, dass es sich um Schweinefleisch handeln musste, und zögerte kurz. Doch der nagende Hunger und die Gewissheit, dass ihm diese und ähnliche Speisen in den nächsten zwei Jahren erwarteten, gaben den Ausschlag, und er aß mit Appetit die gesamte Portion, ohne sich viel Gedanken über den Geschmack zu machen. Er sah sich dabei um und nickte den jungen Männern zu, die in seiner Nähe saßen. Nach anfänglicher Befangenheit kamen die Tischgenossen miteinander ins Gespräch und tauschten dabei sogleich allerhand kritische Bemerkungen über das Essen und die Unteroffiziere aus – vielleicht, um ihre Unsicherheit und die Befürchtungen vor der ungewissen Zukunft ein wenig zu überspielen.

Moritz hielt sich aus den Gesprächen heraus und redete nur, wenn er gefragt wurde. Er war damit beschäftigt, die verschiedenen Menschentypen um sich herum zu studieren. Ihm gegenüber saß ein rundlicher, blonder Bursche mit hellblauen Augen, der sich als Franz vorgestellt hatte und ihm freundlich zulächelte, obgleich er mehr an seinem Eintopf interessiert zu sein schien. Gleich neben Moritz saß ein gut aussehender junger Mann mit dunkelbraunem Haar, großen braunen Augen und erstaunlich weißen Zähnen.

Nach der Mahlzeit erhielten die jungen Soldaten ihre Ausrüstung und wurden in die zweite Etage eines der großen Gebäude geführt. An beiden Seiten des langen Raums war eine Vielzahl von Betten aufgereiht, zwischen denen kleine Holzspinde standen.

Hauptfeldwebel Joachim Kurtz stand am Eingang und vergewisserte sich, dass jeder Zug sich in einem separaten Bereich einrichtete. Moritz' Zug erhielt die Betten in der Mitte des Saales, Zug 3 das hintere Ende des Schlafraums und Zug 1 richtete sich nahe des Eingangs ein.

Die Betten waren nichts weiter als mit groben Strohmatratzen bedeckte Holzpritschen. Moritz entlud mit einem Seufzer der Erleichterung den

Ausrüstungssack und erwartete die Anweisungen des Unteroffiziers. Seine Ausrüstung bestand aus zwei Uniformen, zwei Paar Militärschuhen, Waschutensilien, einem Mantel, Decken, Unterwäsche, Hemden, Feldmützen, einem Gürtel und weiterem Zubehör. Der Unteroffizier erklärte den Soldaten, wie die Uniform zu tragen sei, wie die Betten zu machen seien; danach erläuterte er ihnen die Gliederung des Bataillons; jeweils drei Züge werden Kompanie genannt, jede Kompanie ist in einer anderen Etage untergebracht und die Stabsangehörigen wohnen in der ersten Etage; das hiesige Gebäude beherbergt ihr Bataillon – Bataillon 629. Da es bereits spät war, und die frischen Soldaten von dem langen, ereignisreichen Tag erschöpft waren, entließ sie der Unteroffizier zum Abendessen und zur Vorbereitung auf den Schlaf.

Moritz legte seine Ausrüstungsgegenstände in den Spind, breitete eine Decke und ein Betttuch, das er von Zuhause gebracht hatte, über die Pritsche und legte sich lang hin; dieser ermüdende Tag ging endlich seinem Ende zu. Den ganzen Tag über hatte er keine Zeit gehabt, darüber nachzudenken, was ihm geschah; er war ständig damit beschäftigt gewesen, die unentwegt niederprasselnden Befehle zu befolgen, den Unteroffizier zu beobachten und ihn zufriedenzustellen. Er schloss die Augen und spürte einen leichten Schwindel, begleitet vom angenehmen Gefühl des ruhenden Körpers. In der Fantasie sah er sein Dorf vor sich, und zu seiner Verwunderung verspürte er so etwas wie Heimweh – obgleich er doch sein Leben lang dem Dorf hatte entfliehen wollen.

Er dachte an das Abendbrot daheim: warme Suppe, frisches Brot, Butter und Käse. Der Speichel lief ihm im Mund zusammen und sein Magen knurrte. Das erste Abendbrot beim Militär hatte aus Tee, Brot und Schokoladenaufstrich bestanden. Sättigend vielleicht, aber gewiss nicht appetitanregend. Er sah sich um. Die meisten Soldaten lagen wie er kraftlos auf den Pritschen und warteten auf das Ausschalten der Lichter. Einige waren zum Rauchen nach draußen gegangen, denn das Rauchen in den Unterkünften war verboten, andere saßen auf ihren Pritschen und unterhielten sich. Moritz war zu müde, als dass er ein Gespräch zum Kennenlernen seiner Nachbarn hätte anknüpfen können, und beschloss, damit bis zum nächsten Tag zu warten. Er lächelte den beiden Soldaten in den Nebenbetten zu, entschuldigte sich für seine Schläfrigkeit, schloss die Augen, um den Höflichkeitsgesprächen zu entgehen, und war kurz danach auch schon eingeschlafen, noch bevor die Lichter erloschen.

Als am Morgen das Licht angeschaltet wurde, war ihm, als seien nur wenige Minuten vergangen. Das Licht blendete seine geschlossenen Augen, seine Ohren schellten vom schrillen Ton der Trillerpfeife und die dröhnende Stimme von Unteroffizier Schweinstein ließ ihn dermaßen zusammenfahren, dass er fast von der Pritsche gefallen wäre.

„Alles hoch, aufstehen! Es ist vier Uhr vierundvierzig. Sie haben 15 Minuten, um sich in Formation auf dem Platz einzufinden – nach dem Zähneputzen, in Unterhemd und Hose, zum Morgensport." Der Unteroffizier stand mitten im Saal, blies ein weiteres Mal in die Trillerpfeife, vergewisserte sich, dass alle aufgestanden waren, und entfernte sich mit forschem Schritt.

Moritz' gesamter Körper schmerzte, seine Beinmuskeln waren verspannt, der Rücken steif, die Augenlider waren verklebt und sein Mund trocken. Er zog sich an und rannte zum Klosett und zum Waschraum, um die Zähne zu putzen; die anderen taten es ihm gleich, und nach kurzer Zeit hatte sich vor dem Waschraum eine lange Warteschlange von verschlafenen Soldaten gebildet.

Nachdem er sich gewaschen hatte, schnürte Moritz seine Schuhe, verhedderte sich ein wenig mit den Schnürsenkeln und wickelte sich dann schnell die Gamaschen um, welche die Hose an die Schuhe fixieren sollten. Auch dabei verfing er sich, hatte aber keine Zeit, es noch einmal zu tun, und rannte hastig zum Appellplatz hinunter.

Draußen war es noch dunkel und kalt, die Sonne würde erst nach sechs Uhr aufgehen, doch glücklicherweise regnete es nicht. Die Soldaten nahmen im Hof Aufstellung, stampften mit den Füßen und hofften, der Unteroffizier würde ihnen alsbald ermöglichen, sich aufzuwärmen. Unteroffizier Schweinstein, der an diesem Morgen Dienst hatte, ordnete die gesamte Kompanie in Dreierreihen und ließ sie marschieren. Nach kurzem Marsch gingen sie zu einem leichten Laufschritt über, und nach etwa fünf Minuten kehrten sie zu ihrem Gebäude zurück und verbrachten weitere fünf Minuten mit Turnübungen auf dem Hof.

„Um Viertel nach fünf stehen alle ordentlich mit ihrem Essgeschirr da, um zum Frühstück zu gehen“, befahl der Unteroffizier. „Um Punkt sechs ist Morgenappel, zu dem alle in Uniform und rasiert erscheinen – na zumindest die, die etwas zu rasieren haben“, entließ er sie mit einem leichten Schmunzeln. Moritz beschloss, sich schnell zu rasieren, um das Frühstück in Ruhe genießen zu können, doch als er sah, was ihn erwartete – Brot, Marmelade, Kaffee und Tee –, wurde ihm klar, dass er seine Erwartungen zu hoch geschraubt hatte und dass die Lage ohne „Verstärkung“ von daheim übel zu werden versprach. Aber wie sollte er an Extraportionen kommen, und wie würde er sie für sich bewahren können, nachdem sie jeglicher Privatsphäre beraubt waren?

Er beschloss, Franz zu konsultieren, der im Speisesaal neben ihm saß und dessen bekümmertes rundes Gesicht davon zeugte, dass auch ihn das Thema Ernährung beunruhigte.

„Sag bloß, Franz, wenn das alles ist, was wir zu essen bekommen, wie sollen wir da durchhalten?“

Franz lächelte betrübt, sah Moritz mitleidig nickend an und sagte: „Überrascht dich das wirklich? Hat niemand dir erzählt, wie das hier läuft? Hast du dich nicht bei erfahrenen Soldaten erkundigt?“

Moritz erwiderte arglos; „Nein, ich kenne zwar ein paar, aber dafür habe ich mich nicht interessiert. Was kann man denn da tun?“

„Ganz einfach, man muss dafür sorgen, dass die Eltern Esspakete schicken, aber es muss etwas sein, was bei den Bedingungen hier nicht verdirbt. Mein erstes Paket ist schon unterwegs, vollgepackt mit Wurst, Speck, Käse und Süßigkeiten.“

„Ach, ich hab nichts, was mach ich bloß ...“, stöhnte Moritz und bedauerte von ganzem Herzen, dass er den gesamten Proviant von daheim schon während der Zugfahrt verputzt hatte.

„Schick einen Eilbrief nach Hause und nach zwei, drei Wochen kommt das Paket an. Bis dahin mach dir mal keine Sorgen, ich teile mit dir, und du kannst mir was zurückgeben, wenn ich nichts mehr habe ...“ „Vielen Dank Franz, wirklich. Du bist ein echter Freund.“

Der erste Monat im Lager war Drillübungen, der körperlichen Ertüchtigung und dem Studieren des Wehrrechts gewidmet; dabei ging es um die hierarchische Gliederung und die Organisation des militärischen Lebens. Die Ausbildung war nicht allzu schwierig für Moritz, da sie schrittweise vorgenommen wurde. Nach einem Monat hatten sich bereits alle an Armeeroutine und Disziplin gewöhnt; sie lernten, sich der Tagesordnung anzupassen und mit den wenigen privaten Stunden auszukommen, die ihnen zustanden.

Moritz passte sich langsam an die neue Realität an; sein Körper wurde stärker und das frühmorgendliche Aufstehen wurde mit der Zeit leichter. Die steifen, drückenden Militärschuhe dehnten sich und die Blasen an den Füßen heilten. Er gewöhnte sich an die dürftige Nahrung und konnte sich, wenn er mal eine Extraportion brauchte, an seinen Freund Franz wenden. Als das erste Paket von Zuhause eintraf, hob sich seine Stimmung immens. Er schrieb sogleich einen gerührten Dankesbrief nach Hause und bat seine Mutter um ein weiteres Paket.

Niemand erwähnte sein Jüdischsein – seine Herkunft war unerheblich; in den Augen seiner Kameraden und seiner Kommandanten, wie auch in seinen eigenen Augen, war er ein deutscher Soldat. Er bemerkte auch keinerlei ausgrenzende Einstellung ihm gegenüber. Moritz beachtete die jüdischen Speisegesetze nicht, und selbst wenn er auf andere jüdische Soldaten stieß, entwickelte sich die Bekanntschaft mit ihnen nicht zu getrennten sozialen Kontakten.

Im zweiten Monat ihrer Ausbildung erhielten die Soldaten standardmäßiges Kampfgeschirr: einen großen und einen kleinen Rucksack, eine Schaufel, eine dicke Felddecke, einen Obermantel, diverse Gurte und weitere Ausrüstung.

Die Übungen wurden weiter ausgebaut und umfassten nun Geländemärsche in der Umgebung, die nach und nach immer länger wurden, und Trainingsübungen wie Kriechen, Spähen, Verschanzen und Erste Hilfe.

Gegen Ende ihres zweiten Monats beim Heer begannen sie, mit Waffen zu üben, und lernten, das vor Kurzem ins Heer eingeführte neue Gewehr zu bedienen: ein anspruchsvolles Mehrladegewehr des Waffenfabrikanten Mauser, das ein Magazin mit 6 Kugeln und einen neu konstruierten Zylinderverschluss besaß. Die Waffe funktionierte mittels eines mechanischen Schlagbolzens, der das Schießpulver in den Kugeln betätigte.

Die Gewehre wurden den Soldaten im Verlauf einer eindrucksvollen Zeremonie auf dem zentralen Platz des Kasernenareals unter Anwesenheit des gesamten Regimentsstabs übergeben, vor den Augen hochrangiger Offiziere, allen voran der Korpskommandant.

Die Ehrengäste saßen auf einer speziell für die Zeremonie aufgebauten Ehrenloge.

Die Soldaten trugen festliche Uniformen, eine Militärkapelle spielte mitreißende Märsche und zum Höhepunkt des festlichen Aktes erschien im Eingangstor der Garnisonen ein luxuriöses Automobil, in dem der Kurfürst von Hessen saß. Obgleich es Brauch war, dass hochgestellte Zivilpersonen bei Zeremonien dieser Art anwesend waren – wobei sie die Soldaten beglückwünschten und gewöhnlich patriotische Reden hielten, um diese zu begeistern und ihre Bande und Hingabe gegenüber Vaterland und Kaiser zu vertiefen –, stellte das Erscheinen des Fürsten in eigener Person doch ein außergewöhnliches Ereignis dar.

Zu Weihnachten, zweieinhalb Monate nach Beginn der Ausbildung, erhielt das Rekrutenbataillon zum ersten Mal Urlaub, der bis Anfang Januar dauern sollte. Die Zugsoldaten waren aufgeregt. In der Nacht vor ihrer Abfahrt saßen sie im Schlafsaal um den Ofen herum, tranken Bier und redeten darüber, was sie im Urlaub erwarte.

Ein Teil der Rekruten, vor allem diejenigen, die vom Lande kamen, war bereits verlobt oder verheiratet und es war sonnenklar, was sie erwartete. Sie mussten sich derbe Scherze anhören hinsichtlich dessen, was sich im Schlafzimmer abspielen würde – besonders von jenen, die zu ihrem Leidwesen von keiner Frau erwartet wurden. Hinter dem Spott verbarg sich brennender Neid. Dabei wussten alle, dass die Neider den größten Teil ihres Urlaubs mit verzweifeltem Umwerben vergeuden würden, dessen Erfolg nicht garantiert war, und dass die Schüchternen ihren Urlaub im Elternhaus und mit Freunden verbringen würden.

Wie dem auch war, auf alle wartete ein angenehmer Urlaub – nicht allein, weil Exerzieren und Trainieren wegfielen, sondern auch wegen der Weihnachtsfestlichkeiten und der anstehenden Neujahrsfeiern.

Moritz saß still neben seinen Kameraden, mischte sich nicht in die lauthalsen Gespräche ein und nippte bedächtig an seinem Bier. Benommen vom Alkoholschleier und dem Lärm der lauten Stimmen überlegte auch er, wie er seinen Urlaub verbringen würde. Emma Krummel hatte ihn bestimmt schon vergessen, und außerdem schien er sie ohnehin nicht zu interessieren, oder sollte sie sich nun doch nach ihm sehnen? Er sah sie in seiner Fantasie vor sich, hochgewachsen und flink, in einem bestickten Kleid, das ihre Figur betonte, den Kopf hocherhoben, ihr goldblonder Zopf hing über ihre Schulter hinab … Ihre Lippen schimmerten rosa auf dem Hintergrund des hellen Gesichts, und ihre blauen Augen schienen ihm geradewegs in die Augen zu sehen.

Er rutschte unbehaglich auf der Bank hin und her, spürte, wie plötzlich Wärme in seinen Lenden aufstieg, und stöhnte resigniert; es war ja alles nichts als ein Hirngespinst. Er würde seine Freunde treffen und mit ihnen ausgehen. Vielleicht würde er auch ein paar Mädchen aus dem Dorf oder den Nachbardörfern treffen, aber das wäre ohnehin ein vorübergehender Zeitvertreib, und beim nächsten Urlaub würde er sich andere Mädchen suchen. Aber halt – vielleicht brauchte er ja gar nicht zu suchen, er konnte schließlich Heidi einen Besuch abstatten, kam ihm plötzlich der Gedanke an die füllige, zärtliche Frau aus Kassel – und wieder überkam seine Lenden ein Hitzeschwall.

Seine Gedanken wanderten zu seiner Familie. Es war ihm wichtig, Zeit mit ihr zu verbringen. Er sehnte sich nach der gewohnten Kost, dem Geruch seines Zuhauses und der Metzgerei, nach seinem Bett und der leichten, weichen Federbettdecke. Nachdem er zweieinhalb Monate lang auf einem Armeebett mit Strohmatratze unter einer schweren, groben und kratzenden Decke geschlafen hatte, löste der Gedanke an sein Bett auf dem Dachboden eine Welle von Sehnsüchten in ihm aus.

Die Zugsoldaten schliefen die ganze Nacht nicht. Gegen Morgengrauen räumten sie den Schlafsaal auf und machten ihre Betten, zogen die grauen Dienstanzüge der Infanteristen an und liefen zum Morgenapell.

Gleich nach dem Frühstück formatierten sich die jungen Soldaten in Dreierreihen und marschierten zum Bahnhof im nahe gelegenen Dorf.

Von hier aus brachte sie die Eisenbahn nach Kassel, von wo aus ein jeder seinen eigenen Weg ging.

Moritz studierte den Fahrplan: Der nächste Zug nach Frankfurt, der in Lautbach anhalten würde, sollte erst in zwei Stunden eintreffen. Er hatte nicht genug Zeit, um seine Bettgespielin Heidi zu besuchen, doch er konnte sich seinen Freunden aus der Kaserne anschließen – Franz und Christian, die bereits an einem Tisch in der Bahnhofschänke Platz genommen und echtes Bier bestellt hatten – nicht diese laue Imitation, die sie im Lager tranken.

Die endlosen Wochen, die die Soldaten von Zug 2 gemeinsam in der Kaserne verbracht hatten, hatten sie zusammenwachsen lassen. Zwischen den Kameraden waren herzliche freundschaftliche Beziehungen entstanden, wie sie fast nur unter den Bedingungen des gemeinsamen Lebens im Militärlager möglich sind. Nun, wo sie am Tisch saßen, Biergläser in der Hand, waren sie der militärischen Disziplin entbunden, und das Gespräch floss mühelos und wurde mit jedem geleerten Bierglas lautstärker.

Die Witze und das Gelächter am Tisch überdeckten die innere Spannung der jungen Soldaten, ihre Nervosität anlässlich des ersten Urlaubs und die Sehnsucht nach Zuhause und nach ihren Lieben.

Moritz sprudelte vor Witz, doch innerlich betete er, dass die Zeit vergehen möge und er endlich im Dorf und zu Hause ankäme; er war voller Hoffnung, Emma zu begegnen.

Die Weiterfahrt nach Lautbach dauerte ganze zwei Stunden, und nach der Ankunft in der kleinen Stadt stieg Moritz auf einen Bauernwagen, der ihn fast bis nach Schaffhausen brachte. Er atmete auf, als er in die bekannten Gefilde kam, und machte sich auf, zu Fuß nach Hause zu laufen, so wie er es früher als Schuljunge oft getan hatte, wenn er geschickt wurde, um Ware für die Metzgerei zu holen. Nun gewohnt an lange Fußmärsche, brachte er die Entfernung mit Leichtigkeit hinter sich, und nach kurzer Zeit gelangte er zur Hauptstraße des Dorfes. Moritz war stolz auf seine Uniform und hatte das Gefühl, dass sich alle nach ihm umschauten, ganz besonders die Mädchen. Er verlangsamte also sein Tempo, denn er wollte die Bewunderung hinter den Vorhängen der Dorfhäuser – wo gewiss die Mädels standen und dem Soldaten nachsahen – voll auskosten.

Als er zu Hause ankam, dämmerte es bereits. Er sprang die drei Stufen zur Haustür hoch und klopfte ganz entgegen seiner Gewohnheit an die Tür. Rachel öffnete und blickte ihn verwirrt an. Sie brauchte ein paar Sekunden, um den jungen Burschen in der grauen Uniform zu erkennen – Moritz vermutete, dass auch sein Körper und sein Gesicht sich ein wenig verändert hatten. Als ihr klar wurde, wer vor ihr stand, riss sie vor Verwunderung die Augen weit auf, lächelte breit, sprang auf ihn zu und umarmte ihn innig. „Mutter, Großmutter, seht mal, wer da ist, Moritz ist hier!“, rief sie freudig.

Moritz ging ins Haus, den Rucksack in der Hand, während seine Schwester weiter an seinem Hals hing; das warme Willkommen machte ihn verlegen. Seine Mutter und Großmutter kamen lächelnd aus der Küche, wischten ihre Hände an der Schürze ab und schlossen sich Rachel an, drückten und umarmten ihn fest und bedeckten seine Wangen mit Küssen.

Anna ging einen Schritt zurück, begutachtete ihren Sohn strahlend und sagte: „Wie schade, dass Robert nicht mehr unter uns ist, um dich so zu sehen ... Er wäre so stolz auf dich! Er hat sich so große Sorgen gemacht, dass du nicht erwachsen wirst und keine Verantwortung für den Betrieb übernehmen willst ... würde er dich jetzt in Uniform sehen, wäre er bestimmt der glücklichste Mensch auf Erden ...“

Regina nickte zustimmend und fügte hinzu: „Du bist doch sicher müde von der langen Fahrt, ich mache Kaffee und hole ein paar Plätzchen, und dann kannst du dich waschen und in deinem Zimmer zurechtmachen, und um sieben essen wir Abendbrot.“

Moritz ließ den Rucksack fallen, nahm die Mütze vom Kopf und setzte sich an den Tisch. Bleierne Müdigkeit breitete sich plötzlich in seinen Gliedern aus, so als erlaube sich sein Körper erst jetzt, sie wahrzunehmen.

„Ich denke, ich trinke einen Kaffee und dann geh ich hoch mich waschen und mache ein kurzes Nickerchen bis zum Abendbrot, ich bin wirklich müde“, verkündete er und gähnte lauthals, wie um seine Worte zu bekräftigen,

Moritz schlief wie ein Baby und wachte erst am nächsten Morgen gegen zehn Uhr wieder auf. Er streckte sich genüsslich in seinem Bett und ging dann nach unten zum Frühstück, das bereits auf dem Tisch für ihn bereitstand. Die Frauen der Familie gesellten sich zu ihm und betrachteten bewundernd den jungen Burschen, der nach langen Wochen im Militärlager nach Hause gekommen war und nun ein Mann war. Sie stellten ihm unzählige Fragen über das Leben in der Kaserne, über die Schwierigkeiten, mit denen er konfrontiert wurde, und über die Freunde, die er gewonnen hatte. Zum Erstaunen aller beantwortete Moritz ihre Fragen ausführlich und geduldig und ermutigte die Frauen sogar, weitere Fragen zu stellen. Er merkte selbst, dass er sich in den vergangenen Monaten veränderte hatte; entgegen seiner natürlichen Neigung, sich vor dem Austausch mit seinen Familienmitgliedern zu drücken, genoss er es auf einmal, mit ihnen zu plaudern.

Als Moritz an seine Freunde dachte, die er lange nicht gesehen hatte, erhob er sich und sagte: „Ich will eine Runde durchs Dorf drehen und meine Freunde treffen; sie haben gewiss auch Urlaub und sitzen bestimmt bei Schmuller in die Kneipe, um ein erstes Bierchen zu genießen." Und schon sprang er die Treppe hoch zu seinem Zimmer, zog sich rasch an und verließ das Haus.

Er hatte mit seiner Vermutung recht gehabt; seine drei besten Freunde waren schon im Wirtshaus versammelt und hoben die Biergläser zum Gruß, als er eintrat. Hans Schmuller, der Wirtssohn, brachte Moritz sogleich einen Krug mit kühlem Bier und fügte noch eine schnittige Verbeugung hinzu – schließlich war Moritz der einzige Soldat unter ihnen und verdiente besonderen Respekt. Hans erzählte ihm, dass er wegen einer Sehschwäche vom Heer freigestellt worden war und nun mit seinem Vater im Wirtshaus und auf dem kleinen Hof der Familie arbeitete.

Rudi hatte mit den technischen Studien am Polytechnikum in Kassel begonnen, und Max berichtete, dass er sich am Realgymnasium in Lautbach auf seine Abiturprüfung vorbereitete, die er im kommenden Sommer ablegen wollte.

Moritz ließ seinen Blick umherschweifen auf der Suche nach Emma, sah sie jedoch nicht. „Morgen statte ich Krummel einen Besuch ab, vielleicht treffe ich sie ja dann", dachte er sich, seufzte leise und ertränkte seine Enttäuschung in einem großen Schluck Bier.

Hans klopfte einige Male mit einem Löffel an ein leeres Bierglas, um die Gespräche zum Verstummen zu bringen und die Aufmerksamkeit aller Anwesenden zu erhalten, und rief: „Ruhe, Freunde, ich habe eine wichtige Ankündigung: In der Silvesternacht ist bei uns eine große Feier geplant, eine Tanzkapelle wird dabei sein und es wird tollen Spaß geben. Alle Dorfbewohner und alle Leute aus der Umgebung sind willkommen! Und jetzt lasst uns alle zum Wohl unseres Soldaten trinken, der zu zwei Jahren Dienst für Vaterland und Kaiser eingezogen ist! Zum Wohl!!"

Moritz war merkwürdig überrascht, so als sagten ihm Hans' Worte etwas Neues, etwas, was er längst wusste, aber vielleicht noch nicht verinnerlicht hatte: Er war ein echter Soldat! Bewegt angesichts dieser Erkenntnis hob er sein Glas, lächelte den anderen zu und stand auf, um eine kurze Rede zu halten: „Liebe Freunde, ich danke euch allen. Ich freue mich über eure Sympathiebekundungen und bin stolz, dem Vaterland zu dienen. Deutschland über alles! Es lebe der Kaiser!" Freudengejohle und der Klang anstoßender Gläser waren die Antwort.

Am nächsten Morgen machte sich Moritz auf, Krummels Werkstatt zu besuchen. Erfreulicherweise war Emma zu Hause, und ihr Vater rief sie, den heldenhaften Soldaten zu begrüßen. Sie näherte sich mit einem erzwungenen Lächeln, gab Moritz die Hand, stellte ihm ein paar höfliche Fragen zum Militärdienst und hatte es dann eilig, sich wieder davonzumachen; so gab sie Moritz zu verstehen, dass zwischen ihnen beiden nichts war. Moritz begriff die Botschaft; Emma würde für immer ein Wunschtraum bleiben. Er verabschiedete sich von Krummel und wusste nun, dass er sich woanders nach einem Mädchen würde umsehen müssen.

In jenem Jahr fielen das Chanukka-[10] und das Weihnachtsfest zusammen, sodass die Juden gleichzeitig mit dem gesamten Dorf feierten und alle in froher und festlicher Stimmung waren. Während die christlichen Dörfler

10 Wenn die Christen Weihnachten feiern, feiern die Juden das **„Chanukka-Fest"** (Lichterfest). Dieses Fest dauert acht Tage. Es soll an den Sieg der Makkabäer gegen die Armee von Antiochus Epiphanes in Israel erinnern.

zur Weihnachtsmesse zusammenkamen, versammelten sich die Juden des Dorfes in der Synagoge zum feierlichen Kerzenzünden.

Auch hier wurde Moritz, der einzige Soldat seines Jahrgangs, mit Glückwünschen und Schulterklopfen empfangen. Die jungen Mädchen der Gemeinde sahen ihn mit bewundernden Augen an, und unter den Frauen wurden erstmals die Möglichkeiten eines Schiduch[11] erörtert.

Doch Regina beeilte sich, deren Begeisterung einen Dämpfer zu erteilen, mit der Bemerkung, dass er ja erst in zwei Jahren aus dem Militärdienst entlassen würde. Außerdem, wie sie so ihr Früchtchen kenne, habe er es gewiss nicht eilig mit dem Heiraten, aus Angst vor der hiermit verbundenen Verantwortung.

Moritz betrachtete die wenigen Mädchen der Gemeinde aufmerksam. Er kannte die meisten von ihnen seit seiner Kindheit, und das Gesprächsthema der Frauen interessierte ihn nur wenig.

Die restlichen Tage seines Heimaturlaubs verbrachte er zu Hause oder vertrieb sich die Zeit mit seinen alten Freunden. Er machte mit Rudi aus, gemeinsam nach Kassel zu fahren; Rudi würde von dort ins Polytechnikum zurückkehren und er zurück zum Ausbildungslager fahren. Auf diese Weise würden die beiden noch ein paar gemeinsame Stunden miteinander verbringen.

Der Urlaub war zu Ende und die beiden Freunde stiegen auf das Fuhrwerk, das sie nach Lautbach bringen würde. Beide waren mit allerlei Köstlichkeiten ausgestattet, vor allem aber mit Proviant, der so lange wie möglich reichen sollte. Moritz hatte seine Mutter gebeten, den Essenspaketen, die sie ihm sandte, auch Unterwäsche beizufügen, weil die im Lager ausgeteilte Unterwäsche kratzte und unbequem war.

Als die beiden in Kassel eintrafen, stellte Moritz fest, dass er lange auf seine Weiterfahrt nach Meimbressen warten musste, und machte seinem Freund einen Vorschlag, den dieser schlecht ablehnen konnte – Heidi einen Besuch abzustatten!

11 Ein **Schiduch** ist ein in orthodoxen jüdischen Kreisen bis heute üblicher Weg der Eheanbahnung, bei dem jüdische heiratswillige Singles von Dritten (beispielsweise der Familie) zum Zweck der Ehe zusammengeführt werden.

Die junge Frau empfing die beiden erfreut, und nachdem sie die Uniform von Moritz bewundert hatte, zog sie ihm diese schleunigst aus und erwies dem heldenhaften Soldaten bereitwillig ihre Gunst. Selbstverständlich kam auch Rudi in den Genuss ihrer bewährten Dienste.

Froh gelaunt und befriedigt verabschiedeten sich die beiden Freunde und gingen ihrer Wege.

Auf dem Bahnhof traf Moritz auf die Kameraden von der Kompanie, allesamt in sauberen Uniformen und ausgestattet mit Proviantpaketen von zu Hause, ihre Gesichter lächelnd in Erinnerung an ihren ersten Urlaub.

Das Wintertraining begann unmittelbar nach ihrer Rückkehr und zog sich bis zum Osterfest hin. Es bestand vor allem aus Übungen der einzelnen Einheiten – vom Zug bis zur Kompanie. Sie waren mittlerweile schon geübte und aufeinander abgestimmte Soldaten, an die Militärdisziplin gewöhnt und bewältigten das Training mit Leichtigkeit.

Zu Ostern hatten sie wieder einige Tage Urlaub, und danach wurden die militärischen Übungen auf Bataillon-Ebene fortgesetzt. Die Truppenübungen dauerten den ganzen Sommer an und dienten als Vorbereitung auf das große Herbstmanöver, mit dem die preußische Armee die im Verlaufe des Jahres in den verschiedenen Regimentern abgehaltenen Übungen abschloss. Im Rahmen des Manövers führte die Armee Kriegsübungen unter Kommando des Generalstabs durch, gewöhnlich in Anwesenheit des Fürsten der betreffenden Provinz. Höhepunkt war die Abschlussübung, bei welcher der Kaiser persönlich anwesend war.

In jenem Jahr fand das Herbstmanöver in der Nähe der Stadt Posen unweit der Grenze zu Polen statt. Das gesamte Regiment wurde per Bahn nach Posen transportiert, von wo aus die Soldaten per Fußmarsch zum Manövergebiet gelangten. Das Wetter war kühl und angenehm, ohne Regen.

Sie marschierten drei Tage lang, bis sie den ihnen zugewiesenen Standort erreicht hatten, und schlugen ein Zeltlager auf, wobei je 10 Soldaten ein Zelt teilten.

Die Manöver bestanden aus Fußmärschen, Verschanzungen und verschiedenen Kriegsübungen.

Moritz war sich nicht immer sicher, wo er sich befand und gegen wen er gerade „kämpfte", doch er genoss das Treiben und das Feldleben. Die Verpflegung während der großen Manöver war sehr viel besser als die in der Kaserne, auch dies war als Pluspunkt zu werten.

Er selbst bekam nicht mit, wann die Manöver ihren Höhepunkt erreichten, doch er vermutete, dass dieser in einem großen „Gefecht" bestand, das mit scharfer Munition ausgetragen wurde und bei dem das schwere Dröhnen der Kanonen die Ruhe der Felder erschütterte. Doch Moritz wartete vor allem ungeduldig auf den versprochenen Jahresurlaub, der den Soldaten nach den Manövern zugestanden wurde. Gegen Weihnachten ging das Bataillon in den verdienten zweiwöchigen Weihnachtsurlaub; im Anschluss daran wurde es vom Rekrutenbataillon zu einem regulären Bataillon und ins Regiment eingegliedert.

Das zweite Jahr des Wehrdienstes erwies sich als entspannter; neben der Trainingsroutine waren die Mannschaften auch mit operativen Aufgaben beschäftigt – vor allem mit der Ausübung von Wachdiensten an verschiedenen Orten in der Umgebung von Kassel.

Moritz hatte sich mit seinem pragmatischen Wesen an das Militärleben angepasst; er war ein disziplinierter Soldat, umgänglich und trotz seiner jüdischen Herkunft von den Kameraden gut gelitten. Er nahm Teil an allen gesellschaftlichen Aktivitäten, und wenn er mit seinen Freunden ein paar Stunden Ausgang hatte, war es gewöhnlich Moritz, der in der nächstliegenden Stadt vergnügte Feiern für sie alle organisierte.

Während er zu Hause auf Urlaub war, bemerkte Moritz, wie sehr seine Großmutter gealtert war. Sie erschien kraftlos, konnte nur mit Mühe ihre Beine bewegen und verweilte stundenlang ruhend im Sessel oder in ihrem Bett. Anna führte den Metzgerladen notgedrungen allein, während Rachel ihr von Zeit zu Zeit zur Hand ging; seine kleine Schwester war nun bereits eine junge Frau und ihre Gedanken waren mit anderen Dingen beschäftigt – mit ihrem Aussehen und ihren Verehrern.

Moritz half so gut er konnte in der Metzgerei und führte im Laden und im Haus notwendige Reparaturen durch. Er hatte kaum noch Zeit, sich mit seinen Freunden zu treffen, geschweige denn, mit ihnen auszugehen.

Alles änderte sich im Juni, als in der Kaserne ein Eiltelegramm eintraf mit der Nachricht, dass Großmutter Regina verstorben war. Moritz erhielt Sonderurlaub und fuhr sogleich nach Hause. Unmittelbar nach seiner Ankunft fand das Begräbnis der alten Frau statt. Der Leichenzug trug das Bett der Alten von der Synagoge den Hügel hinauf zum jüdischen Friedhof. Während der Trauerwoche beratschlagte die Familie, wie die Zukunft aussehen sollte. Allen war klar, dass Anna nicht allein sowohl den Metzgerladen als auch den Haushalt führen konnte. Daher wurde abgemacht, dass Moritz seine Kommandanten um vorzeitige Entlassung aus dem Dienst ersuchen sollte, mit der Begründung, dass er nun als Haupternährer der Familie zurückgeblieben war und die gesamte Verantwortung trage.

Die Militärbehörden kamen ihm entgegen und sein Gesuch um vorzeitige Entlassung wurde gewährt; es war nicht unüblich, Soldaten aus wirtschaftlichen Gründen von der Wehrpflicht zu befreien, und Moritz wurde der Reserveeinheit des Regiments zugeordnet.

In der Kaserne wurde eine ausgelassene Abschiedsfeier für ihn veranstaltet. Moritz trennte sich ungern von seinen Kameraden, doch er wusste, dass er das Richtige tat. Die Zeit des Militärdienstes hatte in ihm einen starken Eindruck hinterlassen: Er war erwachsen und robuster geworden und hatte längst nicht mehr das Bedürfnis, vor Verantwortung und komplexen Aufgaben davonzulaufen.

Zu seiner Erleichterung nahmen seine Mutter und seine Schwester den Wandel, den er durchgemacht hatte, wie selbstverständlich hin, und so stand sein neuer Status fest: Er war nun der Ernährer der Familie – und derjenige, der bei allen Angelegenheiten das letzte und entscheidende Wort hatte.

Moritz' einziges Andenken an seinen Wehrdienst, abgesehen von der Uniform, war eine Mauser-Pistole, die er heimlich einem der Soldaten abgekauft hatte. Niemand außer den beiden wusste davon. Er verbarg die Waffe im hintersten Teil seines Kleiderschrankes in einer Holzkiste, in ein geöltes Tuch gewickelt.

3 Lautbach

Frederike, von allen Freddi genannt, war ein liebenswertes junges Mädchen.

Zu Beginn des 20. Jahrhunderts war sie 14 geworden. Sie war hochgewachsen für ihr Alter, von schmaler Figur und flinken Bewegungen. Sie hatte ein längliches Gesicht mit schmalen Lippen, die sich in den Winkeln ein wenig nach unten zogen, hohe Wangenknochen und braune, tief in den Augenhöhlen liegende Augen mit langen Brauen. Über ihrer kleinen Stirn erhob sich ein Schopf von dickem braunem Haar, das gewöhnlich zu einem langen Zopf geflochten auf ihrer Schulter lag.

Freddi war gerade auf dem Weg von der Schule nach Hause und hatte beschlossen, am Schuhladen von Onkel Max auf der Hauptstraße vorbeizugehen. Dort würde sie ihre geliebte Tante Rachel treffen, einen Tee trinken und sich am köstlichen Geschmack deren beliebter Plätzchen erfreuen.

Onkel Max – der Bruder ihres Vaters – und dessen Frau Rachel waren für Freddi der Mittelpunkt ihrer Familie und allen anderen eine finanzielle Stütze. Max, der um zwei Jahre älter war als Freddis Vater Michael, war ein hochgewachsener Mann, dessen Gutmütigkeit ihm förmlich ins Gesicht geschrieben stand; seine blauen Augen schienen unentwegt zu lächeln. Über seiner breiten Stirn schwebte eine schüttere Haartolle, die tagtäglich sorgfältig so gekämmt wurde, dass sie seine Glatze verdeckte; er hatte die für die Katzensteins charakteristische große Hakennase, einen breiten Mund, große, ein wenig abstehende Ohren; ein kleines Bäuchlein verlieh ihm ein respektables bürgerliches Aussehen. Max kleidete sich äußerst sorgfältig und war stets im Geschäftsanzug unterwegs, in der Hand einen geschnitzten Spazierstock. Nicht verwunderlich also, dass er Autorität und Ehrwürdigkeit ausstrahlte; genauso wirkte er auch auf die Leute.

Seine Frau Rachel war eine warmherzige, umgängliche Frau. Sie erinnerte Freddi oft an ihre Schulfreundin Ruth – durchschnittlich groß, rundlich, mit großen braunen Augen und einem liebevollen Lächeln auf dem Gesicht.

Freddi konnte es sich erlauben, einen Abstecher ins Schuhgeschäft von Max zu machen, anstatt gleich nach Hause zu gehen; sie wusste, dass daheim niemand auf sie wartete. Ihr Vater Michael war Viehhändler und fast die ganze Woche geschäftlich unterwegs. Ihre Mutter Riekchen war bei ihrer Geburt gestorben. Damals hatte ihre Schwester Helene die Mutterfunktion für sie übernommen, obgleich sie nur zehn Jahre älter war als sie. Doch seitdem Helene in der lokalen Zweigstelle des Tuchladens von Onkel Sali – dem Bruder Riekchens – arbeitete, hatte sie kaum noch Zeit für Freddi, und das Mädchen verbrachte mehr und mehr Zeit bei ihrer Tante, die sie immer freundlich empfing und mit Wärme und Liebe umgab.

Es war Mittagszeit – fast alle waren zu dieser Stunde zu Hause, um zu Mittag zu essen und danach ein wenig zu ruhen – und tatsächlich war der Laden leer.

„Guten Tag allseits, ist hier jemand?“, rief Freddi.

Rachel lugte aus dem hinteren Teil des Ladens hervor, wo es ein kleines Büro gab, und als sie Freddi sah, leuchtete ihr Gesicht auf. Sie ging auf sie zu, zog sie an sich, gab ihr einen Kuss auf die Wange und streckte dann ihre Arme ein wenig von sich, um sie besser anschauen zu können: „Wie hübsch du heute bist! Ich bin so froh, dass du gekommen bist. Komm, ich habe Mittagsessen gebracht, wir essen zusammen und dann trinken wir ein Tässchen Tee und plaudern ein wenig. Max ist schon nach Hause gegangen, um sein Mittagsschläfchen zu halten, also wird uns niemand stören.“

Freddi nickte freudig, nahm Schulranzen und Mantel von der Schulter und folgte ihrer Tante ins Ladeninnere. Hier fühlte sie sich wohl, hier brauchte sie sich nicht zu verstellen oder zu rechtfertigen. Sie setzte sich, streckte die Beine aus, verschränkte die Arme hinter dem Kopf, neigte ihn nach hinten, betrachtete ihre mit Geschirr herumhantierende Tante und wartete gelassen. Auf dem warmen Ofen stand ein Topf mit duftendem Eintopf. Rachel füllte zwei Teller mit dem dampfenden Gericht, und kurz danach saßen die beiden einander gegenüber und aßen ruhig und konzentriert. Man redete nicht während des Essens, und sie wussten ja, dass danach noch genug Zeit für ein Schwätzchen sein würde.

Max und Rachel hatten nur einen Sohn – Jakob, der bereits verheiratet war und in Kassel lebte. Mit der Unterstützung seines Vaters, des erfahrenen Schuhhändlers, hatte auch Jakob einen erfolgreichen Schuhladen eröffnet.

„Also Freddi, wie war die Schule heute?"

„Wie immer, nichts Besonderes."

„Und doch … deinem Gesicht nach zu urteilen bin ich mir sicher, dass etwas Schönes geschehen ist, willst du es mir verraten?"

„Ach ja, ich habe eine gute Note im Aufsatz bekommen. Aber wen interessiert das schon?"

„Also erstens, mich interessiert es! Und ich bin sicher, dass auch dein Vater sich darüber freut und auch Helene."

„Vater kommt immer ganz kaputt von seinen Fahrten nach Hause und bemerkt mich kaum. Helene ist mit ihrer Arbeit beschäftigt und außerdem … hast du schon gehört, dass sie einen Freund hat?"

„Mein Liebes, in einem ‚Riesenstädtchen' wie Lautbach gibt es keine Geheimnisse. Natürlich weiß ich Bescheid … Hoffentlich kommt es diesmal zur Ehe. Deine Schwester ist nicht mehr jung, sie ist fast vierundzwanzig, es wird an der Zeit, dass sie im Leben zurechtkommt. Du bist jetzt groß genug, um selbst auf dich aufzupassen. Helene muss endlich aufhören, deine Mutter zu spielen, und sich um sich selbst kümmern."

Freddi gefiel nicht, was sie da hörte, und dachte sich: Klar, und ich bleibe allein zurück, ohne dass sich irgendjemand um mich kümmert … Zu ihrer Tante sagte sie: „Das hoffe ich auch."

Sie setzte sich im Stuhl auf und zog die Beine an, während sie zu Boden blickte. Rachel entgingen die sich verschanzenden Gebärden des Mädchens nicht und ihr Herz zog sich mitleidig zusammen; schon bereute sie ihre Worte. Sie hatte vergessen, dass Freddi immer noch ein junges Mädchen war, das sich schwertat, komplexe Situationen zu begreifen – insbesondere, wenn diese zu ihrem Nachteil waren.

„Weißt du was, Freddi? Du bist doch bald mit der Schule fertig – das Beste für dich wäre, wenn du eine gute Arbeit fändest. So wärest du weniger von deiner Schwester abhängig, würdest dein eigenes Geld verdienen und überhaupt ... so würdest du langsam ins Erwachsenenleben hineingeführt. Was meinst du?"

Freddi war überrascht und antwortete nicht sofort. Sie hatte keine so schnelle Auffassungsgabe und brauchte eine Weile, um etwas Neues, Ungewohntes zu durchdenken. Sie blieb an ihrem Platz sitzen, die Hände zwischen die Beine gelegt, den Kopf ein wenig geneigt, ihre Brauen waren zusammengezogen und ihr Blick wanderte ziellos in die Zimmerecke.

Rachel nippte ruhig an ihrem Tee und wartete geduldig, bis das Mädchen die neue Idee verarbeiten würde. Nach einer Minute hob Freddi den Blick zu ihrer Tante empor und fragte: „Wo soll ich denn Arbeit finden? Ich kann doch nichts, in der Schule habe ich doch keinen Beruf gelernt. Ich weiß überhaupt nicht, was zu mir passt und was ich machen könnte."

„Du weißt doch, dass man einen Beruf nur beim Arbeiten selbst erlernt. Deswegen ist es das Beste, als Lehrling bei einem Meister anzufangen. Und ausschlaggebend sind vor allem der Wille und die Bereitschaft, diesen Schritt zu tun. Aber zunächst musst du dir überlegen, was dich überhaupt interessiert."

„Mir fällt da gar nichts Besonderes ein. Mit technischen Sachen komme ich nicht so gut zurecht."

Rachel hatte eine ausweichende Antwort erwartet. Sie wusste, dass Freddi ein passives Mädchen war, das von sich aus keine Initiative ergriff, sondern erwartete, dass man sie führe. Außerdem war Freddi reichlich verwöhnt – was nicht ihre Schuld war. Ihre ältere Schwester hatte sie aufgezogen und für all ihre physischen Bedürfnisse gesorgt, doch sie war damals selbst noch ein halbes Kind und konnte die kleine Schwester nicht so erziehen und anleiten, wie Mütter es gewöhnlich tun.

Rachel war sich auch dessen bewusst, dass Michael, der Vater der beiden Mädchen, nicht der Typ des Erziehers war, noch umso weniger, als er unentwegt damit beschäftigt war, den Lebensunterhalt für seine Familie zu sichern. Nicht selten sprang Max ein, um seinem Bruder mit Anleihen unter die Arme zu greifen – Anleihen, die er niemals zurückfordern würde.

Daher war sie sich sicher, dass der Gedanke, mit dem sie sich schon eine Weile beschäftigt hatte, ihrer Nichte in jeder Hinsicht zugutekommen würde.

„Freddi, ich glaube, dass du dich besser zum Handel eignest als zu einem technischen Beruf. Du hast dazu alle notwendigen Eigenschaften: Du hast ein angenehmes Wesen, Geduld, du kannst mit Menschen umgehen und – was nicht weniger wichtig ist – du bist hübsch anzusehen!“

Sie wusste, dass sie Freddi ermuntern und ihr Selbstbewusstsein stärken musste, um ihr dabei zu helfen, aus dem schützenden Kreis der Familie heraus und in das wahre Leben einzutreten.

Rachel fügte hinzu: „Warum nicht bei uns im Laden anfangen? Hier in der familiären Atmosphäre, ohne allzu viel Druck, könntest du die Handelsmethoden erlernen, und mit der Zeit kannst du dann dein Glück in anderen Betrieben suchen. Vielleicht könntest du eines Tages sogar ein eigenes Geschäft eröffnen.“

Freddi errötete vor Aufgeregtheit, ihr Herz schlug wild und Tränen kullerten aus ihren Augen. Sie stand auf, lief zu ihrer Tante, fiel ihr um den Hals, legte ihren Kopf auf ihre Schulter und sagte: „Ich freue mich so! Ich bin das Lernen so leid, und ich wollte doch wirklich schon etwas Richtiges tun, aber ich wusste ja gar nicht, was ich eigentlich will und an wen ich mich wenden soll ... Vater hat für nichts Zeit oder Kraft ... das weißt du ja sicher; Helene ist mit ihren romantischen Angelegenheiten beschäftigt, und da wollte ich sie nicht belästigen – wie gut, dass es dich gibt, Tante, deine Idee kommt gerade richtig! Wann kann ich mit der Arbeit beginnen?“

Rachel streichelte sanft ihren Rücken, drückte sie innig, hob ihren Kopf mit beiden Händen, küsste sie auf die Stirn und sagte: „Mein Mädchen, es brennt ja nichts ... zunächst musst du erst einmal das Schuljahr zu Ende bringen. Kommt nächsten Sabbat zum Mittagsmahl und dann reden wir darüber mit der ganzen Familie. Du kannst wann immer du willst zum Laden kommen, dich umsehen und auch mithelfen – dann wirst du bereit sein für den Tag, an dem du ganz bei uns anfangen wirst.“

Rachel erzählte Freddi nicht, dass es allein ihr Gedanke gewesen war und dass sie noch Max davon überzeugen musste. Doch sie sorgte sich nicht. Ihr Mann hatte noch nie Einwände gegen eine ihrer Initiativen gehabt, dank derer das Geschäft so erfolgreich und einträglich war. Darüber hinaus würde er selbst begreifen, dass die Anstellung von Freddi in Zukunft auch jene „Anleihen“ überflüssig machen würde, die für seinen Bruder so entwürdigend waren.

Am folgenden Samstag waren Michael, Helene und Freddi zum Mittagessen bei Max und Rachel zu Gast. Die Frauen warteten daheim, bis Max und Michael von der Synagoge heimkamen. Sie gingen gewöhnlich nicht jeden Sabbat zum Gottesdienst, doch diesmal, zum Zeichen der Wichtigkeit ihres heutigen Zusammenkommens, gingen die Brüder gemeinsam zum Beten in die Synagoge.

Die Brüder Katzenstein – Siegmund, Max und Michael – wurden in einem kleinen Dorf in der Nähe von Lautbach geboren. Ihre Eltern Chaya und Moses hatten das Getto von Kassel unmittelbar nach den Reformen verlassen, die unter Einfluss der napoleonischen Gesetzgebung zu Beginn des 19. Jahrhunderts eingeführt worden waren und den Juden staatsbürgerliche Rechte gewährten. Sie erstanden ein Haus in der Gegend, wo Moses Vieh- und Fellhandel betrieb. In jener Zeit fand in der Umgebung von Lautbach wie auch in anderen Bezirken Hessens ein Übersiedlungsprozess von Juden in die Dörfer und eine teilweise Eingliederung dieser in den lokalen Gemeinden statt.

Unter den Juden, die sich in Dörfern niederließen, waren Händler und viele Handwerker. Sie boten der bäuerlichen Bevölkerung ihre Dienste an und eröffneten, dank ihren verzweigten familiären Verbindungen, Handelskanäle in ganz Hessen und darüber hinaus.

Mit der Zeit gründeten die Juden in ihren Fachgebieten moderne Industriebetriebe – vor allem in Branchen wie der Fell- und Textilverarbeitung – und trugen zum Wohl der gesamten Gesellschaft bei.

Die Söhne der Familie Katzenstein wurden erwachsen und verließen das Dorf, gründeten Familien und führten die Familientradition weiter; Siegmund war Geschäftspartner bei einer Kürschnerei und Schuhproduktion in Essen im Ruhrgebiet, Max hatte sich dem Handel zugewandt und eröffnete einen Schuhladen in Lautbach, und Michael führte den Weg des Vaters weiter und betrieb weiterhin Viehhandel.

Aufgrund der großen Entfernung zwischen den beiden Provinzen bestand zwischen Siegmund und seinen Brüdern nur loser Kontakt. Die Eltern Moses und Chaya blieben bis zu Moses' Tod mit 62 Jahren in ihrem Dorf. Danach zog Chaya nach Lautbach, um näher bei ihrer Familie zu sein. Sie wohnte bei Max und Rachel, verbrachte aber viel Zeit im Haus von Michael und Riekchen. Als Riekchen bei der Geburt von Freddi starb, war Chaya bereits 85 Jahre alt. Das alte Herz der Großmutter konnte den großen Schmerz nicht mehr verkraften und sie verstarb innerhalb eines Jahres. Ihrer Bitte gemäß wurde sie neben ihrer schönen Schwiegertochter auf dem jüdischen Friedhof von Lautbach begraben. Freddi kannte ihre Großmutter nur von den Erzählungen der anderen Familienmitglieder.

Michael war der jüngste Sohn der Katzensteins, wirkte jedoch viel älter. Sein dichtes Haar und der lange Bart waren ergraut und wiesen bereits vereinzelte weiße Haare auf.

Abgesehen von der familientypischen Hakennase und ihrer großen Statur ähnelten die Brüder einander kaum. Michael hatte einen strengen Gesichtsausdruck; vielleicht wegen der Runzeln auf der Stirn, der dichten Brauen oder wegen des konzentrierten Blicks in seinen braunen Augen. Wer ihn kannte, wusste, dass sich hinter der ernsten Miene ein gutherziger und menschenfreundlicher Mann verbarg – der allerdings schüchtern und schweigsam war. Michael war kein gewiefter Geschäftsmann, Geld interessierte ihn wenig, und beim Feilschen neigte er eher dazu, die andere Partei zu berücksichtigen und ihr entgegenzukommen.

Mit dem Tod seiner geliebten Frau Riekchen war Michaels Lebensfreude erloschen. Von nun an funktionierte er nur noch aus der Macht der Gewöhnung heraus und aus dem Verantwortungsgefühl seinen Töchtern gegenüber. Michael litt auch an einem Herzleiden, das sich aufgrund seines unsteten Lebens noch verschlimmert hatte. Er fühlte sich schuldig, weil er keine Zeit hatte, sich der Erziehung der Mädchen anzunehmen, und war Max und Rachel zutiefst dankbar dafür, dass sie seinen Platz einnahmen und sich um Freddi kümmerten.

Es war in der Familie Brauch, vor der gemeinsamen Mahlzeit den Kiddusch[12] zu sprechen und danach gemeinsam ein paar Sabbatlieder zu singen, wie beispielsweise „Der Du Frieden schaffst in der Höh“. Alle saßen am

12 Als **Kiddusch** wird der Segensspruch über einen Becher Wein bezeichnet, mit dem der Sabbat und die jüdischen Feiertage eingeleitet werden.

Tisch, an einem Ende Max und am anderen Tischende, nahe der Küche, Rachel. Nach dem Singen wünschten sie einander einen „Guten Appetit" und aßen in Ruhe ein traditionelles Sabbatgericht, bestehend aus Fleischsuppe mit Klößen, Braten mit Kartoffeln und süßsaurem Rotkohl. Zum Nachtisch gab es Beerenkompott. Der süßsaure Rotkohl war Freddis Lieblingsspeise. Sie hatte Rachel oft dabei zugesehen, wenn diese das schmackhafte Gericht zubereitete hatte, wagte aber nicht, es selbst zu kochen. Nach der Mahlzeit wurden Tee und Backwerk gereicht und Freddi wusste, dass nun über alles Mögliche geredet würde, darunter auch über Tante Rachels Idee. Sie blieb still sitzen, ihr Teetässchen in der Hand, und verfolgte mit wachem Blick die Gespräche der Erwachsenen. Max ergriff die Initiative und fragte seinen Bruder: „Na, wie war es denn diese Woche so in den Dörfern?"

Michael, der noch stiller als gewöhnlich schien, seufzte wie zu sich selbst und sagte: „Es war kalt, der Frühling kommt ja gerade erst. Ich konnte in Anbetracht auf die bevorstehende Wurfzeit schon ein paar gute Geschäfte machen, aber das Geld kommt ja erst in einem Monat rein, und bis dahin ist es knapp. Na ja, es wird schon ..."

„Gibt es irgendwas Neues bei den Verwandten?", fragte Rachel. „Du bist doch der Einzige von uns, der in der Gegend herumkommt, wir kommen ja kaum aus Lautbach heraus, erst recht nicht im Winter."

Michael lächelte verlegen, streichelte seinen ergrauten Bart, zögerte ein wenig, doch er musste die Wahrheit sagen: „Ich wusste doch, dass ich etwas vergessen hatte. Nein, ich konnte bei keinem der Verwandten vorbeigehen, und leider habe ich keine Neuigkeiten. Aber du hörst doch bestimmt alle Neuigkeiten im Laden, es kommen doch so viele aus den Dörfern nach Lautbach zum Einkauf, oder?"

„Hab ich es mir doch gedacht, dass auf dich kein Verlass ist in diesen Angelegenheiten. Ich habe aus Höflichkeit gefragt, und außerdem habe ich etwas Wichtigeres mit dir zu bereden", sagte Rachel lächelnd.

Michael war überrascht, dass er den Nachforschungen seiner Schwägerin mit solcher Leichtigkeit entkommen war, und begriff, dass anscheinend etwas Dringendes auf der Tagesordnung stand. Er zog seine Augenbrauen zusammen und fragte besorgt: „Was ist denn diese wichtige Sache? Um was geht es denn? Ist etwas passiert?"

„Nichts ist passiert, beruhige dich. Ich habe eine Idee und wollte einen Vorschlag machen, der Freddi betrifft."

„Was ist mit Freddi? Verheimlicht ihr mir etwas?", fragte Michael mit angespannter Stimme. Er warf Helene einen fragenden Blick zu, ließ seine Augen dann zu Freddi wandern, von dieser zu Rachel und wieder zurück.

Rachel lächelte sanft und sagte: „Lieber Michael, mach dir keine Sorgen, alles geschieht in bester Absicht. Ich habe mich diese Woche mit Freddi über ihre Zukunft unterhalten ... Sie beendet doch in Kürze die Schule, und man muss ja schließlich vorausdenken."

Michael senkte seinen Kopf – wieder war er dabei ertappt worden, dass er seiner Jüngsten nicht genug Gedanken gewidmet hatte, und wieder war es Rachel, die die elterliche Verantwortung an seiner statt übernahm. Zugleich mit seinen Gewissensbissen war er seiner Schwägerin und seinem Bruder überaus dankbar für ihre Unterstützung, wohl wissend, dass sie und Helene die verwaiste Freddi großzogen und ihr zur Seite standen. Ein tiefer Seufzer kam aus seiner Brust und er sagte: „Ja, das ist wahr. Ich hatte vor, bald darüber zu reden. An was habt ihr gedacht?"

„Meiner Ansicht nach eignet sich Freddi für eine Tätigkeit im Handel; das interessiert sie, sie hat einen guten Draht zu Menschen und ein angenehmes und geduldiges Wesen. Sie eignet sich sehr gut dafür. Was hältst du davon, Freddi?"

Freddi hatte diese Frage erwartet und versuchte nicht, wie gewohnt, auszuweichen, sondern erwiderte sogleich: „Ich will nicht weiter lernen, ich eigne mich auch nicht als Lehrling für einen technischen Beruf, ich will anfangen zu arbeiten und mein eigenes Geld verdienen."

Alle starrten Freddi erstaunt an. Sie waren es nicht gewöhnt, dass das schüchterne und zurückhaltende Mädchen sich so entschlossen und eindeutig äußerte. „Sie wird erwachsen", dachte sich Michael, „sie ist kein Kind mehr, da muss man sie wohl auch dementsprechend behandeln."

Rachel nahm das Gespräch wieder auf und sagte: „Ich habe Freddi vorgeschlagen, eine Zeit lang bei uns im Laden zu arbeiten, um die Geschäftstätigkeit kennenzulernen ... so wird sie Erfahrungen sammeln und ihr Selbstvertrauen stärken, später sollte sie dann nach etwas suchen, was sie ihren Zielen im Leben näherbringen kann. Ich habe mit Max geredet und er ist einverstanden."

Max nickte gehorsam, lächelte dazu und streichelte wohlwollend Freddis Kopf. Helene war mit der Richtung, die das Gespräch nahm, besonders zufrieden; so würde die Last der Verantwortung für ihre kleine Schwester bald geringer werden; dann würde sie ihre Freizeit so gestalten können, wie sie wollte, und vielleicht würde sich auch ihre Beziehung zu Joachim weiterentwickeln.

„Ich freu mich so, Freddi, ich bin mir ganz sicher, dass du das schaffst; du bist stark genug, um mit all den neuen Dingen fertigzuwerden, und ich bin ja immer für dich da."

Auch Michael lächelte. Er wandte sich an Freddi, nahm ihr Gesicht zwischen seinen großen Händen, küsste ihre Stirn und sagte: „Meine Kleine, da habe ich gar nicht mitbekommen, dass du schon ein erwachsenes Mädchen bist, das seine Zukunft sucht. Ich bin wirklich froh über die Gelegenheit, die dir Rachel gibt, und ich bin mir sicher, dass es dir gelingt. Also, wann geht es los?"

„Bis zum Ende des Schuljahres kann Freddi nachmittags kommen, wann immer sie Lust hat, und danach auch morgens", antwortete Rachel und fügte mit breitem Lächeln hinzu: „Und jetzt lasst uns alle ein Gläschen Schnaps trinken und auf Freddi anstoßen und ihr von ganzem Herzen viel Erfolg wünschen!"

Max holte eine Flasche Schnaps und ein Tablett mit Gläsern aus dem Schrank, schenkte allen ein, hob sein Glas – und nach ihm alle anderen – und mit einem schnellen Schluck tranken die Anwesenden auf Freddis Eintritt ins Erwachsenenleben.

Freddi verbrachte das gesamte Wochenende in euphorischer Gemütsverfassung. Sie lag die meiste Zeit im Bett, blickte an die Decke und stellte sich vor, wie sie die aufregenden Neuigkeiten ihren besten Freundinnen erzählen würde, wenn sie diese Montagmorgen in der Schule treffen würde.

Sie musste sich neue Kleidung anschaffen, erwachsene Kleidung, die zu ihrer neuen Position passte; schließlich konnte sie die Kunden im Laden nicht als Schulmädchen bekleidet bedienen ... Und wenn sie fünfzehn war, könnte sie auch dem Jugendklub der jüdischen Gemeinde beitreten, in dem allerhand Aktivitäten für die jüdische Jugend – Jungen und Mädchen gleichermaßen – veranstaltet wurden.

Da Freddi auf eine Mädchenschule ging, war sie sehr neugierig auf Jungen. Alle ihr bekannten männlichen Wesen gehörten zur Familie, waren Onkel oder Cousins; doch diese erregten bei ihr nicht dieses vage Sehnen, das sie fremden Jungen gegenüber verspürte.

Auch in den Gesprächen der Freundinnen kam das Thema „junge Burschen" seit Kurzem ständig zur Sprache, begleitet von verlegenem Kichern, das die große Neugier und das Verlangen, mit den Vertretern des anderen Geschlechts irgendeine Verbindung aufzunehmen, überdeckte.

In der Vergangenheit war solch ein Kontakt von der Familie zwecks Schiduch – zur Heiratsanbahnung allein – initiiert worden, doch in den letzten Jahren hatte sich die jüdische Gemeinde zusehends der allgemeinen deutschen Gesellschaft geöffnet und der Wahrung der Tradition wurde weniger Bedeutung beigemessen. Es war eine Zeit, in der bereits gesellige Zusammenkünfte zwischen jungen Männern und jungen Mädchen stattfanden, vor allem in Cafés oder Wirtshäusern. Die Führungspersönlichkeiten der jüdischen Gemeinde sahen, woher der Wind wehte, und lockerten ein wenig die strengen Regeln, um die Assimilation der jungen Leute zu verhindern.

Sie waren vier Freundinnen mehr oder weniger gleichen Alters, Schülerinnen der Mädchenschule von Lautbach, die in diesem Sommer ihr letztes Schuljahr beenden würden.

Ilse Kirschenbaum war ein sportliches Mädchen, groß und schlank, mit blondem Haar, blauen Augen und markantem Gesicht. Sie hatte ein vorstehendes Kinn, ausgeprägte Wangenknochen und eine kleine Stupsnase. Ilse war es gewöhnt, mit ihrer Erscheinung Bewunderung auszulösen, und strahlte starkes Selbstbewusstsein aus, obgleich ihr tief im Inneren ein wenig bange war. Sie war die Tochter einer wohlhabenden Familie – ihr Vater war Großhändler für Lebensmittel und landwirtschaftliche Produkte, der es seiner Tochter an nichts mangeln ließ. Ilse war eine mäßige Schülerin und erhielt nicht selten Hilfe von ihren besten Freundinnen. Sie war sich sicher, dass ihre Eltern für sie einen reichen Bräutigam aus vorzüglicher Familie finden würden, und sah ihre Zukunft als die einer großbürgerlichen Dame, die sich der Pflege und Kultivierung ihres Haushaltes widmete. Der Gedanke an Beruf und Arbeit kam ihr gar nicht in den Sinn.

Trudi Levi, Ilses beste Freundin, war das genaue Gegenteil. Ilses Vater war Lehrer für Mathematik und Physik an der Realschule von Lautbach und von daher auch nicht besonders wohlhabend. Ihre Mutter war Hausfrau und führte einen kleinen Laden für Wolle und Strickzeug, um zum Lebensunterhalt der Familie beizutragen. Die Familie stammte aus der sephardischen Gemeinde in Frankfurt, wo ihre Vorfahren im Laufe der Generationen in rabbinischen Positionen gedient hatten. Trudi war durchschnittlich groß, flink und behände in ihren physischen und mündlichen Reaktionen und war immer die Erste, die auf jedes Geschehen reagierte. Sie hatte einen leicht bräunlichen Gesichtsteint und dunkle kleine Augen, die immer wach umherspähten, um ja nichts zu verpassen, schmale Lippen, eine spitze Nase und braunes Haar. In der Schule war sie in allen Fächern Klassenbeste. Trudi hatte auch zu allem eine feste Meinung und klare Überzeugungen und war ein äußerst selbstständiges Mädchen. Jungen hatten sie bisher noch nicht interessiert; ihr Ziel war es, am Realgymnasium weiterzulernen und danach an der Universität Medizin zu studieren. Darüber hinaus wagte sie noch nicht zu träumen.

Gerade der große Kontrast zwischen Ilse und Trudi hatte die beiden einander nähergebracht und dazu geführt, dass jede der Freundinnen die andere an ihren Schwachpunkten unterstützte.

Die dritte Freundin im Bunde war Ruth Sommer – ein liebes, diszipliniertes und gehorsames Mädchen. Sie hatte eine füllige Figur und trug als Erste der Freundinnen einen Büstenhalter. Sie hatte ein rundliches Gesicht mit breiten Lippen und einer etwas breiten und flachen Nase, die perfekt zu ihrem Gesicht passte. Ihre großen braunen Augen drückten Unschuld, Neugier und Gutmütigkeit aus. Ruth war eine fleißige und ordentliche Schülerin und machte nicht selten auch für Freddi und Ilse die Hausaufgaben. Sie stritt nie mit den anderen und fungierte gewöhnlich als Vermittlerin, wenn die anderen Mädchen mal aneinandergerieten. Dank dieser Eigenschaften hatte sie die Liebe ihre Freundinnen und ihr volles Vertrauen gewonnen. Ruths Eltern betrieben eine Kette von Tuchläden; die Familie wohnte in der Hauptstraße von Lautbach.

Montagmorgen wachte Freddi früh auf und machte sich erwartungsvoll und aufgeregt auf den Weg zur Schule. Sie wartete am Eingangstor auf ihre Freundinnen, in der Hoffnung, dass sie auch früh kommen würden, sodass sie Zeit hätte, ihnen die spannenden Neuigkeiten noch vor dem Klingeln zu erzählen. Doch ihre Freundinnen trafen wie immer in letzter Minute ein. Sie sahen sofort, dass Freddi ungewöhnlich aufgedreht war, und blieben mit fragenden Blicken neben ihr stehen.

„Mädels, ich habe tolle Neuigkeiten für euch, aber es ist schon zu spät. Wir treffen uns in der Pause im Hinterhof am alten Eichenbaum, ja?"

Trudi, wie immer scharfsinnig und schnell reagierend, sagte: „Ich hoffe, dass alles in Ordnung ist und dass du gute Neuigkeiten hast."

Ruth lächelte, legte ihre Hand auf Freddis Schulter und sagte: „Ich sehe dir an, dass es etwas Gutes ist, und bin schon ganz neugierig."

Ilse betrachtete die drei von ihrer Höhe aus: „Gut, treffen wir uns also in der Pause", und wandte sich in Richtung des Schulgebäudes. Die anderen schlossen sich ihr nach kurzem Zögern an.

In der Pause trafen sich die vier Freundinnen wie abgemacht unter der Eiche, und Freddi erzählte ihnen von der Arbeitsstelle, die sie nach Schuljahresende und dem Abschluss der Mittelschule erwartete, und von ihrem Entschluss, nicht weiter zur Schule zu gehen, sondern eine kaufmännische Laufbahn einzuschlagen.

Nachdem sie all dies erzählt hatte, blickte sie ihre Freundinnen erwartungsvoll an, und auch ein wenig bange vor einer ablehnenden Reaktion.

Einen Moment lang herrschte verlegenes Schweigen – so als warte jede von ihnen darauf, dass die anderen zuerst reagierten. Zum Schluss brach Ilse die Stille und sagte: „Wie schön. Da kann ich doch sicher mit bevorzugter Bedienung rechnen, wenn ich mir neue Schuhe kaufe …!"

Trudi warf ihr einen vernichtenden Blick zu, wandte sich an Freddi und sagte: „Bist du sicher, dass das die richtige Entscheidung ist? Anstatt dich zu entfalten und einen bedeutsamen Beruf zu erlernen, willst du in einem kleinen Lädchen verschimmeln? Freddi, hast du denn keine größeren Ambitionen? Du könntest doch auf eine Berufsschule gehen, wie zum Beispiel die Schule für Schneiderei in Bad Arolsen, das würde dich im Leben doch viel weiterbringen."

Freddi hörte ihrer klugen Freundin zu, schüttelte den Kopf und sagte: „Ich weiß, dass du es gut meinst, aber das ist die beste Möglichkeit für mich. Auch bei der Laufbahn im Handel gibt es doch Aufstiegsmöglichkeiten, zum Beispiel – irgendwann einen eigenen Laden zu haben. Außerdem hat mein Vater nicht das Geld, mich auf eine teure Berufsschule zu schicken. Und ich bin das Lernen so leid, und im Laden von meinem Onkel werde ich mich wohlfühlen."

Trudi reagierte nicht. Sie verstand Freddi und wusste insgeheim, dass diese wohl die für sie beste Wahl getroffen hatte und dass Lernen und Studium nicht etwas für jeden war.

Sie schickte einen inständigen Blick zu Ruth, in der Hoffnung, dass diese etwas Versöhnliches sagen und die Beklemmung vermindern würde, die ihre Worte ausgelöst hatten. Ruth verstand den Wink, lächelte breit, umarmte Freddi und sagte: „Ich denke, du hast die Wahl getroffen, die zu dir passt, und bin mir sicher, dass du Erfolg haben wirst. Jeder von uns hat seinen eigenen Weg, und du bist die Erste von uns, die ihren Weg gewählt hat. Ich wollte, ich wüsste auch schon, was ich werden will, wenn ich mal groß bin ... Wir sind nicht alle wie du, Trudi, und planen hundert Jahre im Voraus." Ruth erschrak ein wenig vor dem Seitenhieb, den sie gerade unabsichtlich ausgeteilt hatte, doch sie fuhr fort: „Ich bin richtig neidisch auf dich, Trudi. Du wirst mal Professor und wir bleiben einfache Frauen."

Trudi wusste, dass Ruth gute Absichten hatte und dass sie sich in ihren eigenen Worten verhedderte, um es allen recht zu machen. Tief im Inneren stimmte sie der letzten Bemerkung zu. Sie wandte sich an Ilse: „Und was ist mit dir? Willst du am Gymnasium weiterlernen?"

Ilses Gesichtsausdruck wurde ernst und sie antwortete: „Natürlich werde ich weiterlernen, und erst nach dem Gymnasium, wenn ich achtzehn bin, werde ich über meinen zukünftigen Weg entscheiden. Bis dahin lernen wir ein bisschen, amüsieren uns viel – solange wir noch nicht die Verantwortung Erwachsener tragen, was meint ihr?"

Die Mädchen nickten zustimmend und lächelten. Die Spannung war gewichen und sie beschlossen, am kommenden Samstagabend zusammen in den jüdischen Jugendklub zu gehen, in der Hoffnung, dass niemand ihnen ihr junges Alter ansah.

Unmittelbar nach den Sommerferien fing Freddi an, im Schuhladen von Max und Rachel zu arbeiten, womit ein neues Kapitel in ihrem Leben begann. Ihre Freundinnen gingen für vier weitere Schuljahre aufs Gymnasium und die Mädchen trafen sich vor allem an den Wochenenden.

Die Kunden mochte Freddi aufgrund ihrer angenehmen Art, der gewissenhafte Bedienung, die sie ihnen zukommen ließ, und ihrer Geduld. Nach einem Jahr bekam sie bereits ein bescheidenes Gehalt, das zu ihrer alleinigen Verfügung stand und von dem sie immer einen Teil sparsam zur Seite legte.

Die Situation zu Hause war schwierig. Michael litt an Herzbeschwerden und an allgemeiner Schwäche, die ihn in seiner Arbeitsfähigkeit beeinträchtigte. Es fiel ihm schwer, weiterhin durch die Dörfer zu fahren, um Vieh zu kaufen und zu verkaufen, und er war gezwungen, seine Geschäfte einzuschränken – wodurch sich auch der Lebensunterhalt dementsprechend verringerte. Die kleine Familie lebte am Existenzminimum, und Helenes und Freddis Einkünfte halfen ihnen dabei, den Kopf über Wasser zu halten, wie Michael so sagte. Sie waren zu stolz, um von Max oder anderen Familienmitgliedern Hilfe zu erbitten, doch alle wussten, wie es um sie stand, und unterstützten sie auf indirekte Weise, zum Beispiel mit Geschenken zu Feiertagen und Geburtstagen.

Auch bei Helene entwickelten sich die Dinge nicht wie erwartet. Ihre Beziehung zu Joachim war gescheitert. Die Gründe hierfür behielt Helene für sich, und Freddi konnte nur ahnen, was sich zwischen den beiden abgespielt hatte. Helene war ein verschlossener und in sich gekehrter Typ und trug ihr Elend allein. Sie hatte keine engen Freundinnen, denen sie sich in ihrer Not hätte anvertrauen können und von denen sie gute Ratschläge oder zumindest Trost und Unterstützung hätte bekommen können. Freddi spürte, dass etwas nicht in Ordnung war, und nachdem sie auf ihre Frage: „Wie geht es Joachim?“ keine Antwort bekam, war ihr klar, dass es ein Problem gab und dass sie das heikle Thema gegenüber der großen Schwester besser nicht mehr ansprechen sollte.

Tatsächlich war Helene vor eine schwierige Wahl gestellt: Sollte sie heiraten und das Haus verlassen oder weiterhin die Aufgabe der Mutter erfüllen, die sie mit Riekchens Tod übernommen hatte?

Anscheinend hatte sich Helene für die Familie entschieden; der Gesundheitszustand Michaels und das Verantwortungsgefühl Freddi gegenüber, die eine Heranwachsende war und gerade mit dem nicht einfachen Übergang vom Schulalltag zum Arbeitsleben Erwachsener konfrontiert war, hatten den Ausschlag gegeben.

Freddi verstand dies einerseits, war sich aber nicht der Folgen bewusst, die diese Entscheidung auf das persönliche Leben ihrer Schwester haben würde; Helene hatte sich zum Leben einer alleinstehenden Frau verurteilt, ohne Mann an der Seite und ohne eigene Kinder. Erst Jahre später und nachdem sie selbst schwere Schicksalsschläge durchlitten hatte, sollte Freddi wirklich verstehen, wie viel ihre Schwester für sie geopfert hatte.

Michael nahm Helenes Entschluss betrübt zur Kenntnis, versuchte aber nicht, sie umzustimmen. Einerseits war er daran gewöhnt, dass seine Älteste die Rolle der Familienmutter ausübte, sodass ihm ihr Beschluss, die einmal übernommene Verantwortung weiterzutragen, nur natürlich und verständlich erschien. Dies umso mehr, als er spürte, dass das Schicksal seiner beiden Töchter unauflöslich miteinander verbunden war und dass es zum Besten wäre, wenn sie zusammenblieben. Andererseits wünschte er sich sehr, dass seine Töchter eine eigene Familie gründen und so das Familiengeschlecht weiterführen würden. Daher beschloss Michael – anstatt zu versuchen, Helene umzustimmen –, einen guten Bräutigam für Freddi zu finden, die mittlerweile siebzehn war, hübscher und beliebter war als die Ältere und, anders als Helene, an keinerlei Verpflichtung gekettet war. Außerdem, meinte er, würde es auch Helene zugutekommen, wenn Freddi heiratete; sie könne die Aufgabe der Familienmutter weiterhin ausüben und hieraus gewiss Erfüllung und Befriedigung schöpfen.

Michael wusste, dass seine Tage gezählt waren; wenn er es noch erleben wollte, seine Tochter zu verheiraten, müsste er diese Aufgabe unverzüglich in Angriff nehmen.

Da ihm oft übel war und er Herznot verspürte, beschloss er, zum Arzt zu gehen und sich von Neuem mit Nitroglyzerinkapseln einzudecken, die er unter die Zunge legte, wenn es ihm schlecht ging. Die Arznei brachte ihm sofortige Erleichterung, allerdings nur für kurze Zeit.

Nachdem Michaels Entscheidung gefallen war, nutzte er seine Fahrten in die Dörfer der Umgebung, um die Möglichkeiten einer Eheanbahnung mit einem passenden jungen Mann auszuloten. Er tat dies diskret und auf Umwegen, da er befürchtete, dass die Gerüchte von seinen Bemühungen Freddi zu Ohren kommen könnten. Wenn sie dies erfahren hätte, wäre es zu einem handfesten Skandal gekommen.

Er kannte alle Juden in den Nachbardörfern, zum einen aufgrund seines Gewerbes und zum anderen, weil Lautbach den Mittelpunkt des ländlichen Lebens bildete – hier fanden die meisten Aktivitäten der jüdischen Institutionen der gesamten Umgebung statt.

Familie Katzenstein hatte, wie die meisten jüdischen Familien, Verwandte in vielen Dörfern, doch Michael achtete darauf, den potenzialen Bräutigam nur unter jenen Familien zu suchen, die nicht bereits durch Eheschließung mit seiner Sippschaft verwandtschaftlich verbunden waren.

Und so hörte er vom Sohn der Familie Goldberg aus Schaffhausen, einem jungen Mann namens Moritz, der seit dem Tod seines Vaters Robert vor einigen Jahren den Metzgerladen der Familie führte. Michael kannte die Familie Goldberg flüchtig; teils über die Verbindungen in der jüdischen Gemeinde und teils aufgrund seiner Beschäftigung – die Goldbergs hatten eine Metzgerei, und er selbst handelte mit Vieh und Fellen. Den Berichten nach war Moritz Mitte zwanzig, seine jüngere Schwester Rachel war in Kassel verheiratet, und er selbst lebte mit seiner Mutter im Haus der Familie, nachdem auch seine Großmutter verstorben war.

Michael hatte vor, bei einer seiner nächsten Handelsreisen in der Gegend das Dorf Schaffhausen zu passieren, um weitere Einzelheiten über den

Burschen in Erfahrung zu bringen. Und so fand er sich wenige Zeit später in Moritz' Heimatort ein. Die meisten Juden des Dorfes wohnten in der Straße, die den Hügel zur Kirche hinaufführte; auch die Synagoge – ein Holzgebäude, das über der Holzdecke ein Dach aus Weißblech trug – befand sich in der gleichen Straße.

Von außen war das Gebäude nicht als Synagoge zu erkennen, es zeigte keinen Davidstern und trug auch keine hebräische Aufschrift; es hatte lediglich eine Eingangstür und eine Reihe von hoch gelegenen Fenstern, die es unmöglich machten, von der Straße ins Innere zu schauen. Das Gebäude war größer als ein gewöhnliches Wohnhaus und hatte mehr Ähnlichkeit mit einem Warenlager als mit einem Gebetshaus. Nachdem Michael die Tür geöffnet hatte, trat er in einen Korridor ein, an dessen einer Seite sich mehrere Zimmer befanden, während sich die andere Seite zur Gebetshalle hin öffnete. Es war gerade keine Gebetszeit, gleichwohl hoffte Michael, vielleicht den Gabbai anzutreffen, um von diesem weitere Informationen über die Familie Goldberg und den möglichen Bräutigam zu erhalten. Er wandte sich zur Gebetshalle und betrachtete sie aufmerksam; dem Eingang gegenüber, in einer gen Osten gewandten Nische, stand der Thoraschrein, bedeckt mit einem blauen, mit Goldfäden bestickten Samtvorhang. Michael bestaunte die gewölbte Decke, die wie ein blauer Himmel bemalt war, an dem goldene Sterne funkelten – doch der Synagogendiener war nicht zu sehen.

Er verließ die Gebetshalle und bemerkte dann plötzlich den Gabbai, der die Stufen von der Frauenempore an der westlichen Seite der Synagoge herunterkam, und beeilte sich, ihn anzusprechen.

„Guten Tag, Herr Bruck."

„Schönen guten Tag auch Ihnen, Herr Katzenstein. Was bringt Sie denn zu uns in die Synagoge?"

Michael ignorierte die spitze Bemerkung des Synagogendieners, die jeden traf, der nicht als allzu gottesfürchtig bekannt war.

„Ich wollte mit Ihnen über eine private Angelegenheit reden, haben Sie ein paar Minuten Zeit für mich?"

Hans Bruck war mittleren Alters, von durchschnittlicher Gestalt und unscheinbarem Aussehen. Er hatte ein kleines Bäuchlein; ein Kranz von spärlichem Haar umrahmte seinen kahlen Kopf. In seinem runden, leicht geröteten Gesicht blitzten kleine dunkle Augen, die immerzu umherspähten, er hatte dichte Brauen, eine breite Nase und dünne Lippen.

Michael Bruck stieg zum Erdgeschoss hinunter, drückte Michaels Hand mit einem leichten Nicken, wies mit seiner Linken auf eines der Zimmer und entgegnete: „Lassen Sie uns ins Büro gehen, da können wir vertraulich sprechen. Sie sind doch gewiss müde von der Fahrt, was kann ich Ihnen anbieten?"

Michael setzte sich schwerfällig auf den ihm angebotenen Stuhl, hob die Hand und sagte: „Ein Glas Wasser wäre hilfreich, vielen Dank."

Der Gabbai setzte sich Michael gegenüber auf die andere Seite des Tisches und sah Michael fragend an.

„Ahhh … nun, es geht um einen Schiduch für meine jüngste Tochter Freddi. Aber das muss unter uns bleiben, denn ich führe eine erste Prüfung durch, und es ist noch gar nicht sicher, ob etwas daraus wird. Sagen Sie mir bitte, kennen Sie meine Tochter?"

„Ich glaube nicht. Sie wohnen doch in Lautbach … ist sie mal bei uns gewesen?"

„Vielleicht ein paarmal, aber nicht in Ihrer Umgebung, wenn man das so ausdrücken kann. Sie ist jetzt achtzehn und hat die Schule vor ein paar Jahren beendet und arbeitet im Geschäft meines Bruders in Lautbach. Sie ist ein hübsches und fleißiges Mädchen, und ich suche für sie einen Bräutigam aus gutem Hause."

Hans Bruck hörte aufmerksam zu, die Brauen zusammengezogen. „Wenn Sie bis zu mir gekommen sind, schließe ich daraus, dass Sie an jemand Bestimmtes denken?"

„Das stimmt. Ich würde mich freuen, wenn Sie mir mit Informationen zu dem jungen Mann und seiner Familie weiterhelfen könnten, es geht um Moritz Goldberg."

Bruck rutschte ein wenig auf seinem Stuhl hin und her, blickte zur Seite und dann zu Michael und sagte: „Die erweiterte Familie von Moritz gehört zu den angesehensten Familien im Dorf. Alle sind Haus- und Geschäftseigentümer. Zweifellos eignet sich die Familie zu jedem respektablen Schiduch."

Michael hatte den Eindruck, als sage ihm Bruck nicht die ganze Wahrheit. Ob er wohl etwas zu verbergen hatte?

„Und was ist mit Moritz selbst? Ich habe gehört, dass er mit seiner Mutter zusammenwohnt, nachdem sein Vater verstorben ist, und dass er die Familienmetzgerei betreibt."

„Moritz selber kenne ich weniger. Er kommt gewöhnlich nicht zur Synagoge, außer an den Feiertagen ..."

„Und trotzdem ... das ist doch hier ein kleines Dorf, jeder kennt jeden und man erfährt doch gewiss auch allerhand vom Hörensagen, oder?"

„Er ist um die sechsundzwanzig und vor ein paar Jahren vom zweijährigen Wehrdienst zurückgekommen. Seitdem ist er in der Metzgerei. Er ist ein geselliger Bursche, der viel mit seinen Freunden ausgeht, Juden und Nichtjuden, Feste veranstaltet und an einer lokalen Musikkapelle beteiligt ist, die in den Wirtshäusern der ganzen Umgebung auftritt. Es gab schon ein paar Versuche, ihn zu verheiraten, aber soviel ich weiß, hatte er kein Interesse und es ist nichts draus geworden."

Michael spürte, dass der Synagogendiener nicht mit Moritz' Lebensweise einverstanden war, und überlegte daher, dass er sich noch bei anderen Quellen würde erkundigen müssen. Andererseits war es wichtig, gerade die Meinung von jemandem zu hören, der dem jungen Mann kritisch gegenüberstand.

„Vielleicht könnten Sie ein Wörtchen mit der Mutter des Burschen wechseln, ganz diskret natürlich, und wenn ihre Reaktion positiv sein sollte, lassen Sie es mich wissen, und ich werde ihr einen Besuch abstatten, um direkt mit ihr zu reden."

Bruck nickte: „Das werde ich gerne tun, kommen Sie nächste Woche wieder zu mir."

„Ich bin Ihnen wirklich sehr dankbar für Ihre Mühe und Ihre Hilfe. Ich werde Sie dementsprechend entlohnen."

„Gern geschehen, ich freue mich immer, wenn ich Juden helfen kann, und ganz besonders bei freudigen Anlässen, auf Wiedersehen."

Einen Monat später kehrte Michael nach Schaffhausen zurück. Bruck empfing ihn mit einem breiten Lächeln, so als seien sie alte Bekannte, und sagte: „Ich habe mit Frau Goldberg gesprochen. Es hört sich so an, als sei sie sehr daran interessiert, dass sich ihr Sohn endlich niederlässt, dass er heiratet und eine Familie gründet."

„Ahh, wunderbar, wann kann ich sie treffen?“

„Um die Diskretion zu wahren, würde ich vorschlagen, dass Sie sie hier in der Synagoge treffen. Ich gehe sie sofort holen. Möchten Sie in der Zwischenzeit einen Tee trinken?“

Nach einer Viertelstunde kam Bruck zurück, begleitet von Anna Goldberg.

Das Gespräch war kurz, direkt und herzlich. Die drei kamen überein, dass man versuchen wolle, Freddi und Moritz einander näherzubringen – im Rahmen der Aktivitäten, die das Jugendkomitee der Gemeinde in Lautbach organisierte –, damit sie nicht das Gefühl hätten, man würde sie „von oben“ zusammenführen. „Die jungen Leute von heute sind nicht mehr mit einer Eheanbahnung ohne Liebe einverstanden, man muss die Sache mit Fingerspitzengefühl anpacken“, meinte Bruck sachverständig. Er schlug Anna vor, Moritz so ganz nebenbei von Freddi zu erzählen, zu erwähnen, dass sie viel Gutes über sie gehört hätte, und da er ohnehin in Lautbach sei, bitte sie ihn, sich das Mädel anzusehen und ihr zu berichten, wie es ihm gefalle. Michael solle seinerseits ähnlich vorgehen.

Sie verabschiedeten sich mit Händedruck und machten ein erneutes Treffen in wenigen Wochen aus.

Freddi stand in ihrer Blütezeit. Sie ging ganz in der Arbeit im Schuhgeschäft ihrer Verwandten auf und erhielt noch dazu eine angemessene Bezahlung.

Ihre Freizeit verbrachte sie bei Gemeinschaftsaktivitäten der jungen Leute in der jüdischen Gemeinde, und am Wochenende traf sie ihre Schulfreundinnen. Obwohl die drei weiter zum Gymnasium gingen, riss die feste freundschaftliche Beziehung, die sie in der Kindheit geschlossen hatten, nicht ab, sondern wurde im Laufe der Jahre noch stärker.

Die Mädchen gingen zusammen auf Wanderungen in der Umgebung oder schlossen sich Ausflügen des Jugendklubs der jüdischen Gemeinde an. Die organisierten Ausflüge hatten ihr besonderes Gepräge: Die Gruppe wanderte gewöhnlich in Richtung der östlich von Lautbach liegenden Wälder oder zum Ederufer im Süden, um dort ein entlegenes hübsches Fleckchen ausfindig zu machen. Dann breiteten die jungen Leute Tischdecken aus, entleerten die Rucksäcke, die mit vielerlei Leckerbissen gefüllt waren, und hielten ein Picknick ab. Die Zusammenkünfte waren immer fröhlich und laut.

Dabei wurde auch saftiger Klatsch und Tratsch über die neuesten Vorkommnisse im Städtchen weitergegeben; mitunter hatten einige der jungen Leute Musikinstrumente dabei, dann hörten die anderen ihrem Spiel zu, oder sie sangen gemeinsam Volkslieder.

Doch das Wichtigste bei diesen Zusammenkünften war die Gelegenheit, neue Bekanntschaften zu machen, insbesondere mit Vertretern des anderen Geschlechts.

Ilse war ständig von Verehrern umringt und damit beschäftigt, diese unter allen möglichen Vorwänden loszuwerden. Sie genoss die Situation, die ihre ohnehin hohe soziale Stellung stärkte, wusste aber auch, dass letzten Endes ihr Vater derjenige sein würde, der über ihren zukünftigen Auserwählten entscheiden würde; Ilses Zukünftiger musste zu ihrer angesehenen Familie passen und in der Lage sein, ihre Zukunft zu sichern.

Auch Ruth Sommer konnte sich nicht über fehlende Aufmerksamkeit beklagen. Sie war nett zu allen, hörte auch den Schmeichlern geduldig zu, ermutigte die Schüchternen, fühlte sich aber keinem von ihnen verpflichtet. Sie hatte vor, weiter an einer Universität oder am Lehrerseminar zu studieren, und hatte keinerlei Absicht, in nächster Zukunft eine feste Beziehung einzugehen.

Trudi hingegen hatte eigentlich kein Interesse an Ausflügen, Picknicks oder jungen Männern. All dies schien ihr ein oberflächlicher und uninteressanter Zeitvertreib. Doch sie liebte ihre Freundinnen und wollte die enge Beziehung mit ihnen aufrechterhalten; aus diesem Grund beteiligte sie sich an den Aktivitäten und half bei der Essensvorbereitung und bei der Organisation künftiger Ausflugsziele. Sie begriff, dass sie nicht als hochnäsig und überheblich gelten durfte, und war bemüht, die intellektuelle Kluft zwischen ihr selbst und ihren Freundinnen und den anderen Bekannten nicht weiter zu vertiefen. Trudi wurde von den jungen Männern respektvoll behandelt; in den Gesprächen, die diese mit ihr führten, ging es nicht um Tratsch, sondern um ernsthafte Themen wie die politische Lage, Buchbesprechungen und Überlegungen über die Zukunft. Trudi hatte bei drei verschiedenen Universitäten eine Bewerbung um ein

Stipendium eingereicht, begleitet von herzlichen Empfehlungen des Gymnasiumleiters, und hoffte, nach Ende des Schuljahres im Sommer eine Antwort zu bekommen. Niemand zweifelte an ihren Fähigkeiten, doch sie stand vor zwei beträchtlichen Hürden, die sie überwinden musste: Sie war Jüdin und sie war eine Frau. Außerdem verfügte Trudis Familie nicht über die finanziellen Mittel, um für die teuren Studien aufzukommen.

Auch Freddi hatte mehrere Verehrer. Einige von ihnen gingen aufs Gymnasium; sie fühlte sich zu ihnen hingezogen, fürchtete jedoch, dass ihre Gefühle einseitig waren, da sie bereits arbeitete und möglicherweise in den Augen der Gymnasiasten minderwertig war. Die anderen waren als Lehrlinge in verschiedenen Gewerben beschäftigt – doch diese erschienen ihr zu gewöhnlich und in Anbetracht ihrer eigenen Stellung als unangemessen.

Es kam mit keinem ihrer Verehrer zu einer intimen Situation, denn obwohl Freddi ein geselliges und frohes Wesen hatte, war sie unsicher und hatte noch nicht gelernt, Menschen nach ihrem Charakter zu beurteilen – und nicht nach ihrem Status oder nach ihrer Beschäftigung.

Die Jugend der jüdischen Gemeinde traf sich nicht nur bei Ausflügen, sondern auch bei Veranstaltungen im Jugendklub der Gemeinde – bei Tanzveranstaltungen, Vorträgen und künstlerischen Darbietungen – darunter auch bei einem Auftritt der Kapelle aus Schaffhausen.

Die Musikkapelle der vier Freunde existierte nach all den Jahren tatsächlich noch und trat auch weiterhin auf, wenn es der Alltag und die Verpflichtungen ihrer Mitglieder ermöglichten.

Rudi war mittlerweile für den familiären Hof zuständig, nachdem sich sein Vater nach langen Jahren harter und angestrengter Arbeit zurückgezogen hatte.

Hans half seinem Vater beim Betrieb des Wirtshauses, hatte dazu eine Weinbrennerei eröffnet und im Nachbardorf eine kleine Schenke aufgemacht.

Max hatte das Gymnasium mit Auszeichnung beendet und zum Studium der Mathematik und Physik an der Universität von Darmstadt ein staatliches Stipendium erhalten. Mittlerweile hatte er bereits sein Magisterstudium abgeschlossen – selbstverständlich mit Auszeichnung.

Moritz war von seinen Freunden der Unabhängigste – er hatte sein eigenes Haus und eine Metzgerei im Dorfzentrum.

Hans, Rudi und Moritz lebten weiterhin im Dorf, trafen sich häufig, und manchmal musizierten und sangen sie in Hans' Wirtshaus. Wenn Max Ferien hatte, pflegte sich das Quartett zusammenzusetzen und zu spielen wie in ihrer Schulzeit. Sie waren eine verschworene, lustige Truppe und ließen weder intellektuelle Differenzen noch Klassenunterschiede zwischen sich kommen. Zurzeit probten die jungen Männer für den am Samstagabend geplanten Auftritt im jüdischen Jugendklub in Lautbach.

Anna hatte Gesprächsfetzen über den geplanten Auftritt mitgekommen und beschloss, zu handeln. Als sie am Samstagmittag nach dem Mahl gemütlich mit Moritz bei Kaffee und Kuchen am Tisch saß, sagte Anna: „Ich habe gehört, dass ihr heute Abend bei einem Fest im jüdischen Jugendklub musiziert?"

„Ja, und es wird nett werden … uns zu Ehren haben sie beschlossen, alle jungen Leute aus dem Dorf einzuladen, Juden und Nichtjuden, das wird eine große Veranstaltung."

„Und ich dachte, der Jugendklub ist nur für Juden da … Warum haben sie die Einladung denn auf alle ausgeweitet?"

„Weil unsere Kapelle aus Juden und Nichtjuden besteht, und außerdem kennen sich sowieso alle von vielen Veranstaltungen. Warum – hast du was dagegen?"

„Überhaupt nicht, ich dachte nur, wenn es ein bisschen intimer ist, dann könntest du vielleicht ein Mädchen kennenlernen, das zu dir passt, eine von uns ..."

„Ohh, ohhh, ich kapier schon, du hast da eine Idee, um mich endlich an die Frau zu bringen", grinste Moritz.

„Und warum auch nicht? Wenn du es allein nicht wirklich schaffst, warum soll ich dir dann nicht behilflich sein?"

Moritz dachte an seine lange zurückliegende Liebe zu Emma, die wohl aufgrund seiner jüdischen Abstammung unerfüllt geblieben war. Er wusste, dass er letzten Endes ein jüdisches Mädchen würde heiraten müssen, doch die Auswahl in Schaffhausen war ziemlich beschränkt. Die jüdischen Mädchen, die er kannte, waren entweder hässlich oder dumm oder mit ihm verwandt. Vielleicht hatte seine Mutter ja recht, überlegte er und fragte: „Nun, hast du jemanden für mich gefunden?"

„In der Tat, ein Mädchen aus guter Familie, sie ist ungefähr achtzehn, arbeitet wie du im Familienbetrieb, ich finde, sie könnte zu dir passen."

„Aha, das ist also alles, was vonnöten ist, um zueinander zu passen? Vielleicht interessieren mich auch andere Eigenschaften, wie zum Beispiel – Aussehen, Verstand, Geselligkeit?"

„Das musst du selber herausfinden. Soll ich dir alles vorkauen? Du bist erwachsen genug, um deine eigene Wahl zu treffen und dich nicht darauf zu verlassen, dass andere für dich entscheiden."

Anna zuckte erschrocken zusammen; endlich hatte sie ihrem Sohn das gesagt, was wie ein schwerer Stein auf ihrer Brust gelegen hatte. Sie betrachtete ihn aufmerksam in der Hoffnung, er würde nicht über ihre Worte ärgerlich werden und von seiner Absicht, ein jüdisches Mädchen kennenzulernen, abrücken.

Moritz war von der Kühnheit seiner Mutter überrascht. Nie zuvor hatte er sie ihre Meinung mit solcher Entschiedenheit und Lautstärke kundgeben hören, selbst nach dem Tod seiner herrischen Großmutter nicht. Insgeheim musste er ihr recht geben; er wusste, dass er die Neigung hatte, sich vor Entscheidungen zu drücken und nur dann Verpflichtungen einzugehen, wenn es gar nicht anders ging.

„Nun gut, also, wie heißt sie?"

„Ah, fast hätte ich das vergessen ... Sie heißt Frederike Katzenstein und wird von allen Freddi genannt. Die Familie ist in Lautbach und in den Dörfern bekannt. Ähnlich wie unsere haben sie mit Viehhandel und all den damit verbundenen Gewerben zu tun – Felle, Fleisch, Schuhe, Lederwaren und Ähnliches."

„Von der Familie her hört es sich ja ganz interessant an, mal sehen, ob es auch interessant bleibt, wenn ich diese Freddi kennenlerne ..."

„Viel Erfolg, ich hoffe, dass du die Sache mit einer positiven Einstellung angehst."

Die an die Synagoge angeschlossenen Räumlichkeiten des jüdischen Jugendklubs von Lautbach waren nicht besonders groß; doch ein geräumiger Hof zwischen beiden Gebäuden wog das auf.

An Sommernächten, an denen es – wie heute – nicht regnete, wurde der Hof zum Mittelpunkt der Feier; im Saal blieben nur die langen Büfetttische und einzelne Stühle an den Wänden verwaist zurück. Plakate mit der Einladung zum Tanzfest waren an allen Gemeinplätzen in Lautbach und in den Dörfern der Umgebung aufgehängt worden; sie verkündeten, dass die Party für alle offen war und dass jeder Gast eine Erfrischung seiner Wahl mitbringen konnte. Schenkenbesitzer aus Lautbach hatten daraufhin ein paar Fässer Bier und Gläser gespendet; die Frauen des jüdischen Frauenklubs hatten für weitere alkoholische Getränke gesorgt, und auf dem Büfett stand ein Samowar, um heiße Getränke zuzubereiten.

Als Erste kamen die Freunde aus Schaffhausen an. Ein von zwei Pferden gezogener Wagen von Rudi Köhlers Hof brachte eine ausgelassene Truppe von jungen Mädchen und Männern aus dem Dorf, darunter auch die Mitglieder der Kapelle.

Allmählich füllte sich der Hof. Die meisten Gäste brachten Kleinigkeiten mit wie Kuchen, hausgebackene Brote, Wurst, Rauchfleisch, verschiedene Aufläufe und Weiteres mehr. Bald war der Anrichtetisch vollgepackt und ein Teil der Speisen musste in einem anliegenden Raum gelagert werden.

Freddi und ihre Freundinnen trafen, festlich gekleidet, gemeinsam ein. Selbst Trudi war bewusst, dass sie sich zu diesem Anlass an die gängigen Konventionen anzupassen hatte, auch wenn dies ein Verzicht auf Bequemlichkeit und auf ihre Prinzipien bedeutete.

Bevor Freddi aus dem Haus gegangen war, hatte Helene ihr angedeutet, dass Moritz, Leiter der Musikkapelle, die im Jugendklub aufspielen würde, ein Auge auf sie geworfen habe. Sie riet ihr dazu, herauszubekommen, was es mit ihm auf sich hatte.

Helene hatte Freddi auf Michaels Wunsch angesprochen; er hatte ihr von seinem Gespräch mit Anna erzählt und war der Meinung, dass es besser wäre, wenn Freddi dies von ihr erfuhr. Helene wünschte sich sehr, für ihre kleine Schwester einen geeigneten Bräutigam ausfindig zu machen. Sie befürchtete, Freddi könne es ihr nachtun und für immer ledig bleiben. Beide Mädchen waren schüchtern und zurückhaltend und nicht besonders hübsch. Es sah so aus, als hätte Helene auf eine Heirat verzichtet und setzte nun ihr gesamtes Streben zugunsten ihrer jüngeren Schwester ein, die ebenfalls einen kleinen Anstoß in diesem Bereich benötigte.

Die Kapelle lud die Musikinstrumente ab und bereitete sich auf der an die Synagoge angeschlossenen, überdachten Terrasse auf ihren Auftritt vor. Doch bevor sie aufspielten, mischten sich die vier Freunde unter die Gäste, um alte Bekannte zu treffen und vielleicht auch neue Bekanntschaften zu schließen. Moritz versuchte, Freddi ausfindig zu machen. Aufgrund des Altersunterschiedes zwischen ihnen – um die acht Jahre – kannte er sie nicht, und so machte er sich auf die Suche nach Mädchen ihres Alters.

Aus Erfahrung wusste er, dass junge Mädels bei Veranstaltungen dieser Art meistens unsicher waren und dazu neigten, in einer dichten Traube zusammenzukleben. Also sprach er jede Mädchengruppe an, die er sah, grüßte die Mädchen, fragte nach ihren Namen, stellte sich als Leiter der Kapelle vor und wünschte ihnen viel Spaß. Nach kurzer Zeit traf er auf Freddi und ihre Freundinnen, die tuschelnd in einer Ecke des Hofs standen und angesichts der neuesten Klatschgeschichten verlegen kicherten. Sie verstummten, als Moritz auf sie zukam, und es sah ganz so aus, als wüssten sie, wer er war, und hätten ihn bereits erwartet.

„Guten Abend, meine Damen … Erlauben Sie mir, mich vorzustellen – Moritz Goldberg aus Schaffhausen. Meine Freunde und ich musizieren hier heute Abend. Wir hoffen, dass es Ihnen gefallen wird."

Trudi antwortete als Erste: „Sehr angenehm, wir sind hier aus Lautbach. Ich bin Trudi, neben mir rechts das ist Freddi, links Ruth und daneben Ilse. Wir erwarten schon Ihren Auftritt und freuen uns, Sie kennenzulernen."

Alle vier Mädchen lächelten Moritz nett an und schwiegen.

Moritz betrachtete sie, bemüht, seinen Blick nicht länger auf einer von ihnen verweilen zu lassen, erwiderte ihr Lächeln und sagte: „Auch mir sehr angenehm, und bei der Gelegenheit möchte ich schon jetzt um Ihre Erlaubnis bitten, Sie später zum Tanzen einzuladen."

Diesmal antwortete Ruth: „Wir würden uns freuen. Wir haben schon viel über Ihre Kapelle gehört und über die großartigen Tanzabende, die Sie veranstalten. Für uns ist das hier das erste Tanzfest, wir sind gerade erst mit dem Gymnasium fertig ... außer Freddi, die eine selbstständige Frau ist und in einem Geschäft arbeitet." Freddi lächelte ein winziges Lächeln und fügte hinzu: „Ich mochte die Schule nicht und ziehe das wahre Leben vor, aber das interessiert Sie ja gewiss nicht."

Moritz fiel auf, dass Ilse keinerlei Interesse an ihm zeigte und ihren Blick über seinem Kopf im Hof herumschweifen ließ, als warte sie darauf, dass das Höflichkeitsgespräch zum Ende käme und sie den treffen könne, der sie interessierte. „Sie ist zwar die Schönste unter den vier", dachte er sich, „aber ganz bestimmt nichts für mich – und nicht nur, weil sie größer ist als ich."

Auch Trudi würde nicht zu ihm passen – sie war ihm zu schnell und zu entschieden, und ihre scharfen Gesichtszüge und konzentrierten Augen schreckten ihn ein wenig ab.

Ruth und Freddi waren ihm sympathisch, und die Tatsache, dass Freddi nicht gern lernte und es – wie er – vorgezogen hatte, im Handel zu arbeiten, gefiel ihm besonders.

Er lächelte den Mädchen erneut zu, verbeugte sich und verabschiedete sich mit den Worten: „Es war mir ein Vergnügen, Sie kennenzulernen! Auf Wiedersehen beim Musizieren und beim Tanz." Er winkte ihnen zu und mischte sich wieder unter die anderen Gäste.

Im Verlauf des Abends tanzten Freddi und Moritz ein paarmal zusammen, tranken im Hof ein Glas Bier, plauderten gemütlich und versuchten, sich ein Bild vom anderen zu machen. Bevor sie sich trennten und ein jeder zu seinem Freundeskreis zurückging, erwähnte Moritz, dass er sie gerne näher kennenlernen würde, und sie verabredeten sich für den folgenden Sonntag im Café „Strudel" im Stadtzentrum von Lautbach.

Moritz kehrte zu seinen Freunden zurück und verbrachte den restlichen Abend mit ihnen, ohne ihnen von der erfolgreichen neuen Bekanntschaft zu erzählen. Freddi gefiel ihm sehr – ihre Zurückhaltung und Schüchternheit, die von Unerfahrenheit mit männlichen Bekanntschaften zeugten, rührten ihn, und bei ihrem angeregten Gespräch hatte er den Eindruck, dass sie ihn verstand und dass sie eine ähnliche Lebenseinstellung teilten.

Sie war keine Schönheit, aber doch nett anzusehen, hochgewachsen und schlank. Die Tatsache, dass sie unerfahren war, stärkte einerseits sein Selbstbewusstsein, erschwerte ihm allerdings auch das Weiterkommen, da er selbst nicht der Typ war, der gern die Initiative ergriff.

Freddi eilte zu ihren Freundinnen, um ihnen von den Avancen des netten Kapellenleiters zu berichten. Sie freuten sich mit ihr und wünschten ihr viel Erfolg, doch nach kurzer Zeit begannen sie, sich mit dem jungen Mann selbst zu befassen – seine Eigenschaften, seine Familie und alles, was über ihn bekannt war. Ruth Sommer versprach, dass sie Erkundigungen über ihn einholen würde, und erwähnte dabei, dass ihre Familie über angeheiratete Verwandte mit der erweiterten Familie Goldberg verwandt sei.

Ilse betrachtete Moritz und seine Freunde lange und bemerkte mit gewichtigem Ton: „Er macht einen sehr geselligen Eindruck, er hat bestimmt viel Erfahrung mit Frauen; da solltest du vorsichtig sein und dich nicht allzu schnell von deinen Gefühlen hinreißen lassen. Er scheint mir ein bisschen zu alt für dich zu sein. Weißt du, wie alt er ist?"

Freddi zuckte mit den Schultern. „Ich habe keine Ahnung, ich habe nur wenig über ihn gehört; vor allem erfuhr ich von ihm im Zusammenhang mit der Musikkapelle, auch ein bisschen über die Familienmetzgerei, die er betreibt."

„Wie ist denn seine wirtschaftliche Situation?", fragte Ilse, die diesem Thema besondere Bedeutung beimaß. „Weißt du was? Das kann ich über meinen Vater herausfinden."

Trudi interessierte das Mädchengespräch nicht allzu sehr, insbesondere der junge Mann selbst nicht, fühlte sich aber verpflichtet, etwas hinzuzufügen, um nicht distanziert zu wirken. Sie blickte in seine Richtung und sagte: „Er sieht ganz nett aus, obwohl er ein bisschen klein ist … der Schnurrbart steht ihm. Er scheint kein besonders Kluger zu sein, wohl eher ein schlauer Bursche, der gut im Leben zurechtkommt. Weißt du was, Freddi? Er passt zu dir."

Trudi wusste nicht, wie recht sie mit dieser Bemerkung hatte.

Ein paar Tage nach dem Tanzabend trafen sich die Freundinnen bei Ilse zum Nachmittagskaffee. Allen war klar, dass das brennende Thema die sich entwickelnde Liebesbeziehung zwischen Freddi und Moritz sein würde. Die Mädchen, die umfangreiche Erkundigungen im Rahmen ihrer Familien eingezogen hatten, waren gut vorbereitet und sahen das Ziel des Treffens darin, die Lage zu analysieren und Freddi Empfehlungen für ihr weiteres Vorgehen zu unterbreiten.

Die Einzige, die sich nicht vorbereitet hatte, war Freddi selbst. Sie hatte sich zweimal mit Moritz getroffen und die beiden hatten sich zwanglos und nett miteinander unterhalten.

Moritz war zu jeder Begegnung mit einem kleinen Präsent erschienen – einem Schächtelchen Petit Fours, einem kleinen Strauß Edelweiß. Freddi fühlte sich in seiner Gegenwart wohl, es fiel ihr leicht, mit ihm zu reden, und sie tat es gern. Moritz erzählte viel vom Leben in seinem Dorf, von seinem Wehrdienst, von seinen Freunden und dem Familienbetrieb.

Freddi war befangener und erzählte nicht viel über ihre eigene Familie. Sie wusste, dass beide Seiten hinter der Eheanbahnung standen, beschloss aber, sich Zeit zu lassen und nichts zu überstürzen. Sie verspürte Zuneigung zu Moritz, doch nicht mehr.

Sie erschien also gelassen zum Treffen mit ihren Freundinnen, gespannt zu hören, was die Erkundigungen ergeben hatten.

Ruth begann: „Seine erweiterte Familie ist groß und angesehen und über mehrere Dörfer in der Gegend verstreut … Sie betreiben Handel mit Vieh, mit Fellen und Fleisch. Moritz' eigene kleine Familie gehört aber zu den ärmeren Familien in der Verwandtschaft … Sein Vater Robert ist vor ein paar Jahren gestorben, seine Großmutter Regina drei Jahre nach ihm, und Moritz und seine Mutter sind allein im Haus zurückgeblieben mit dem kleinen Laden, der ihnen eine bescheidene Existenz sichert … Seine Schwester Rachel ist verheiratet und wohnt in Kassel."

Freddi, die all dies bereits wusste, hörte gedankenverloren zu und sagte schließlich: „Das weiß ich doch alles schon, was meinst du zu ihm selbst?"

Ruth blickte sie verlegen an. Sie wollte ihre Freundin nicht verletzen und sagte daher nur: „Er ist sehr beliebt, er organisiert schon seit Jahren allerhand Feste, er kennt viele Leute, auch Frauen. Vielleicht bist du ein wenig zu unerfahren für ihn?"

„Ja", pflichtete Ilse ihr bei, „du solltest ihm genau auf den Zahn fühlen, ob er wirklich an dir interessiert ist und ob du nicht nur ein Zeitvertreib für ihn bist. Wir wollen nicht, dass er dir wehtut ..."

Freddi wusste, dass die Sorge ihrer Freundinnen echt war, vor allem, weil es sich um eine ernsthafte Beziehung handelte, doch sie hatte innerlich ein gutes Gefühl.

Moritz hatte ihr selbst erzählt, dass er romantische Beziehungen gehabt hatte – und nicht nur zu jüdischen Mädchen. Trotzdem schien ihr, dass er an einem Punkt in seinem Leben war, an dem er wie alle eine Familie haben, die jugendlichen Torheiten hinter sich lassen und sich dem Familienbetrieb widmen wollte. Sie sah ihre Freundinnen liebevoll an und sagte: „Ich weiß ja, dass alles, was ihr sagt, von Sorge kommt. Ich bin nicht so naiv, wie ihr denkt, ich werde so lange wie möglich abwarten und sehen, wie sich die Dinge entwickeln."

Trudi, die abseits saß und sich nicht einmischte, stand auf, umarmte Freddi und sagte: „Meine Freddi, lass dir Zeit, aber gehe deinem Herzen nach. Dein Herz wird dir den rechten Weg weisen."

Und so endete das ernsthafte Gespräch, und die Mädchen wandten sich den gewohnten Klatschgeschichten zu.

In den folgenden Monaten trafen sich Moritz und Freddi oft, und ihre Beziehung wurde enger. Moritz lernte Freddi zu schätzen, sie weckte sein Interesse, und seine Zuneigung zu ihr wuchs. Er begann nun ernsthaft daran zu denken, um ihre Hand anzuhalten.

Die wirtschaftliche Lage seiner Familie würde es ihm nicht ermöglichen, eine bessere Partie zu machen, und er wusste dies. Obgleich Freddis Familie noch mittelloser war als die seine, tröstete er sich mit dem Gedanken, dass sie ein gutes Mädel war und dass zwischen ihnen beiden eine ausgezeichnete Bindung entstanden war. „Und wenn man es sich überlegt", dachte er laut, „dann wird es uns besser ergehen als den Paaren, die wegen eines Abkommens zwischen den Familien geheiratet haben und überhaupt nicht zusammenpassen ... und deren Ehen in die Brüche gehen ..."

Freddi meinte, dass sie sich in Moritz verliebt hatte – zwar nicht auf den ersten Blick, aber doch, nachdem sie ihn und seine Familie näher kennengelernt hatte. Da dies ihre erste Liebe war, konnte sie sich nicht sicher sein, ob das, was sie fühlte, tatsächlich die wahre Liebe war.

Was sie verspürte, war zwar nicht genau das, was in den Romanen, die sie las, beschrieben oder in Mädchengesprächen angedeutet wurde – das Gefühl, Schmetterlinge im Bauch zu haben, nächtliche Träume, leidenschaftliches Begehren oder Ähnliches.

Sie sah den Treffen mit Moritz immer erwartungsvoll entgegen und dachte viel und oft an ihn, doch sein Anblick erweckte in ihr keine heftige Erregung. Er war in ihren Augen ein wundervoller Gesprächspartner, er war humorvoll und ein Lebenskünstler, der viel Spaß, Leichtigkeit und neue Vergnügungen in ihr Leben gebracht hatte. Er behandelte sie respektvoll, schmeichelte ihr ab und zu und redete mit ihr ernsthaft über Themen, die ihr am Herzen lagen, wie Neuigkeiten über die jüdischen Familien im Dorf oder die Geschäfte in der Lederbranche. Es stimmte wohl, Moritz war nicht besonders gut aussehend, er war nur mittelgroß, und auch sein beginnender Haarausfall ließ sich nicht ignorieren, doch dies waren Kleinigkeiten, überzeugte sie sich. Wichtig war allein, dass er aus einer guten und ehrbaren Familie kam, dass er einen guten Charakter hatte und ein angenehmes Verhalten an den Tag legte.

Im Inneren ihres Herzens musste sie zugeben, dass die Tatsache, dass sie die Erste ihrer Freundinnen war, die einen Bräutigam gefunden hatte, ihr sehr schmeichelte. Sie hatte sogar das Gefühl, dass sie in letzter Zeit hübscher geworden war und leichteren Schrittes durch die Straßen ging.

Im Laufe der Zeit sollte ihr klar werden, dass die treibende Kraft hinter ihrer Beziehung zu Moritz der Wunsch war, eine eigene Familie zu gründen. Als Mädchen, das mutterlos in einer zerbrochenen Familie aufgewachsen war, mit einem abwesenden Vater und einer Schwester, die zwar ihr Bestes tat, ihr jedoch keine wahre mütterliche Wärme und Liebe schenken konnte, war sie durch ihre Kindheit geprägt: Sie war zu einer jungen Frau herangewachsen, die unter emotionalem Mangel litt und sich schwertat, Liebe anzunehmen und Liebe zu geben.

Das junge Paar beschloss, die Hochzeit in Lautbach abzuhalten; danach würden sie im Hause der Familie Goldberg in Schaffhausen leben.

Sie statteten den Familien beider Seiten Besuche ab. Es war Freddi wichtig, dass Moritz Helene kennenlernte, aber noch wichtiger war ihr, dass er die Bekanntschaft von Onkel Max und Tante Rachel machte.

An einem Samstag hatte Rachel sowohl Michael und seine Familie wie auch Moritz' Familie zu sich eingeladen. Der Besuch war gelungen und verlief zur Zufriedenheit von Anna und Michael, die die Sache bereits besiegeln wollten. Der Gegenbesuch fand an einem weiteren Samstag bei Familie Goldberg in Schaffhausen statt, und am Sabbatmorgen marschierten alle gemeinsam zur Synagoge zum Morgengebet. So hatte nicht nur die Gemeinde in Schaffhausen, sondern auch die erweiterte Familie Goldberg Gelegenheit, die zukünftige Braut und deren Familie kennenzulernen.

Die Hochzeit wurde für Mai anberaumt und sollte in der Synagoge von Lautbach stattfinden. Beide Familien befürworteten eine bescheidene Hochzeit, um die Ausgaben möglichst gering zu halten. Besondere Bedingungen wurden nicht festgelegt – es gab nichts festzulegen –, doch die Verwandten beider Familien sorgten dafür, dass es dem jungen Paar an nichts mangelte. Max und Rachel schenkten den Brautleuten einen kompletten Satz an Haushaltswaren, Michael steuerte Bettwäsche und Handtücher bei, Helene spendierte Kleider für Freddi, Onkel Siegmund, der nicht zur Hochzeit kommen konnte, übersandte per Post 200 Mark und Onkel Sali, Bruder des verstorbenen Riekchen, sandte eine ähnliche Summe.

Familie Goldberg sorgte für die Anschaffung von Möbeln, damit alles zur Gründung der neuen Familie bereit war. Moritz' Freunde verkündeten, dass sie zu Ehren des jungen Paars in Schmullers Wirtshaus eine große Feier veranstalten würden, zu der junge Leute aus der ganzen Umgebung eingeladen würden. Dies sollte – so sagten sie – eine Abschiedsfeier von der Jugend sein, und gleichzeitig ein Fest, um den Übergang zum verantwortlichen Familienleben gebührend zu feiern.

Die Hochzeitsfeier fand wie geplant im Beisein von Angehörigen, Mitgliedern der jüdischen Gemeinde, vielen Bewohnern von Schaffhausen und den Freunden von Moritz statt, die bemüht waren, sich dem Anlass angemessen zu verhalten und ihre Energieschübe für die geplante Feier im Wirtshaus aufzuschieben, die zwei Wochen später stattfinden sollte.

Freddi trug ein weißes Brautkleid mit goldener Stickerei und war schön wie jede junge Braut am Tag ihrer Hochzeit. Sie mischte sich zwischen die Gäste und schien glücklich zu sein. Moritz hatte sich in einem neuen schwarzen Anzug schick gemacht, den er von seinem Onkel Moses bekommen hatte, und trug Lackschuhe, ein Geschenk von Onkel Salomon. Er wandelte voller Stolz zwischen den Gästen umher und fühlte sich größer als je zuvor.

Rabbiner Awerbuch aus Lautbach führte im Synagogenhof die Trauungszeremonie durch. Nach der Chuppa[13] begab sich die Hochzeitsgesellschaft in das Gotteshaus, in dem zu Ehren des Anlasses lange Tische mit Erfrischungen und alkoholischen Getränken bereitstanden.

Anna und Michael waren glücklich, jeder von ihnen aus seinen eigenen Gründen; Anna war froh, dass Moritz eine Jüdin aus guter Familie geheiratet hatte und nun der Weiterbestand der Familie und des Geschäftes gesichert war; Michael war glücklich, dass es Freddi gegönnt war, eine eigene Familie zu gründen, solange er noch am Leben war. Nun musste er noch die Älteste verheiraten. Er spürte, dass die Gelegenheit hierfür immer geringer wurde, und wieder plagten ihn die alten Schuldgefühle. Schließlich war Helene gezwungen gewesen, wegen seiner unentwegten Beschäftigung und seines Unvermögens, Freddi aufzuziehen, Mutteraufgaben zu übernehmen, und mittlerweile – nachdem sich sein Gesundheitszustand verschlechtert hatte – betreute sie auch ihn. Michael versuchte, die düsteren Gedanken zu verdrängen; heute war doch ein Freudentag. Mit einem Mal fiel ihm auf, dass sich der chronische Schmerz in seiner Brust heute nicht bemerkbar machte. „Freude hat eine heilende Wirkung", dachte er sich.

Nach Beendigung der Hochzeitsfeier eilten Moritz und Freddi zum Haus der Familie Goldberg, zogen sich um, nahmen die kleinen Koffer, die gepackt bereitstanden, und stiegen auf Rudis Pferdewagen, der mit bunten Bändern und Blumensträußen geschmückt war. Es ging auf eine kurze Hochzeitsreise nach Bad Schultheim.

---

13 Der Ausdruck **Chuppa** bezeichnet den Traubaldachin bei einer jüdischen Hochzeitsfeier sowie im übertragenen Sinne diese selbst.

Die Fahrt bei wunderschönem Frühlingswetter dauerte zwei Stunden. Moritz und Rudi tauschten untereinander Scherze und nostalgische Erinnerungen an ihre weit zurückliegende Kindheit und die verlorene Jugend aus, beklagten ihr „bitteres Schicksal" – das Erwachsenenleben und die damit verbundene lästige Verantwortung. Freddi saß still daneben und achtete nicht auf das Gerede der jungen Männer. Sie betrachtete die dicht bewaldete Landschaft und versuchte, sich von der Aufregung der Hochzeit zu beruhigen, aber mehr noch, ihre Nervosität in Erwartung dessen, was sie auf der Hochzeitsreise erwarten würde, zu beschwichtigen.

Ihre Erfahrung im romantischen Bereich war äußerst beschränkt. Selbst mit Moritz hatte sie nie die Grenze überschritten, und die beiden waren in ihrer Beziehung bisher nie über Küsse und Umarmungen hinausgegangen, so stürmisch diese auch sein mochten.

Von den Gesprächen mit ihren Freundinnen wusste sie, was von einer Braut in der Hochzeitsnacht erwartet wurde, doch auch ihre Freundinnen hatten keinerlei praktische Erfahrungen mit dem anderen Geschlecht und ihre Kenntnisse stammten vom Hörensagen allein. Von ihrer Schwester Helene erwartete Freddi keine Hilfe in diesem Bereich. Helene war nicht der passende Mensch, um offen über intime Angelegenheiten zu reden; in der Beziehung der Schwestern ging es gewöhnlich nur um praktische Fragen.

Auch Tante Rachel, mochte sie noch so mütterlich und fürsorglich sein, hatte niemals versucht, Freddi auf das Thema anzusprechen, und Freddi hatte nicht den Mut, von sich aus das Gespräch darauf zu bringen.

Die Geheimtuerei um das Thema war nicht geeignet, Freddis Selbstvertrauen auf dem Weg zum Vollzug der Ehe zu stärken, doch als aufnahmewillige und praktische Frau verstand sie, dass sie Neues lernen musste, und vertraute darauf, dass Moritz ihre Situation verstehen und ihr zur Seite stehen würde.

Die Familie hatte für das Paar ein Zimmer in einer altbewährten Pension gemietet, die auf einer Anhöhe mitten im Wald lag, unweit der Eder, deren Unterlauf bis nach Schaffhausen führte. Die Pensionsbesitzerin empfing sie mit einem bedeutungsvollen Lächeln, das Freddi bis unter die Ohren erröten ließ. Sie führte die beiden in ein geräumiges Zimmer im Dachgeschoss des Hauses. Ein riesiges, mit weicher Matratze ausgestattetes Doppelbett nahm einen Großteil des Raums ein; hinter den Fenstern erstreckte sich eine herrliche Landschaft.

„Ich hoffe sehr, dass Sie den Aufenthalt bei uns und den schönen Ausblick genießen werden, wenn Sie denn Zeit haben, ihn zu betrachten … Ich stehe Ihnen gerne jederzeit zur Verfügung, wenn Sie irgendeinen Wunsch haben … Das Abendessen wird um sieben aufgetragen."

Damit verließ sie das Zimmer. Die beiden bedankten sich bei Rudi für seine Mühe und verabredeten mit ihm, dass er sie in drei Tagen wieder abholen käme.

Endlich waren sie unter sich; sie standen im Zimmer, sahen einander an, die Koffer standen neben ihnen auf dem Boden, und die Verlegenheit war groß. Da brach Moritz in schallendes Gelächter aus und steckte damit auch Freddi an – das Eis war gebrochen. Sie liebkosten und küssten sich lange, bis dass Moritz in sachlichem Ton sagte: „Komm, wir packen die Koffer aus, waschen uns, dann gehen wir zum Abendessen und danach …"

Freddi errötete leicht und tat, wie er gesagt hatte.

Nach dem Abendessen machten die beiden einen kurzen Spaziergang zum Flussufer. Sie schlenderten still nebeneinander, jeder mit seinen eigenen Gedanken beschäftigt, hielten Händchen und ab und zu kreuzten sich ihre Blicke und sie lächelten einander an.

Nachdem sie in ihr Zimmer zurückgekehrt waren, zog Freddi sich aus und schlüpfte in ein Spitzennachthemd, das sie von Tante Rachel bekommen hatte. Sie legte sich aufs Bett, die Beine übereinandergeschlagen, und wartete auf Moritz, der inzwischen ebenfalls ein Nachthemd übergezogen hatte und sich nun behutsam an Freddis Seite niederließ, den Kopf erhoben und ihr zugewandt. Sein rechter Arm umschloss ihre Taille und er beugte sich über sie und küsste sie sanft auf die Lippen – ein kurzer, flatternder Kuss, wie eine Einladung für das, was kommen würde, oder vielleicht war es eine Vorwarnung?

Freddi spürte einen leichten Schwindel. Sie begriff, dass sie Moritz die Führung überlassen musste – sie war ja gänzlich unerfahren, während er bereits Beziehungen mit Frauen gehabt hatte und sie gewiss mühelos führen würde. Sie gab ihm daher willig nach; umarmte ihn und hob ein wenig ihren Kopf, um einen weiteren, längeren Kuss zu erheischen. Sie schloss voll Erregung die Augen, und er küsste ihren Hals. Ihre Haut erschauderte, ein Schauer durchzog ihren Körper, und ein wonniges Stöhnen entwich ihren Lippen, als sie seine Hand spürte, die ihren ganzen Körper streichelte, nachdem er ihr Nachthemd hochgehoben hatte. Der natürliche Instinkt, das Nachthemd gleich wieder herunterzuziehen, versagte diesmal – im Gegenteil: Sie spürte Wonne dabei, sich ihm zu zeigen, und ohne zu zögern, zog sie das Nachthemd hoch und dann ganz aus. Sie lagen nackt und verschlungen da, die Lippen aneinandergepresst. Wieder verspürte Freddi ein leichtes Schaudern, und eine Welle von Wärme stieg zwischen ihren Beinen auf und lief durch ihren Körper bis zum Kopf. Sie spürte sein steifes Glied, das sich an sie presste, und nach wenigen Sekunden der Befangenheit umfasste sie es mit ihrer Hand und hörte mit Vergnügen sein lustvolles Stöhnen. Entgegen den Warnungen, die sie von ihren Freundinnen gehört hatte, drang Moritz mit Leichtigkeit in sie, ohne ihr wehzutun, und sie vollendeten ihren ersten Liebesakt mit geräuschvollen Liebeslauten.

Die drei Tage in der Pension vergingen schnell wie der Wind. Hätte es zu bestimmten Zeiten keine Mahlzeiten gegeben, wäre das Paar wohl gar nicht aus dem Zimmer gekommen. Die Pensionsbesitzerin hatte hierfür volles Verständnis und verwöhnte die beiden mit den besten Knabbereien des Hauses.

Am dritten Tag erschien Rudi wie abgemacht mit dem Wagen, blickte zu der vor Glück strahlenden Freddi hinüber und bemerkte: „Na ja, Schönes vergeht halt schnell. Jetzt ist es Zeit, zum elenden Leben zurückzukehren – und ich hab die Ehre, euch dahin zu bringen."

Alle mussten lachen, Freddi ein wenig verlegen; Moritz klopfte seinem Freund auf die Schulter und rief: „Dann führe schon deinen Auftrag aus, wie es sich gehört, und fahr los, es ist schon spät."

Gegen Abend hatten sie Schaffhausen erreicht, bedankten sich bei Rudi und betraten ihr Haus. Ein neuer Lebensabschnitt begann.

4 Schaffhausen – Familie

Anlässlich der Hochzeit von Moritz und Freddi war das alte Haus der Familie Goldberg renoviert worden. Moritz hatte einen Großteil der Arbeiten selbst ausgeführt, mithilfe von Freunden und ihm bekannten Handwerkern. Die obere Etage wurde zur Wohnung des jungen Paares umgebaut und hatte nun vier Zimmer: ein geräumiges Schlafzimmer, ein Badezimmer, ein Zimmer für die junge Generation und ein kleiner Abstellraum. In der unteren Etage wurden ein Schlafzimmer und ein Badezimmer für Anna hergerichtet, nachdem das Haus zum Hinterhof hinaus erweitert worden war.

Wohnzimmer und Küche blieben unverändert, erhielten jedoch einen neuen Anstrich. Auch die zur Straße hin gelegene Metzgerei wurde gestrichen und bekam eine moderne Glasvitrine, in der die Fleischwaren den Kunden präsentiert wurden.

Doch die wichtigste Neuerung war die Installation einer Stromleitung im ganzen Haus, das somit an das neue Stromnetz des Dorfes angeschlossen wurde. Auf diese Errungenschaft war Moritz besonders stolz, obwohl er eine Anleihe aufnehmen musste, um sie zu finanzieren; er war einer der Ersten in Schaffhausen, dessen Haus mit dem öffentlichen Stromnetz verbunden war.

Freddi freute sich sehr über die Renovierung. Vor den Veränderungen war ihr das Haus immer dunkel, altmodisch und unbequem erschienen. Sie war ein bisschen verärgert darüber, dass Moritz sich vor der Auswahl der Farben und der Planung der Räume nicht mir ihr beraten hatte, doch der führte zu seiner Entschuldigung an, dass er sie hatte überraschen wollen. Außerdem, fügte er hinzu, habe er helle Farben gewählt, die sich später mit Leichtigkeit übermalen ließen. Freddi fiel auf, dass er auch Anna vor Aufnahme der Arbeiten nicht um ihre Meinung gefragt hatte, doch im Gegensatz zu ihr nahm diese seine Entscheidungen ergeben hin und freute sich sogar darüber. Freddi konnte nicht wissen, dass Annas Freude von der Genugtuung herrührte, ihren Sohn endlich einmal selbst die Initiative ergreifend zu erleben, was so gar nicht zu seinem jede Verpflichtung meidenden Wesen passte.

Freddi, die es gewohnt war, zu arbeiten und ihren Lebensunterhalt zu bestreiten, hätte gern einen ähnlichen Posten wie den im Schuhladen gefunden, doch Moritz und Anna flehten sie an, in der Metzgerei mit anzupacken. Moritz bediente ungern im Laden und wollte sich auf die Einkäufe und auf neue Handelsinitiativen im Viehhandel konzentrieren, während Anna erklärte, dass es ihr in ihrem Alter schon schwerfalle, den ganzen Tag im Laden zu stehen. Außerdem hatten sie ja von Tante Rachel gehört, wie hervorragend Freddis Beziehung zu ihren Kunden war, und meinten daher, für die Familie sei es das Beste, wenn sie den Laden übernähme und sich um dessen Ausbau kümmere. Es war nicht schwer, Freddi zu überzeugen. Sie dachte, dass die Leitung des Ladens ihr zu wirtschaftlicher Unabhängigkeit verhelfen würde; außerdem schien ihr ein Arbeitsplatz, an dem sie nicht ständig der Kontrolle eines fremden Ladenbesitzers ausgesetzt war, interessanter und war wohl die bessere Alternative.

Der sich so ergebende Zustand kam allen gelegen; Freddi leitete die Metzgerei, Anna kehrte in ihr bewährtes Reich in die Küche zurück, und Moritz war erleichtert, so als hätte man ihn von schweren Ketten befreit. Seine Arbeit war nun dynamisch und interessant: Er verbrachte die meiste Zeit außerhalb des Dorfes mit dem Einkauf von Fleischwaren für die Metzgerei und mit Viehhandel, obgleich er hierfür keine Lizenz besaß, und genoss die Freiheit, sich ab und zu mit seinen Freunden auf ein Bierchen in Schmullers Wirtshaus zu treffen. Seine Handelsreisen führten ihn durch alle Dörfer der Umgebung und auch nach Lautbach, und mitunter kam er sogar nach Kassel. Dort knüpfte er Kontakte zur Firma Liebholz, einer großen Lederfabrik, die er mit Rohstoffen versorgte. Er freundete sich mit Erich Liebholz an, dem Sohn des Firmeninhabers Gunther Liebholz, der in seinem Alter war und in Kürze in den Familienbetrieb eintreten sollte. Die beiden tranken zusammen das eine oder andere Bierchen und unterhielten sich dabei über die Geschäfte in der Lederbranche und manchmal auch über Politik. Moritz redete allerdings ungern über politische Themen und versuchte immer, das Gespräch in Richtung Tagesereignisse oder lokale Klatschgeschichten zu lenken.

Erich war ein groß gewachsener, athletisch gebauter junger Mann mit blondem Haar und grauen Augen, einer hohen Stirn und breitem Kinn – wie es sich halt für einen typisch deutschen Aristokratensohn gehörte. Der junge Geschäftsmann hatte Moritz, der in allem so grundverschieden von ihm war, ins Herz geschlossen; das einnehmende Wesen des jungen jüdischen Händlers, seine Freundlichkeit und seine sprudelnde Lebensfreude gefielen ihm. Sie trafen sich nicht allzu häufig, aber doch oft genug, um den freundschaftlichen Kontakt untereinander aufrechtzuerhalten.

Moritz Geschäftstätigkeit erlaubte es ihm auch, die Beziehung zu Heidi neu zu beleben, der Prostituierten, die ihn von seiner Jungfräulichkeit erlöst hatte. Er betrachtete sie als gute Freundin und fühlte sich ihr nahe. Die junge Frau empfing Moritz bereitwillig, wann immer er zu ihr kam, und erfüllte ihm stets seine Wünsche.

Moritz hatte wegen seiner Besuche bei Heidi nie ein ungutes Gefühl.

Es war damals in seinem Umfeld gang und gäbe, ein Bordell aufzusuchen, und sollte in keiner Weise die liebevolle und respektvolle Haltung seiner Frau und der Mutter seiner zukünftigen Kinder gegenüber beeinträchtigen.

Freddi glänzte in ihrer Arbeit. In kürzester Zeit lernte sie die Kunden der Metzgerei gut kennen und über sie alle restlichen Dorfbewohner. Ihre Höflichkeit, Zugänglichkeit und das Interesse, das sie an jedem Kunden zeigte, eroberten aller Herzen. Mit Zustimmung von Anna und Moritz wurde die Arbeit in der Metzgerei neu aufgeteilt: Moritz war zuständig für die Zerlegung des Fleisches und für das Auffüllen der Bestände; Anna half im Laden, wenn viel Betrieb herrschte und beim Zerschneiden besonders delikater Fleischstücke, und Freddi führte mühelos den Laden.

Die Arbeitsaufteilung behagte allen. Jedes Familienmitglied tat das Seinige, um zum täglichen Gelingen beizutragen, und es kam kaum zu Reibereien. Freddi hatte ein Gefühl von Unabhängigkeit und sah am Horizont eine helle und vielversprechende Zukunft.

Der Tagesablauf der kleinen Familie war mehr oder weniger gleichbleibend; während des Frühstücks besprachen sie die Vorhaben des Tages, und abends, nachdem Moritz nach Hause gekommen war und die Ware für den nächsten Tag vorbereitet hatte, trafen sich die drei beim Abendessen und erzählten einander, was sich während des Tages ereignet hatte.

Freddi und Anna hatten ein gutes und entspanntes Verhältnis zueinander. Dies war vor allem der verträglichen und zurückhaltenden Natur von Anna zu verdanken, die nie versuchte, den Ton anzugeben oder Freddi vorzuschreiben, wie sie ihre Aufgaben zu erfüllen habe, wie Regina dies früher getan hatte. Außerdem hatte sich Anna, nachdem Rachel geheiratet und Elternhaus und Dorf verlassen hatte, lange nach weiblicher Gesellschaft gesehnt. Was Freddi betraf, nahm Anna nun den Platz der Mutter ein, die sie nie gehabt hatte, und erfüllte gleichzeitig Freddis Bedürfnis nach einer guten Freundin, nachdem sie von ihren besten Freundinnen in Lautbach getrennt war. Und natürlich stellte Anna auch das direkte Bindeglied zu ihrem neuen Wohnort dar.

Die geschäftlichen Veränderungen führten zu einer Verbesserung der finanziellen Lage, der Metzgerladen wurde ordentlich gewartet und geführt, und auch die Ausweitung von Moritz' Geschäftsbeziehungen trugen dazu bei, dass wieder mehr Geld in der Kasse war.

Trotz des ruhigen und geordneten Lebens hatte Freddi oft Heimweh nach Lautbach, das im Gegensatz zu dem kleinen, provinziellen Schaffhausen eine richtige Stadt war. Sie sehnte sich nach ihrer Familie, besonders nach ihrer Schwester Helene und ihrer Tante Rachel. Auch ihre Freundinnen und die gesellschaftlichen Aktivitäten der jungen Leute fehlten ihr. In Schaffhausen beschränkte sich das gesellschaftliche Treiben auf das Kränzchen der jüdischen Frauen in der Synagoge und auf Familienbesuche bei Angehörigen der Goldbergs, an denen sie keinen großen Gefallen fand; ab und zu wurden Dorffeste veranstaltet, an denen alle Dorfbewohner teilnahmen. Freddi machte sich zudem große Sorgen um ihren Vater, der mittlerweile ans Haus gefesselt war und an Schwäche litt. Der nahende Winter und die Kälte machten es ihm nicht leichter, und Helene betreute ihn aufopferungsvoll, wie gewohnt jeden Gedanken an Heirat von sich weisend. Freddi bemühte sich, ihre Familie alle zwei Wochen zu besuchen, zum Leidwesen von Moritz, der dann die Kunden in der Metzgerei bedienen musste. Er wagte nicht, sich direkt darüber zu beschweren; der scharfe Blick seiner Mutter – den sie sich wohl bei Großmutter Regina abgesehen hatte – hielt ihn davon ab.

Die Tage vergingen, und Michaels Zustand verschlechterte sich immer mehr. Er lag tagein, tagaus im Bett; sein Haar war nun gänzlich ergraut, sein Körper abgemagert und kraftlos. Um seine Schmerzen zu lindern, konnte der Arzt nicht viel mehr tun, als ihm immer wieder Beruhigungsmittel und Nitroglyzerinkapseln zu verschreiben. Alle wussten, dass die Tage des Kranken gezählt waren. An einem kalten Morgen im Oktober des gleichen Jahres, mitten im Schlaf, hörte Michael Katzensteins Herz auf zu schlagen. Er starb den Tod eines Gerechten.

Freddi und Moritz kamen am nächsten Tag nach Lautbach und eilten zum Haus der Familie. Die vor Ort lebenden Angehörigen hatten sich bereits im Haus versammelt, und Freddi fiel bitterlich weinend in die Arme ihrer Schwester Helene. Langsam dämmerte ihr, dass sie nun ganz verwaist war, und ihr Körper wurde von heftigem Schluchzen erschüttert.

Sie war besonders bedrückt darüber, dass sie es verpasst hatte, mit dem Vater ihr Geheimnis zu teilen – ein Geheimnis von dem niemand, nicht einmal Moritz, etwas ahnte. Seit drei Monaten schon war ihre Monatsblutung ausgeblieben, und allem Anschein nach war sie schwanger. Es tat ihr zutiefst leid, dass sie ihrem Vater in seinen letzten Tagen nicht noch diese Freude hatte bereiten können und es verpasst hatte, das Dunkel seines Leidens ein wenig zu erhellen.

Noch am gleichen Tag wurde Michael auf dem jüdischen Friedhof von Lautbach beerdigt, in Anwesenheit der Mitglieder der jüdischen Gemeinde und weiterer Bewohner der Stadt, die dem bescheidenen Mann, der sein Leben lang schwer gearbeitet hatte, um seine verwaisten Kinder zu ernähren, die letzte Ehre erwiesen.

Nicht alle Familienangehörigen waren bei der Bestattung anwesend, da sie weit entfernt von Lautbach lebten; sie drückten in Telegrammen ihre Anteilnahme aus. So machten es beispielsweise Michaels Bruder und seine Frau Helga, die in Essen wohnten, und Onkel Sali und seine Frau Martel aus Frankfurt, an die sich Freddi kaum noch erinnern konnte.

Während der Trauerwoche blieb Freddi im Haus ihres Vaters in Lautbach, während Moritz die Metzgerei betreiben musste und Schaffhausen nicht verlassen konnte. Er nahm dies als notwendiges Übel hin und tat sein Bestes, um die Kunden zufriedenzustellen, die über die Ereignisse unterrichtet waren und keine besonderen Ansprüche an ihn stellten.

Die Zeit, die Freddi nach Monaten lediglich flüchtiger Besuche in Lautbach verbrachte, tat ihr trotz der traurigen Umstände gut. Sie war von morgens bis abends damit beschäftigt, den Mangel an gesellschaftlichen Beziehungen, der sich bei ihr aufgetan hatte, wiedergutzumachen.

So führte sie stundenlange Gespräche mit Helene und hatte das Gefühl, dass die Mauer, die aufgrund des Altersunterschiedes immer zwischen ihnen gestanden hatte, nun wie verschwunden war. Mit einem Mal fühlte sie sich unbefangen genug, um Helene von ihrer Schwangerschaft zu erzählen.

Helene wurde ganz aufgeregt, schloss sie in die Arme und sagte mit glänzenden Augen: „Oh meine liebe Freddi, ich bin so glücklich, das zu hören. Wie fühlst du dich? Leidest du an Übelkeit? Arbeitest du denn weiter den ganzen Tag im Laden? Fällt dir das nicht schwer in deinem Zustand?“

Freddi erwiderte lachend: „Helene, Helene, du suchst immer jemanden, um den du dich sorgen kannst … Alles ist in bester Ordnung und ich fühle mich prächtig. Eine Schwangerschaft ist doch keine Krankheit, und es ist überhaupt kein Problem für mich, weiter im Geschäft zu stehen. Außerdem habe ich ja mit den schweren Arbeiten weniger zu tun, also wirklich, alles ist bestens.“

„Gut, hast du denn schon Max und Rachel davon erzählt? Sie müssen es doch erfahren! Sie sind doch wie Eltern für dich, wenn nicht sogar mehr … Und was ist mit deinen Freundinnen?“

„Oooohhh, schon wieder fängst du an, mir mein Leben zu organisieren. Das hat dir wohl gefehlt, was?“, lachte Freddi und hatte plötzlich das Gefühl, als hätten sich die Rollen vertauscht: so als sei sie die Ältere und ihre Schwester diejenige, die guten Rat gebrauchen könne.

„Erzähl mal, was es bei dir Neues gibt“, bat sie, Helenes Fragen ignorierend, „aber nicht, was bei der Arbeit los ist, das interessiert mich nicht besonders, sondern was in deinem Privatleben passiert ... Gibt es da jemand Besonderes?“

Helene wurde von Freddis Initiative überrumpelt und suchte krampfhaft einen Weg, sich vor der geradlinigen und unangenehmen Frage zu drücken. Sie seufzte, schüttelte den Kopf und blickte Freddi in die Augen: „Frederike, ich habe außer dir keinen Menschen auf der ganzen Welt. Heiraten werde ich nicht mehr, ich bin schon alt und hässlich, wer würde schon eine Ehe mit mir eingehen wollen? Das ist mein Schicksal." Tränen flossen ihre Wangen hinunter.

Freddi war bestürzt. Sie hatte einen solch freimütigen Gefühlsausbruch von ihrer in sich gekehrten Schwester nicht erwartet, die immer bereit war, sich der Nöte anderer anzunehmen und sich selbst hintanzustellen. Helene war bereits einunddreißig, und in ihrem Alter waren die Chancen auf einen passenden Schidduch gleich null. Helenes Einsamkeit zeigte sich nun, nach des Vaters Tod, in aller Deutlichkeit – es war ihr niemand mehr geblieben, um den sie sich kümmern und den sie betreuen konnte.

„Hör mal Helene, du musst dich jetzt neu im Leben arrangieren und anfangen, an dich selbst zu denken. Zunächst kannst du mal bei mir wohnen, bis es dir besser geht. Anna und Moritz würden sich freuen, dich bei uns aufzunehmen. Danach solltest du vielleicht ein eigenes Geschäft aufmachen, du hast doch genug Erfahrung, und die Onkel würden mit Geld einspringen, was meinst du?"

„Nein, das kommst überhaupt nicht infrage, Freddi. Danke für deinen Vorschlag, ich komme schon zurecht." Helene wischte sich die Tränen ab, schaute auf und war sichtlich bemüht, jedes Anzeichen der Schwäche, die sie heimgesucht hatte, rasch auszulöschen.

Doch Freddi ließ nicht locker. „Lass uns mal mit Max und Rachel reden, sie sind klug und haben Erfahrung und würden bestimmt alles tun, um dir zu helfen."

Und so war es. Tatsächlich trafen sich die beiden Schwestern nach der Trauerwoche mit ihren Angehörigen und baten sie um Rat. Es wurde abgemacht, dass Helene bis auf Weiteres an ihrem Arbeitsplatz bliebe und in Zukunft mithilfe von Onkel und Tante, wie so üblich in der Familie, ein eigenes Geschäft eröffnen würde.

Freddi kehrte nach Schaffhausen und zum Alltag des kleinen Dorfes zurück. Anna war hochbeglückt über die Schwangerschaft ihrer Schwiegertochter und sorgte dafür, dass alle Gelüste Freddis nach speziellen Speisen erfüllt wurden, und wenn sie noch so seltsam anmuteten – wie süßer gepökelter Fisch, mit Puderzucker bestreute Bratkartoffeln und Blaubeeren in Honig. Auch Moritz scheute keine Mühen, sich als liebevoller und fürsorglicher Ehemann zu verhalten. Er beschränkte seine abendlichen Vergnügungen im Wirtshaus auf Samstagabend, bemühte sich, früher als gewöhnlich von seinen Expeditionen durch die umliegenden Dörfer nach Hause zu kommen, und übernahm jede schwere Arbeit in der Metzgerei.

Ungefähr zwei Jahre nach der Hochzeit von Freddi und Moritz wurde ihr erster Sohn geboren. Infolge des traumatischen Todes von Helenes und Freddis Mutter war die Hausgeburt von großen Ängsten begleitet, doch zur Erleichterung aller verlief sie komplikationslos, und die glückliche Mutter erholte sich rasch von den Strapazen der Geburt.

Die Beschneidung wurde in Anwesenheit beider Familien, Nachbarn und Freunden in der Synagoge von Rabbiner Awerbuch aus Lautbach durchgeführt. Dabei wurde auch der Name des Kleinen bekannt gegeben: Er sollte mit hebräischem Namen Mordechai und mit deutschem Namen Helmut heißen.

Moritz' Freunde ließen vernehmen, dass der Anlass ordentlich gefeiert werden müsse, mit anderen Worten – mit Bier und Schnaps statt mit dem süßem Kiddusch-Wein[14], der bei der Beschneidungsfeier ausgegeben wurde – und so fand am folgenden Samstagabend in Schmullers Wirtshaus eine große Feier statt, zu der nur Männer geladen waren.

Hans Schmuller, der mittlerweile die Gaststätte an seines Vater Stelle betrieb, begrüßte die Gäste und rief: „Liebe Freunde, ich möchte Moritz unsere Glückwünsche aussprechen! Er ist der Erste von unserer Kapelle, der geheiratet hat und ein Kind zur Welt gebracht hat – und noch dazu einen Jungen! Ich bin übrigens gar nicht sicher, dass Moritz so froh ist, wie er vorgibt, jetzt heißt es doch, auf einen Teil seiner lieben Gewohnheiten zu verzichten und in die Familie zu investieren! Also, damit er diese Krise gut übersteht, haben wir uns hier zu einem ordentlichen Trinkgelage zu-

14 ***Kiddusch-Wein**, hebräische Bezeichnung (Kiddusch = Segen, Heiligung) für einen während des jüdischen Sabbats zeremoniell verwendeten Wein. Kiddusch-Wein ist Rotwein, wobei auch koscherer Traubensaft für den Kiddusch benutzt werden kann.*

sammengefunden … Moritz soll spüren, wie nahe wir ihm sind und dass wir Anteil nehmen an seinem Schmerz über den Verlust der Freiheit! Und jetzt ertränken wir ihn in Alkohol, bis dass er seine Sorgen vergisst und sie vielleicht sogar zu lieben lernt! Prost!!!"

Das Fest ging bis in die frühen Morgenstunden, und Moritz blieb bei Hans, um seinen Rausch auszuschlafen, um Mutter und Kind nicht in betrunkenem Zustand aufzuschrecken.

So wie es damals üblich war, übersiedelte Freddi für die ersten Monate nach der Geburt in die Kinderstube. Eine neue Tapete mit Blumenmuster auf hellem Hintergrund schmückte die Wände des Zimmers und verbreitete eine angenehme Atmosphäre. An den Fenstern hingen mit Spitze drapierte Vorhänge aus dünnem Stoff, ein Geschenk von Anna.

Des Weiteren prangten in der Stube ein hölzernes Babybettchen, das in der Familie Goldberg von einer Generation zur nächsten weitergegeben wurde, sowie eine Holzkommode, die lange im Schuppen gestanden hatte und von Moritz ausgebessert und neu lackiert worden war. Tante Rachel hatte funkelnagelneue Babykleidung besorgt und gestattete niemandem, dem Säugling Kleidung aus zweiter Hand zu bringen. Helene hatte sich um Bettwäsche und Windeln gekümmert und war vorübergehend nach Schaffhausen gekommen, um ihrer Schwester zu helfen, bis dass sich diese an ihre neue Rolle als Mutter gewöhnte. Auch Frauen aus der Familie Goldberg kamen täglich vorbei, um der jungen Mutter behilflich zu sein – sei es mit Ratschlägen, sei es mit praktischer Hilfe.

Freddi mit ihrem angenehmen Temperament nahm die ihr gewährte Unterstützung wohlwollend an; sie verstand, dass alle es gut mit ihr meinten.

Tatsächlich genoss sie es geradezu, so verwöhnt zu werden, und es kam ihr gar nicht in den Sinn, dass es anders sein könne. Ihre größte Sorge war, genug Milch für ihr Baby zu haben, damit sie nicht die Dienste einer Amme in Anspruch nehmen müsste. Zu ihrer großen Freude war der kleine Helmut ein genügsames und zufriedenes Baby – er schrie, wenn er Hunger hatte, und schlief in der restlichen Zeit.

Moritz bewegte sich während der ersten Wochen auf Zehenspitzen, leise und vorsichtig; zum einen, weil ihn die Vaterschaft verunsicherte und verlegen machte, zum anderen, weil er es nicht wagte, in den Bereich einzudringen, den er als Reich der Frauen ansah. Nach zwei Wochen hatten sich dann alle etwas beruhigt; die Frauen der Goldbergs stellten ihre Besuche ein und kehrten zu ihrem eigenen Alltag zurück, und auch Helene, die sah, dass Freddi sehr gut zurechtkam und selbst für ihren Säugling sorgen konnte, fuhr nach Lautbach zurück. Im Hause der Goldbergs blieb die kleine Kernfamilie zurück. Nach einer Weile begann Freddi, wieder stundenweise im Fleischerladen zu arbeiten, während der kleine Helmut neben ihr in einer Wiege lag, die sie sich von einer Nachbarin ausgeliehen hatte. Während der restlichen Stunden teilten Anna und Moritz die Arbeit in der Metzgerei zwischen sich auf. Sie beschlossen, eine Haushilfe anzustellen, die bei den Putzarbeiten helfen sollte und damit Freddi und Anna entlasten würde.

Nach und nach begann auch Moritz, sich dem Baby zu nähern. Bald wagte er es, den Kleinen hochzuheben und ihm Laute vorzumachen, die seiner Ansicht nach dem Verständnis des Säuglings entsprachen. Helmut lernte seine kleine Familie kennen, und wenn sich einer der dreien ihm näherte, strampelte er freudig mit Händchen und Beinchen und gab gurrende Babylaute von sich.

Der damalige Zeitgeist leitete Eltern und Familie an, die Stillzeiten strikt einzuhalten und dem Säugling nicht allzu viel Nähe zu zeigen. Nicht selten wedelte der kleine Helmut mit allen Gliedern, um Aufmerksamkeit bettelnd, doch niemand reagierte darauf. Freddis Herz blutete, wenn sie ihren kleinen Sohn so sah, doch sie hielt sich zurück. Die Warnungen, die sie von erfahrenen Müttern gehört hatte, den Kleinen ja nicht zu verziehen und ihn nicht zu einem verwöhnten Muttersöhnchen zu machen, hinderten sie daran, ihm vor anderen ihre Zuneigung zu zeigen. Doch wenn sie allein war und sich nicht vor kritischen Blicken fürchtete, hielt sie ihren Sohn in den Armen, liebkoste und stillte ihn, selbst wenn die festgesetzte Stillzeit noch nicht gekommen war. Glücklicherweise hatte sie viel Muttermilch und rechtfertigte damit vor sich selbst die Tatsache, dass sie den Kleinen auch außerhalb der Stillzeiten an die Brust legte, um ein schmerzhaftes Anschwellen der Brust zu verhindern. So funktionierte das geheime Abkommen zwischen Mutter und Sohn zur Zufriedenheit beider Seiten, und das gemeinsame Geheimnis stärkte die Bindung zwischen den beiden.

Am Wochenende pflegten Moritz, Freddi und Anna mit Helmut im Dorf spazieren zu gehen, ihn dabei voller Stolz den Nachbarn vorzustellen und ab und zu anzuhalten, um mit Bekannten zu plaudern. Helmut entwickelte sich rasch, und schon entbrannten Debatten um die Frage, wem er denn ähnlich sehe. Die Katzensteiner behaupteten mit großer Entschiedenheit, dass man die starke Ähnlichkeit zu Großvater Michael nicht ignorieren könne, während die Angehörigen der Goldbergs dagegen Ähnlichkeiten mit Moritz und sogar mit Robert feststellten. Freddi hielt sich aus den Diskussionen heraus; die ganze Angelegenheit erschien ihr töricht. Wenn Helmut älter würde, würden schon alle sehen, wem er im Aussehen ähnelte und, wichtiger noch, wem er in Charakter und Eigenschaften glich. Sie genoss ihren Sohn sehr und war froh, dass der Kleine kräftig zunahm und die meiste Zeit über entspannt und ruhig war. Es kam ihr gar nicht in den Sinn, dass der kleine Helmut gerade ihr ähnlich sein könnte, doch im Laufe der Zeit erkannte sie, dass er ähnliche Eigenschaften hatte wie sie.

Allmählich stellte sich eine willkommene Routine im Familienalltag ein. Moritz verbrachte wieder weniger Zeit zu Hause und im Laden und war viel auf Handelsreisen unterwegs.

Seine Beziehung zu Helmut war im Wesentlichen auf die Wochenenden beschränkt; dann spielte er mit seinem Söhnchen, trug ihn auf den Schultern und ging mit ihm im Dorf spazieren. Moritz hatte keinen Anteil am Alltag und am täglichen Tagesablauf des Kleinen, und es kam ihm gelegen, dass Freddi sich rund um die Uhr um ihn kümmerte. Außerdem war er der Meinung, dass durch die große Unterstützung, die Freddi von seiner Mutter erfuhr, auch sein Teil der Verpflichtung ihr gegenüber erfüllt wurde.

Moritz war sogar recht zufrieden damit, dass Freddi mit dem Kleinen in der Kinderstube schlief und ihm das gemeinsame Schlafzimmer überließ.

Auch Freddi kam dieses Arrangement gelegen. Ihre ganze Aufmerksamkeit galt Helmut und seiner Betreuung; sie widmete ihm den Großteil des Tages und auch einen Teil ihrer Nächte. Es war kein Wunder, dass sie immerzu müde war, und doch war sie überglücklich. Die Distanz von Moritz war angebracht und behagte ihr. Derweilen entwickelte sich Helmut prächtig, er nuckelte gut, und nach einer Weile aß er schon Obst- und Gemüsebrei. Er erkannte nun auch schon einige der entfernteren Verwandten und freute sich immer, wenn ihm einer von ihnen Aufmerksamkeit widmete oder ihn gar auf den Arm nahm. Sechs Monate nach der Geburt zog Freddi wieder in das gemeinsame Schlafzimmer, und Helmut blieb allein in der Kinderstube zurück.

Als Helmut ein Jahr alt wurde, fand zu seiner Ehre eine Feier im Synagogenhof statt, zu der sich Familienmitglieder und Freunde aus Schaffhausen und Lautbach einfanden.

Wenige Monate später konnte Freddi verkünden, dass sie wieder schwanger war, und die Freude der Frauen kannte keine Grenzen.

Moritz dagegen erschrak. Er fürchtete die zusätzlich auf ihn zukommende Verantwortung, die ihn wohl zwingen würde, noch härter zu arbeiten – was ihm wiederum weniger Zeit zum Ausgehen lassen würde. Doch Freddi sah in ihrer Fantasie bereits, wie sich ihre kleine Familie vergrößerte und zu einer prächtigen Familie mit vielen Kindern anwuchs, und war sicher, die glücklichste Frau auf Erden zu sein.

Die gehobene Stimmung schlug unwillkürlich um, als ein Krieg zwischen den europäischen Großmächten entbrannte. Die Armeen des Deutschen Reichs und Österreich-Ungarns kämpften gegen die Heere Russlands, Frankreichs und Großbritanniens. Es war ein Krieg von nie gekanntem Ausmaß, dessen Widerhall auch das entlegene Dorf Schaffhausen erschütterte. Die preußische Armee gab Befehl, Truppenteile der Reserve zu mobilisieren, und versetzte alle Einheiten in Alarmbereitschaft.

Auch Moritz erhielt ein amtliches Schreiben mit Angaben über seine Militäreinheit und den Standort des Feldlagers, in dem er sich im Falle der Mobilisierung einzufinden hatte, und beantragte in aller Eile eine Freistellung aufgrund seines Familienstandes. Zur Erleichterung der Familie wurde seinem Antrag stattgegeben und seine Platzierung geändert;

Moritz wurde einer nachgeordneten Einheit zugeordnet, die nur in ernstestem Notstand rekrutiert werden würde.

Der Krieg wurde an zwei Fronten zugleich geführt – im Westen auf französischem und belgischem Boden und im Osten an der russischen Grenze. Das zivile Leben in den großen Städten war bald durch die Vorrangigkeit des Militärs vollkommen gestört. Aus allen Provinzen wurden Pferde zugunsten des Heeres eingezogen; die Industrie wurde der vollen Kontrolle der Regierung unterstellt und die heimische Produktion auf die Bedürfnisse der Rüstungsindustrie umgestellt. Das Heer erstand große Mengen an Lebensmitteln und es kam zu Lebensmittelknappheit, was wiederum den Aufbau eines Lebensmittelverteilungssystems zur Versorgung der Zivilbevölkerung erforderlich machte.

Die ländlichen Regionen waren von diesen Erschütterungen weniger betroffen, abgesehen vom kriegsbedingten Mangel an Arbeitskräften und Pferden, die für die Existenz der Bauernhöfe lebensnotwendig waren.

Im Alltagsleben der Familie Goldberg waren zunächst keine wesentlichen Veränderungen zu spüren; obgleich die Verkäufe nachließen, drehte sich die Hauptsorge aller nicht um die wirtschaftliche Lage, sondern um die bedrohliche Möglichkeit, dass Moritz doch noch zum Heer eingezogen werden könnte.

Freddi war mittlerweile schon im achten Monat und versuchte tapfer, ihre Ängste zu verbergen. Sie hoffte, wenn sie nur ihre Routine einhielte, würde ihr dies helfen, mit der neuen Situation umzugehen. Doch offenbar wirkte sich die seelische Belastung auf ihre Schwangerschaft aus, und viel zu früh kündigte sich diesmal die Geburt an. Anna ließ sofort die Dorfhebamme und den Arzt aus einem Nachbardorf kommen; sie wusste, wie gefährlich Frühgeburten für Mutter und Kind sein konnten.

Die Befürchtungen verblassten ein wenig, nachdem ein winziges kleines Mädchen, ein wenig bläulich, doch gesund und voll ausgebildet, zur Welt kam. Die Kleine wog weniger als zwei Kilogramm, und der Arzt gab Anweisung, sie sofort in eine dicke Watteschicht zu packen, um ihren Körper warm zu halten, und den Raum zu heizen, um dem Risiko von Erkältung und Lungenentzündung vorzubeugen. Er betonte, dass das Stillen lebensnotwendig für das Frühchen sei, und sollte Freddi nicht genug Milch produzieren, sofort eine Amme gesucht werden müsse.

Helmut, der bei der Geburt der Kleinen fast drei Jahre alt war, zog derweil zu Anna und wohnte von nun an in ihrem Schlafzimmer; Moritz hatte das Schlafgemach wieder für sich. Helene traf sofort ein, um Freddi in den ersten Wochen zur Hand zu gehen.

Jeder in der Familie genoss diese Zeit: Helmut erfreute sich der Hätscheleien seiner Großmutter und seiner Tante Helene; Freddi konnte sich ganz der Pflege des Säuglings widmen; Anna war glücklich über die Nähe zum kleinen Helmut; und Moritz war befreit von der zusätzlichen Bürde und hatte nun auch wieder sein eigenes privates Schlafzimmer. Die vielen Frauen im Haus lösten bei ihm das Gefühl aus, überflüssig zu sein, und er verbrachte die meiste Zeit in der Metzgerei und auf seinen Handelsreisen. Er kam niemanden in den Weg und bemühte sich, jede an ihn gerichtete Bitte geflissentlich zu erfüllen.

Als Moritz merkte, wie sich die Wäscheberge häuften, beschloss er, sich um die Wäsche zu kümmern. Er baute im Hof einen Holzofen auf und stellte darauf einen großen Waschkessel, in dem er die Wäsche kochte. Danach wusch er sorgfältig die einzelnen Wäschestücke und hing sie zum Trocknen auf die Leinen, die er zu diesem Zweck von der großen Platane zur Hauswand gespannt hatte.

Die Tage vergingen und die winzige Kleine wurde zusehends kräftiger. Mit der Zeit konnte man sie aus den Watteschichten befreien, mit dem ständigen Heizen der Kinderstube aufhören und auch anderen Familienmitgliedern den Eintritt in ihr Zimmer ermöglichen.

Als die Kleine das stolze Gewicht von vier Kilogramm erreicht hatte, wurde das Ereignis mit einer bescheidenen Feier im Haus der Goldbergs in Anwesenheit der engsten Familie gefeiert. Nach dem Lesen von Segenssprüchen und Gebeten wurde der Name der Kleinen bekanntgegeben – Ruth.

Ruth war ein lebhafter Säugling, schlief wenig und weinte viel. Freddi war erschöpft, doch sie klagte nicht – angesichts der großen Hilfe, die sie erfuhr, hatte sie das Gefühl, dass sie nicht zum Klagen berechtigt war.

Der Große Krieg wütete zwar weit weg an Ost- und Westfront, wirkte sich jedoch immer stärker auch auf das Leben in Schaffhausen aus. Nach ungefähr zwei Jahren heftiger Kämpfe und grausamen Aderlasses konnten das Deutsche Kaiserreich und seine Verbündeten – abgesehen von der russischen Front – keine wirklichen Erfolge aufweisen.

Die Zivilbevölkerung litt schwer: Die Grundlebensmittel waren entweder rationiert oder gar nicht zu bekommen. Auch im Haus der Goldbergs wurde die Not spürbar. Die Einnahmen aus dem Geschäft wurden immer spärlicher, da viele der Dorfbewohner eingerückt waren. Die Zurückgebliebenen waren mittellos, schränkten ihre Einkäufe auf das Notwendigste ein und verzichteten zunehmend auf Fleisch und Fleischprodukte. Der Viehhandel stagnierte fast vollständig, da viele Bauern begonnen hatten, autarke, von äußeren Bezugsquellen unabhängige Höfe zu betreiben, und immer seltener ihr Vieh verkauften.

Schon in den ersten Kriegsmonaten hatte Moritz erkannt, dass die Lage sich weiter verschlechtern würde und dass er neue Einnahmequellen ausmachen musste. Er fing damit an, Ausbesserungsarbeiten aller Art auszuführen – eine Fertigkeit, die er sich seinerzeit als Lehrling bei Schmied Krummel angeeignet hatte. Er reparierte Maschinen, die nicht mehr funktionsfähig waren, und führte in Schaffhausen und in den umliegenden Dörfern erforderliche Instandsetzungsarbeiten in Häusern und Betrieben durch. In den landwirtschaftlichen Spitzenzeiten schloss er sich den Bauern an und verdingte sich als Erntehelfer bei der Getreideernte oder zum Obstpflücken.

Er konnte damals noch nicht ahnen, dass seine enge Bekanntschaft mit den Dörflern und die Erfahrungen, die er bei seinen diversen Beschäftigungen sammelte, ihm in viel schwierigeren Zeiten noch das Leben retten würden.

Eineinhalb Jahre nach Beginn des Krieges erreichte Moritz ein sofortiger Gestellungsbefehl. In dem Eilbrief wurde er angewiesen, sich in Kassel bei seinem ehemaligen Regiment einzufinden; er sollte als Unteroffizier in einem neuen Bataillon dienen, dass zur Verstärkung des Regiments an der russischen Front aufgestellt worden war. Moritz folgerte, dass die Lage schlecht aussah, wenn man Männer wie ihn einzog, die nicht einmal den vollen Pflichtwehrdienst absolviert hatten, und dass die Aussicht, von der Einberufung befreit zu werden, gleich null war. „Wenn es so weit gekommen ist, dass sie Väter von kleinen Kindern einziehen“, erklärte er Freddi mit bekümmertem Gesicht, „dann gibt es wohl keine andere Wahl.“

Freddi ergab sich in ihr Schicksal und vermied es, ihre Gefühle offen zu zeigen. Tatsächlich konnten sie alle dankbar sein, dass Moritz erst jetzt an die Front musste – die meisten Männer des Dorfes waren längst eingezogen.

Sie half Moritz, seine Sachen zu packen, und die Erwachsenen setzten sich zu einem letzten gemeinsamen Abendessen an den Tisch. Die Kinder schienen zu ahnen, dass etwas in der Luft lag, und verhielten sich vorbildlich.

Freddi, Moritz und Anna unterhielten sich leise über alles und nichts. Dabei umgingen sie wohlweislich das delikate Thema des Krieges und vermieden es, einander in die Augen zu sehen, damit ihre Not sich nicht in unkontrolliertes Weinen verwandelte.

Bei Morgengrauen des nächsten Tages küsste Moritz die schlafenden Kinder, wischte eine Träne aus den Augen seiner Mutter, umarmte Freddi, die sich nun nicht weiter beherrschen konnte und in Tränen ausbrach, warf den beiden Frauen eine rasche Kusshand zu und verließ das Haus.

Eine Woche verging. Moritz schickte einen Brief vom Armeelager und berichtete, dass er in Kürze mit dem gesamten Bataillon per Zug an die Front transportiert werden würde. Wohin es gehen sollte – das schrieb er nicht.

Es verging ein Monat, dann zwei, dann drei Monate – doch in Schaffhausen kam kein weiteres Lebenszeichen an. Da sich das Bataillon aus Reservisten zusammensetzte, die alle aus der gleichen Gegend stammten, machten bald unzählige Gerüchte die Runde, und sowohl fundierte als auch haltlose Nachrichten verbreiteten sich wie Lauffeuer in den Dörfern.

Der letzten gesicherten Meldung nach war das Bataillon unweit der polnischen Stadt Bialystok, nahe der russischen Grenze, zum Mutterregiment gestoßen. Sofort bildete sich ein Komitee von Angehörigen der eingezogenen Reservisten, mit dem Ziel, den Soldaten über den Garnisonsstandort bei Kassel Pakete zukommen zu lassen. Endlich kam eine Verbindung zum Regiment zustande, die bald einen regen Verkehr von Briefen zwischen den Soldaten und ihren Familien ermöglichte. Nach vier Monaten voller Ungewissheit und Ängste kamen schließlich auch bei Familie Goldberg erste Briefe von Moritz an.

Die Feldpostbriefe waren kurz, nüchtern und drückten keine Gefühle aus, außer der Bitte, die Kinder von ihm zu küssen. Moritz berichtete vom Alltag im Feldlager, erwähnte aber mit keinem Wort das Kriegsgeschehen selbst. Die Zensurgesetze des Militärs waren streng und unmissverständlich; außerdem wollte Moritz auch seine Angehörigen nicht unnötig ängstigen. Doch die Gerüchteküche selbst versorgte Freddi mit all den Informationen, die ihr Mann ihr hatte ersparen wollen.

Sie begriff, dass er an der Front war, mal mehr, mal weniger der Feuerlinie ausgesetzt, dass die deutsche Armee die Oberhand hatte und die Truppen an der Front sich mittlerweile in einer statischen Phase befanden, bei der jede der gegnerischen Seiten ihre Position hielt und es nicht eilig hatte, den Gegner anzugreifen.

Sie hörte, dass die Soldaten sich in Erdbunkern verschanzten, die sie vor Beschuss schützten, oder dass sie in tiefen, miteinander verbundenen Schützengräben lagen.

Freddi ihrerseits schrieb Moritz lange und ausführliche Briefe; sie berichtete ihm vom Benehmen und der Entwicklung der Kinder, von der Geschäftslage, erzählte ihm Familienklatsch und Neuigkeiten vom Dorf. Auch sie hütete sich davor, in ihren Briefen Liebesbekundungen oder andere überwältigende Emotionen auszudrücken, und schloss stets mit der gleichen Phrase: „Mit Küssen und Sehnsucht, Deine Freddi“.

Freddi und Anna bemühten sich, um der Kinder willen eine unbeschwerte Alltagsroutine aufrechtzuerhalten, doch diese wurde immer wieder aufgeschreckt, wenn ein Telegramm von der Front eintraf und vom Tod eines Soldaten aus dem kleinen Dorf berichtete.

Aller Herzen klopften angsterfüllt, die Unruhe und die Furcht wurden immer größer. Würde der amtliche Bote das nächste Mal an ihrer Tür klopfen?

Freddi hielt sich mit der Betreuung der Kinder und dem Betrieb des

Ladens beschäftigt, um die schlimmen Gedanken von sich zu schieben. Sie konnte es sich nicht leisten, zusammenzubrechen, denn Anna war tief deprimiert, und Freddi musste Tag und Nacht für die Kinder da sein.

Zehn Monate nach der Einberufung wurde das Bataillon von Moritz zu Weihnachten auf einen kurzen Heimaturlaub geschickt.

Moritz traf mit Geschenken bepackt im Dorf ein: mit bestickten Kleidern für die Kinder und mit Teedosen – ein seltenes Gut während des Krieges –, die er von der Offiziersküche „beschlagnahmt" hatte.

Das Wiedersehen war gefühlvoll. Alle umarmten einander voller Glück, und bei den Erwachsenen flossen Freudentränen. Nachdem sich alle ein wenig beruhigt hatten, ging Anna, der es mit einem Mal sehr viel besser ging, in die Küche, um für den Soldaten zu kochen.

„Ach Moritz, wie gut, dich gesund wiederzusehen … Ich und die Kinder haben so große Sehnsucht nach dir gehabt, ich hatte Angst, sie würden dich vergessen … eine so lange Zeit ...", sagte Freddi, und Moritz küsste und drückte sie. So standen die beiden lange aneinandergeschmiegt da, während die Kinder auf dem Boden saßen und mit großen Augen zu ihnen aufschauten.

Der fünfjährige Helmut erinnerte sich wahrscheinlich an seinen Vater, doch er zeigte dies nicht, sondern musterte Moritz still. Der zweijährigen Ruth erschien der Mann, der ins Haus gekommen war, als ein Gast wie jeder andere, doch seine ungewohnte Kleidung faszinierte sie. Helmut wusste, dass sein Vater ein Held war und daher mit besonderen Kleidungsstücken bekleidet war, die einen strengen Geruch hatten, anders als die Kleider, die er kannte, selbst die der Großen. Moritz und Freddi lächelten die Kinder an und setzten sich schließlich zu ihnen auf den Boden. Moritz nahm Helmut auf den Arm, und der Junge ließ es nach kurzem Zögern zu.

„Wie geht es dir, mein süßer Junge?", fragte Moritz, „Weißt du denn auch, wer ich bin? Ich bin dein Vater und jetzt bin ich zu Besuch bei dir, freust du dich?"

Helmut blickte ihn gleichmütig an: „Vater, bist du im Krieg? Was machst du da?"

„Ich und mit mir viele andere Väter verteidigen das Vaterland und die Familie."

„Ist denn der Krieg zu Ende?"

„Nein, und deswegen bin ich auch nur zu Besuch ... Aber wir hoffen alle, dass er bald zu Ende ist. Und du – bist du ein guter Junge und hilfst der Mutter?"

„Ja, Mutter sagt, dass ich jetzt der Mann im Haus bin ..."

„Das stimmt, und ich verlass mich auf dich. Und wie benimmt sich Ruth, passt du auf sie auf, wenn Mutter beschäftigt ist?"

Ohne seine Antwort abzuwarten, entließ Moritz Helmut aus seinen Armen, um nun Ruth hochzuheben, die bisher still auf dem Boden gesessen und ihnen zugehört hatte. Doch diese stand behände auf und flüchtete in Freddis Arme, schmiegte sich an sie und blickte erschrocken ihren Vater an, so als verstände sie nicht, was der Fremde von ihr wollte.

Freddi streichelte ihren Kopf und belehrte sie liebevoll. „Meine Süße, das ist dein Vater, Moritz. Er musste ganz weit wegfahren, und jetzt ist er zu Besuch bei uns. Du brauchst dich nicht vor ihm zu fürchten. Komm, wir umarmen ihn zusammen." Und so lernte auch die kleine Ruth allmählich ihren Vater kennen und war schließlich ebenfalls bereit, ihn zu drücken und von ihm einen Kuss auf die Wange zu bekommen.

Am Abend, als die Kinder schon schliefen, saßen die Erwachsenen in der Stube zusammen und Moritz erzählte, was er in den letzten Monaten erlebt hatte.

Das Regiment war im Abschnitt der Stadt Bialystok stationiert und operierte in ständiger Rotation mit anderen Regimentern, welche die Frontlinie in der Region hielten.

Diese Praktik verminderte die drohende Abnutzung und Erschöpfung der Soldaten durch den fortwährenden Aufenthalt in den Feldbefestigungen unter konstantem Schussfeuer. Sie ermöglichte den Soldaten, sich etwas auszuruhen, zu duschen, gutes Essen zu genießen und sogar in lokalen Schankstuben einzukehren. Moritz wollte nicht allzu viel über die kriegerischen Aspekte erzählen, daher teilte er mit der Familie vor allem seine Erlebnisse aus den ruhigen Zeiten. Zu seiner großen Verblüffung stellte sich heraus, dass in Bialystok eine große jüdische Gemeinde ansässig war, die ihre eigenen kulturellen und religiösen Institutionen betrieb, wie auch von der Gemeinde betriebene Kindergärten und Schulen. Besonders überraschte Moritz die Tatsache, dass sich die Juden der Stadt in einer dem Deutschen ähnelnden Sprache verständigten, die Jiddisch genannt wurde; einer Sprache, die an das alte Hochdeutsch aus dem Rheinland erinnerte, aber mit hebräischen und polnischen Wörtern verwoben war. Eine noch größere Überraschung erwartete ihn, als ihm bekannt wurde, dass die hebräische Sprache in Bialystok nicht zum Beten allein benutzt wurde, sondern dass sie in einigen Kindergärten, Schulen und sogar im jüdischen Gymnasium zur Umgangssprache geworden war. Außer dieser Gemeinde waren in der Stadt auch mehrere orthodoxe Gemeinden heimisch, die – ähnlich der jüdisch-orthodoxen Gemeinde Frankfurts – ein strikt religiöses Leben führten und deren Mitglieder schwarze Kleidung trugen.

Anna erzählte daraufhin, dass vor dem Umbruch der Emanzipation auch in Deutschland alle Juden so ausgesehen hätten, und Freddi bedrängte Moritz mit Fragen: Mangelte es ihm an Essen? Hatte er genug Zeit zu schlafen? Wie viele Verluste hatte das Bataillon gehabt? Und weitere Fragen mehr zum Alltag der Soldaten und den Gefahren an der Front. Moritz erklärte ihr, dass es an der Ostfront ruhiger sei als in Belgien und Frankreich an der Westfront, da die russische Armee schwach und nicht angriffslustig sei. Die Deutschen hatten Gebiete erobert, die sie seit Kriegsbeginn im Auge gehabt hatten, und nun seien beide Seiten an verhältnismäßiger Ruhe interessiert. Er hoffte, dass er mit seinen Erzählungen und Erklärungen die Befürchtungen der Frauen beschwichtigen konnte und dass dies so bleiben würde, auch nachdem er an die Front zurückkehren würde.

Moritz nutzte den Heimaturlaub, um so gut es ging dort mit anzupacken, wo seine geschickten Hände erforderlich waren.

Er besserte die Zinkblechabdeckung auf dem Dach aus, ersetzte alte Wasserhähne, leerte die Abwassergrube, strich die Wände der Metzgerei und reparierte die Eingangstür.

Die Kinder gewöhnten sich schnell an seine Anwesenheit, klammerten sich an ihn, umarmten ihn und wollten von ihm gebadet und gefüttert werden. Freddi freute sich sehr über die Nähe, die zwischen Vater und Kindern aufblühte. Sie hatte das Gefühl, dass er noch vor seiner Einberufung seinen Kindern gegenüber distanziert gewesen war, und glaubte, dass die Stärkung seiner Beziehung zu den Kindern auch zur Stärkung der ehelichen Beziehung beitragen würde, die ihr seit den Geburten eher unbefriedigend erschien.

Und tatsächlich hatten die Belastung des Krieges und die Angst, alles zu verlieren, ihre Wirkung auf Moritz; er widmete sich der Familie fürsorglich wie nie zuvor, und abgesehen von zwei kurzen Abstechern in Schmullers Wirtshaus, wo sich die Männer trafen und einander mit Schlachtgeschichten übertrafen, ging er nicht weiter aus und suchte immer wieder die Nähe der glücklichen Freddi, die voller Zuneigung zu ihm war.

Die Urlaubstage waren im Nu vorüber, und der Moment der Trennung kam. Wieder packte Freddi den Rucksack und wieder küsste Moritz sie, seine Mutter und die Kinder, winkte ihnen zum Abschied zu, lächelte ein letztes Lächeln und schloss sich seinen Kameraden auf dem Weg nach Kassel an.

Der ermutigenden Prognose Moritz' zum Trotz wütete der Krieg in voller Grausamkeit weiter, die Not der Zivilbevölkerung verschärfte sich, und die Kämpfe an den Fronten nahmen kein Ende.

Unzählige Verwundete füllten die Krankenhäuser, und immer mehr Einzelheiten über die schrecklichen Methoden der modernen Kriegsführung gelangten an die Öffentlichkeit – wie der ununterbrochene Beschuss und die Verwendung von Giftgasen. Die Militärzensur erwies sich als sinnlos – die schrecklichen Szenen sprachen für sich selbst.

Auch in Lautbach war das Krankenhaus bis aufs letzte Bett mit verwundeten Soldaten gefüllt, und die Zivilisten mussten auf provisorische Kliniken überwiesen werden.

Die moderne Wirtschaft schrumpfte, der Mangel an Rohstoffen und verfügbarem Geld war überall zu spüren, auch in den kleinen Dörfern, die infolge der Lähmung des Handels unter zunehmender Isolierung litten.

Das Leben im Haus der Goldbergs war von Mangel bestimmt.

Freddi versuchte, so gut es ging, die Schrecken des Krieges und seine Auswirkungen vor den Kindern zu verbergen, doch abends, nachdem sie die Kleinen zu Bett gebracht hatte, glaubte sie oft, dass sie vor Sorge zusammenbrechen würde. Einmal im Monat kam ein Brief von Moritz; es war unmöglich geworden, Pakete zu schicken – und außerdem gab es auch nichts, was man den Soldaten an die Front hätte schicken können.

Die Atmosphäre im Dorf war angespannt; jede Familie verschloss sich in ihren vier Wänden und behielt ihre Sorgen für sich, um nur ja keine Schwäche zu zeigen und die angeschlagene Stimmung in der Bevölkerung weiter zu untergraben.

Nach dreieinhalb Jahren Krieg kam es in Russland zur Oktoberrevolution, der Zar wurde gestürzt und an der russischen Front wurde ein Waffenstillstand erreicht. Freddi atmete auf und war sich sicher, dass Moritz nun bald aus dem Krieg entlassen würde. Doch ihre Hoffnung wurde doppelt enttäuscht: Moritz wurde nicht entlassen – und es kamen auch keine Briefe mehr von ihm.

In ihrer Not wandte sich Freddi an den Bürgermeister um Hilfe, doch ohne Erfolg. Eines Tages fuhr sie eigens nach Lautbach und lief von einer amtlichen Stelle zur nächsten, um etwas zu erfahren, doch niemand wusste etwas oder konnte ihr helfen.

Verzweifelt und traurig ging Freddi schließlich zum Schuhladen ihres Onkels, in der Hoffnung, bei Tante Rachel und ihrer Schwester Helene, die mittlerweile bei ihnen im Schuhladen arbeitete, Trost zu finden. Die Frauen bemühten sich, sie zu beruhigen, meinten, dass es in dem allgemeinen schrecklichen Durcheinander unmöglich war, glaubwürdige Informationen zu bekommen. Außerdem, argumentierten sie, wenn tatsächlich – Gott bewahre – einem Soldaten etwas zustieße, dann würden die Behörden dafür sorgen, dass seiner Familie die schlimme Nachricht überbracht werde. Mit anderen Worten – da sie bisher nichts gehört habe, müsse dies als gutes Zeichen gewertet werden.

Freddi beruhigte sich ein bisschen, nicht so sehr, weil die Argumente sie überzeugten, sondern eher, weil die Nähe der beiden vertrauten Frauen eine beruhigende Wirkung auf sie hatte. Sie kehrte also ein wenig bestärkt nach Schaffhausen zurück und versuchte, wie immer, eine geduldige und heitere Fassade aufzusetzen.

Erst fünf Monate später kam eine Feldpostkarte von Moritz an, der kurz schrieb, dass es ihm am neuen Standort gut gehe und sie sich keine Sorgen machen sollten.

Freddi wusste, dass die Beschränkungen der Militärzensur es Moritz nicht ermöglicht hatten, ausführlicher zu schreiben, doch da die Karte einen Poststempel der Stadt Aachen trug, folgerte sie, dass sein Bataillon vom Osten an die Westfront verlegt worden war. Neben der Erleichterung darüber, dass Moritz wohlauf zu sein schien, war Freddi nun zutiefst beunruhigt – die heftigen Kämpfe an der Westfront hatten Unmengen von Opfern gefordert, und um die militärische Lage der deutschen Armee dort stand es äußerst schlecht.

Doch das Leben ging weiter. Helmut würde bald seinen sechsten Geburtstag feiern und nach dem Sommer im Dorf zur Grundschule gehen. Die Abwesenheit von Moritz und die Lage zu Hause hatten den Jungen früh reifen lassen. Helmut bemühte sich, so gut er konnte; er kümmerte sich um den kleinen Gemüsegarten, den Freddi angelegt hatte, und um den Hühnerstall, der der Familie frische Eier lieferte, und half auch bei der Hausarbeit. Er hatte kein großes Interesse an seiner kleinen Schwester; trotzdem passte er mitunter auf sie auf und unterhielt sie mit Spielen und Geschichten. Die restliche Zeit verbrachte er mit seinen zahlreichen Freunden. Er war ein großer, kräftiger Junge mit blauen Augen und goldbraunem Haar und hatte ein volles, gutmütiges Gesicht. Er war kontaktfreudig und freundete sich mühelos mit den anderen Dorfkindern an.

Im Gegensatz zu ihrem Bruder hatte die kleine Ruth große braune Augen. Ihr feines braunes Haar, das spät angefangen hatte zu wachsen, reichte ihr mittlerweile schon bis zur Schulter. Sie war ebenfalls groß für ihr Alter, flink, lebhaft und nicht sehr gehorsam. Meistens rannte sie im Haus herum und bedrängte die Großen mit Fragen, die stets mit dem Wörtchen „Warum?“ begannen. Am Liebsten saß sie in der Küche neben Großmutter Anna und sah ihr beim Kochen oder Backen zu; dabei öffnete sie die Türen des Küchenschranks und holte aus diesem alles heraus, was ihr nicht zu schwer war. Wenn Anna dann anmerkte, dass es wichtig sei, Ordnung zu halten, besonders in der Küche, musterte Ruth sie mit ihren großen braunen Augen und nickte leicht mit dem Kopf. Bei diesem

Anblick wäre wohl jede Großmutter weich geworden. Dann ließ Anna gewöhnlich all ihre Arbeiten stehen, setzte sich neben die Kleine auf den Boden und half ihr dabei, alles wieder an seinen Platz zurückzustellen. Die Abwesenheit ihres Vaters und die vielen Sorgen ihrer Mutter trugen dazu bei, dass sich das Band zwischen Ruth und Anna mit der Zeit noch vertiefte.

Wenige Monate nach Erhalt der Karte, die von der Verlegung des Bataillons an die Westfront zeugte, traf ein weiterer Brief ein, diesmal mit dem Poststempel von Köln. Moritz teilte mit, dass für ihn der Krieg beendet sei, nachdem er einen Granatsplitter im Rücken abbekommen hatte, und dass er momentan im Krankenhaus von Köln lag. Er schrieb, dass es ihm gut ging und dass er nach der Entlassung aus dem Krankenhaus auf einen langen Genesungsaufenthalt in der Heimat hoffe.

Freddi reagierte mit gemischten Gefühlen auf die Nachricht; die Freude, endlich ein Lebenszeichen von Moritz zu erhalten, und die Hoffnung, dass er tatsächlich bald nach Hause zurückkehren würde, mischte sich mit der Sorge um die Verwundung ihres Mannes. Wieder fuhr sie nach Lautbach, diesmal, um vom dortigen Postamt im Kölner Krankenhaus anzurufen. Nach langen Bemühungen und endlosem Übergang zwischen verschiedenen Zentralen gelang es ihr schließlich, mit Moritz persönlich zu sprechen.

Das Gespräch der beiden verlief nüchtern.

Moritz wollte wissen, wie es seiner Mutter ging und wie das Geschäft lief, danach erkundigte er sich nach den Kindern. Freddi berichtete, dass alle wohlauf seien, wollte mehr über seine Verwundung erfahren und fragte ihn, wann er wohl nach Hause kommen würde. Moritz erwiderte, dass die Wunde heile und dass er bald aus Krankenhaus und Armee entlassen würde.

Nach dem Telefongespräch suchte Freddi Tante Rachel auf, bei der sie auch Helene antraf, und überbrachte den beiden Frauen die letzten Neuigkeiten.

Mit ihrem feinen Gespür merkte Rachel, dass Freddi keine echte Freude über die soeben vernommene Kunde verspürte, doch sie sagte nichts.

Innerlich fragte sie sich, ob möglicherweise die lange Trennung zwischen den Ehepartnern auch zu einem emotionalen Abstand geführt hatte. Sie wusste, dass eine anhaltende Trennung in schweren Situationen, besonders vor dem grausamen Hintergrund des Kriegsgeschehens, eine zerstörerische Wirkung auf die Paarbeziehung haben konnte. Während der zwei Jahre, in denen Freddi und Moritz getrennt waren, hatte jeder von ihnen ein ganz unterschiedliches Leben gelebt, und beide hatten sich neue und eigenständige Rahmen aufgebaut, die keinen Bezug zum Partner hatten und von ihm unabhängig waren. Auch vor dem Krieg hatte zwischen den beiden keine große Liebe geblüht – aus der Eheanbahnung waren Zuneigung und gemeinsame Verantwortung gewachsen, nicht zu vergleichen mit dem Band der Liebe, das zwischen Rachel und ihrem Max bestand: eine im jungen Alter erwachte Verbindung, die sich zu echter Liebe und ewiger Freundschaft entwickelt hatte. Rachel seufzte und beschloss, ihre Sorgen für sich zu behalten, vielleicht lag sie ja falsch.

Auch Freddi behielt ihre wahren Gefühle für sich und demonstrierte nach außen hin ihre Freude darüber, dass Moritz der Hölle des Krieges entronnen war, vermischt mit dem Kummer über seine Verwundung.

Am Abend kam Freddi nach Hause und teilte die guten Nachrichten mit ihren Lieben. Anna seufzte erleichtert auf, Helmut klatschte in die Hände vor Freude und Ruth bedrängte ihre Mutter, wie es so ihre Gewohnheit war, mit Fragen über ihren Vater, den sie fast nur von Fotos und Erzählungen kannte. Den Frauen war mit Bedauern bewusst, dass Moritz' letzter Besuch keinen allzu tiefen Eindruck bei den Kindern hinterlassen hatte.

Anna und Freddi versuchten, aus der bevorstehenden Rückkehr von Moritz Mut zu schöpfen und hofften auf das Ende des Großen Krieges. Doch die Anzeichen waren alles andere als ermutigend: Auch nach nahezu vier Jahren Krieg, Millionen von gefallenen und verwundeten Soldaten und bitterem Mangel war das Ende noch nicht abzusehen. Die Zeitungen waren voller hochmütiger Phrasen über den großen Sieg an der Ostfront, die nach dem Waffenstillstandsabkommen mit der „Russischen Sowjetrepublik" ruhig war, während die Presse über das, was sich an der Westfront abspielte, kaum berichtete. Doch die Welle der Gerüchte zeugte von schweren Niederlagen Deutschlands, nachdem die USA auf der Seite der Alliierten in den Krieg eingegriffen hatten.

Moritz wurde vor dem Pessachfest auf unbegrenzten Genesungsaufenthalt nach Hause entlassen. Seine Verwundung war nicht lebensgefährlich – ein Granatsplitter war in seinen Rücken gedrungen und hatte den rechten Lungenflügel aufgerissen. Glücklicherweise war er sofort in ein Feldlazarett abtransportiert worden, wo er operiert und die Lunge verschlossen wurde, und war dann zur weiteren Behandlung in ein ziviles Krankenhaus nach Köln gebracht worden.

Die Rückkehr des verwundeten Soldaten, der einen „Heimatschuss" abbekommen hatte, erregte großes Aufsehen im Dorf. Ein Militärfahrzeug hatte ihn vom Lautbacher Bahnhof bis zum Dorf gefahren, wo er mit Applaus empfangen wurde. Moritz stieg aus dem Wagen, in Uniform gekleidet, umarmte und küsste Anna und danach Freddi. Seine Kinder versteckten sich hinter dem Rock ihrer Mutter und hatten es nicht eilig, sich auf den Mann zu stürzen, der da aus dem Auto gestiegen war. Helmut war vor Aufregung ganz rot im Gesicht, verhielt sich aber so, wie sich seinem Verständnis nach ein Mann verhielt – er streckte seine Hand aus, um die Hand des Vaters zu schütteln. Moritz drückte Helmuts Hand mit breitem Lächeln und umarmte seinen Sohn, wobei er seine Tränen nicht unterdrücken konnte. Nun wandte er sich Ruth zu, die unbeweglich dastand, die großen braunen Augen auf ihn geheftet. Moritz ging in die Knie und streckte seine Hand nach ihr aus, damit sie zu ihm käme, doch sie bewegte sich nicht. Mit verwundertem Blick sah sie zu ihrer Mutter auf, so als wolle sie fragen: „Wer ist der Mann?" Freddi nickte ihr ermunternd zu, und schließlich erlaubte die Kleine ihrem Vater, sie an sich zu ziehen, doch sie erwiderte seine Umarmung nicht.

In den folgenden Tagen versuchten alle Mitglieder der kleinen Familie, in einen normalen Alltag zurückzufinden, was ihnen nicht wirklich gelang.

Das Haus war voller Gäste, die kamen, um Moritz zu begrüßen und Nachrichten von der Front zu hören, und Moritz erzählte immer wieder, was er erlebt und erlitten hatte. Seine Schilderungen mündeten alsbald in Diskussionen und Debatten über die Lage und darüber, was nach dem Krieg zu erwarten sei.

Von Zeit zu Zeit verstummte Moritz, sein Blick schweifte verloren im Raum, und es war ihm anzumerken, dass die traumatischen Erlebnisse der letzten Monate tiefe Spuren in ihm hinterlassen hatten.

Freddi hoffte, dass Moritz mit der Rückkehr nach Hause, dank der familiären Wärme, den Kindern und der ländlichen Idylle, seine deprimierte Stimmung mit der Zeit überwinden und wieder der Mann werden würde, der er vor dem Krieg gewesen war: lustig, gesellig und unbekümmert. Doch ihre Hoffnungen erfüllten sich nicht. Der vom Kampfschauplatz heimgekehrte Moritz war ein apathischer, in sich gekehrter und ungewöhnlich stiller Mensch.

Auch die eheliche Vertrautheit schien völlig ausgehöhlt. Als treu ergebene Frau tat Freddi alles, um die Paarbeziehung neu zu beleben, doch im Innern spürte sie, dass Moritz' emotionale Stumpfheit auf sie abfärbte und dass es ihr immer schwerer fiel, Kräfte zu mobilisieren, um ihre Beziehung wieder auf das rechte Gleis zu bringen.

Sie begann sich zu fragen, ob ihre Gefühle für Moritz sich im Laufe der Zeit verändert hatten, ob die kleine Liebesflamme, die sie für ihn empfunden hatte, unmerklich verblasst war, und ob das verbleibende Gefühl mehr war als Loyalität der Familie gegenüber und ihr mütterliches Verantwortungsgefühl.

Diese Gedanken plagten Freddi sehr, doch sie teilte sie mit niemandem und beschloss, in ihren Anstrengungen, für eine heile Familienatmosphäre zu sorgen, weiterzumachen.

Moritz war seinerseits nicht weniger beunruhigt. Doch seine Beziehung zu Freddi beschäftigte ihn weniger als die Sorge um die Zukunft. Die Dinge, die er gesehen, und die Gerüchte, die er gehört hatte, deuteten auf eine weitere Verschlechterung der Lage hin. Seine alten Ängste befielen ihn wieder. Doch seine Sorge um den Unterhalt der Familie war zweitrangig gegenüber dem Grauen davor, dass er kurz davor war, seine Unabhängigkeit wieder zu verlieren. Er wusste, dass seine Mutter und Freddi auch ohne ihn auskommen würden, doch was würde aus seiner Freiheit? Diese Befürchtungen bereiteten ihm schlaflose Nächte. Zu seinem Glück ermöglichte ihm Freddi, zu seinen Viehgeschäften zurückzukehren, an denen ihm aufgrund der Bewegungsfreiheit, die sie ihm boten, so viel lag. Mit der Zeit kehrte die altgewohnte Routine in ihr Leben zurück, in einem verzweifelten Versuch, die Klüfte zwischen ihnen zu überbrücken und das Kriegstrauma zu beseitigen. Doch Moritz war nicht mehr er selbst.

Moritz sprach mit niemandem über die entsetzlichen Geschehen, die er auf dem Schlachtfeld hatte mit ansehen müssen. Freddi und seine Mutter waren in seinen Augen nicht die passenden Ansprechpartner – sie waren schließlich Frauen, die sich nicht in die Lage eines Soldaten hineinversetzen konnten.

Seine alten Freunde traf er gewöhnlich nur am Stammtisch im Beisein zahlreicher anderer trinkender und debattierender Bekannter; es gelang ihm nicht, die notwendige Nähe herzustellen, die es ihm ermöglicht hätte, sein Herz auszuschütten. Doch seine Bedrängnis nahm zu, und Moritz spürte, dass er sich jemandem anvertrauen musste. Sein Stolz hinderte ihn daran, mit einem seiner Verwandten oder mit einem Bekannten aus dem Dorf zu reden – er wusste, das Gerücht würde sich in Windeseile verbreiten, und er würde umgehend als erbärmlich und schwach abgestempelt. Das kam für ihn nicht infrage. Er wollte seinen Ruf erhalten, sein Ansehen als gediegener und geachteter Mann bewahren, als wohletablierter und ernsthafter Familienvater gelten.

Der Ausweg fand sich zufällig, nachdem Moritz ins benachbarte Dorf Schulhoff gekommen war, um eine Kuh zum Schlachten zu kaufen. Der Bauer Walter Koch, der die Kuh zum Verkauf anbot, lud ihn zum Geschäftsabschluss in sein Haus ein. Nachdem das Geschäft mittels Händedruck und Geldübergabe abgeschlossen war, setzten sich die beiden zu einem Plausch mit einem kühlen Bierchen an den Tisch. Kochs Tochter Gretchen servierte ihnen Erfrischungen und verschwand nach ein paar Höflichkeitsfloskeln wieder. Moritz war tief von ihr beeindruckt. Gretchen war ein hübsches junges Mädchen mit einem etwas breiten Gesicht und hellen blauen Augen; sie trug ihr langes blondes Haar zu einem Zopf geflochten, der über ihren Rücken hinabhing. Sie hatte schmale, anmutig gezeichnete Lippen und einen fülligen, geschmeidigen Körper. Moritz unterdrückte schnell seine Gedanken und hoffte, dass Koch nicht die leichte Röte bemerkte, die sich von seinem Hals aus über sein Gesicht ausgebreitet hatte, hob sein Bierglas und prostete dem Bauern zu. Nach einem kurzen Gespräch über örtliche Belange sprach Koch ihn auf seine Kriegserlebnisse an und wollte wissen, wo er gedient hatte. Moritz erzählte ihm, dass er eineinhalb Jahre lang an der Ostfront unweit Bialystok stationiert gewesen war und dass sein Regiment im Juni 1917 an die Westfront versetzt wurde – direkt in den schrecklichen Grabenkrieg hinein.

„Das Leben an der Ostfront war noch einigermaßen erträglich", sagte Moritz mit leiser Stimme, die seinen inneren Aufruhr verbarg, „die russische Armee war schwach und die Kämpferei hielt sich noch in Grenzen … aber im Westen", Moritz stockte und ein Seufzer kam aus seiner Brust, „im Westen war es die reinste Hölle."

Koch entging nicht, wie aufgewühlt Moritz war, und fragte ihn, ob er des Nachts Albträume habe und ob er mit jemandem über seine Erlebnisse gesprochen habe. Moritz antwortete nicht. Er zog sich in seinem Stuhl zusammen, hielt verkrampft das Bierglas mit beiden Händen und senkte den Blick zu Boden. Koch wartete ein wenig und dann sagte er: „Sie sind doch nicht der Einzige, der unter seinen Kriegserlebnissen leidet. Es gibt Männer, die sind noch schlimmer dran und verlieren sogar ihren Verstand dabei ... Sie sollten etwas unternehmen, bevor Sie verrückt werden."

Moritz zuckte mit den Achseln, hob seine Augen und flüsterte: „Da ist niemand, mit dem ich reden kann. Ich befürchte, das ganze Dorf wird über mich lachen."

„Das versteh ich", sagte Koch, „vielleicht sollten Sie mit jemandem reden, der nicht aus Ihrem Dorf ist. Sie wissen, manchmal ist es leichter, mit einem Fremden zu reden."

„Sehen Sie", antwortete Moritz, „ich bin Jude, und wem auch immer ich mich anvertrauen würde – sofort würde die ganze Gemeinde in unserer Gegend davon erfahren, und davor graut mir."

„Mein lieber Moritz, die Juden sind doch seit Generationen ein Teil von uns, es gibt doch keine echten Probleme zwischen den Völkern, die ohnehin Seite an Seite im Krieg gekämpft haben, oder? Wer sagt denn, dass Sie ausgerechnet mit einem Juden reden müssen?"

Moritz nippte langsam an seinem Bier, verarbeitete im Kopf den Gedanken, und je länger er darüber nachdachte, desto weniger Gründe fand er, ihn auszuschlagen.

„Wer könnte denn dafür infrage kommen? Jemand, der mir fremd ist, aber doch vertrauenswürdig? Alle kennen mich doch von den Wirtshäusern und den Festen ..."

Koch zündete gemächlich die Pfeife an, die in seiner Hand bereitgelegen hatte; auch er brauchte ein wenig Zeit, um seine Gedanken zu ordnen. Er zog genussvoll den aromatischen Rauch ein, legte die Pfeife dann auf den Pfeifenständer auf dem Tisch, sah Moritz in die Augen, lächelte und sagte: „Kennen Sie Pfarrer Mannstein? Er hat vor Kurzem den alten Pastor Müller abgelöst, der in den Ruhestand gegangen ist und nach Kassel gezogen ist. Mannstein ist jung, er ist ehrlich und anständig ... Ich schätze ihn als einen gebildeten und offenen Mann, der Sie verstehen könnte."

„Das scheint mir zu passen. Sind Sie bereit, uns bekannt zu machen?"

„Aber sicher. Wir trinken unser Bierchen aus und dann gehen wir zu ihm, er wohnt ja gleich neben der Kirche."

Bevor die Männer aufbrachen, kam Gretchen noch einmal herein, um die Gläser abzuräumen. Sie lächelte Moritz freundlich zu und blickte ihm direkt in die Augen, so als wisse sie, was ihm vorher durch den Kopf gegangen war. Moritz spürte, dass er wieder errötete. Er stand hastig auf und zog seinen Mantel an, sagte „Danke und auf Wiedersehen" und folgte Koch aus dem Haus.

Pfarrer Mannstein war in Moritz' Alter, allerdings um einen Kopf größer. Er empfing die beiden Männer herzlich, bemüht, seine leichte Überraschung angesichts des unangekündigten Besuches zu verbergen. Koch erläuterte in kurzen Worten das Problem, und der Pfarrer erklärte sich sofort bereit, Moritz diskret zu treffen, wann immer dieser nach Schulhoff kommen sollte. Der junge Geistliche betonte dabei, dass ihre Treffen keinen religiösen Aspekt haben würden und dass er sie als Teil der zwischenmenschlichen Beziehungen betrachte. Er erzählte Moritz, dass er viel über den jüdischen Glauben und über die Geschichte des jüdischen Volkes gelernt hatte; als gläubiger Christ und als Pfarrer sah er im Judentum die ältere Schwester und die Quelle des Christentums. Moritz war sehr beeindruckt von dem Mann und verspürte unmittelbar eine große Erleichterung, die sich auch auf seinem Gesicht abzeichnete. Walter Koch erkannte, dass seine Mission erfüllt war, stand auf, verabschiedete sich von den beiden Männern und ging seines Weges.

Im Laufe der folgenden Monate kamen, wie vereinbart, mehrere Treffen zwischen Moritz und dem Pfarrer zustande. Sie saßen dabei in einem kleinen Nebenraum in der Kirche, und Moritz erzählte und erzählte und wurde endlich die schrecklichen Erinnerungen an den Großen Krieg los. Pfarrer Mannstein war zwar kein katholischer Priester, doch er saß still da und hörte Moritz geduldig an, wie es in der Beichte geschieht; ab und zu fügte er eine Frage ein, damit das Gespräch nicht stecken blieb, und war froh, dass er dem gequälten Mann helfen konnte. Die Zusammenkünfte und Gespräche brachten die beiden einander näher. Moritz spürte bald, dass der Pfarrer ein wahrer Seelenfreund war, und Pfarrer Mannstein war von der natürlichen Persönlichkeit Moritz' fasziniert.

Im Laufe der Zeit verminderten sich die Gespräche über die Schrecken des Krieges, und an ihre Stelle traten andere Themen. Die Freundschaft zwischen den beiden Männern sollte viele Jahre lang andauern, bis zum tragischen Ende.

Der Große Krieg endete mit einer für Deutschland erniedrigenden Waffenstillstandsvereinbarung, und im Juni 1919 wurde der Versailler Vertrag unterzeichnet – ein Vertrag, der französische Besatzungstruppen in verschiedenen Teilen des Deutschen Reiches beließ und dieses zu enormen Reparationszahlungen verpflichtete. Doch die deutsche Wirtschaft lag am Boden, sodass es von Anfang an unmöglich war, die Bedingungen des Vertrages einzuhalten.

Deutschland war in Aufruhr, der Kaiser musste abdanken und ging ins Exil und die politische Lage wurde unberechenbar. In den großen Städten kam es zu massenhaften Ausschreitungen, die Wirtschaft brach zusammen und das Geld verlor immer mehr an Wert. Überall in Deutschland war die Not spürbar, auch in Schaffhausen.

Es wurde bald unmöglich, die Metzgerei zu betreiben – der Preis eines

Stückes Fleisch konnte in wenigen Stunden um ein Tausendfaches steigen – und unzählige Geschäfte mussten geschlossen werden.

Die Menschen versuchten, ein Gütertauschsystem zu organisieren und Lebensmittel gegen Lebensmittel zu tauschen. Darüber hinausgehende Ziele hatte in dieser Zeit niemand, zumindest so lange nicht, wie die allgemeine Lage so verheerend war.

Freddi bemühte sich, ein entspanntes Zuhause aufrechtzuerhalten, das nicht von Mangelgefühlen geprägt war: Der familiäre Gemüsegarten lieferte Grünzeug, von dem sie einen Teil gegen Getreide eintauschen konnte, Eier wurden gegen Obst getauscht, Kleidung wurde unter den Familien im Dorf weitergegeben, und abgetragene Kleidungsstücke wurden geflickt und zur erneuten Verwendung bereitgemacht. Freddis Familie in Lautbach versorgte die Goldbergs mit Schuhen und anderen Lederwaren, und nach außen hin schien alles seine Ordnung zu haben.

Helmut ging jetzt bereits zur Schule – nur Ruth war weiterhin zu Hause, da die Kindergärten immer noch geschlossen waren.

Zwei Jahre nach Kriegsende begannen die staatlichen Institutionen allmählich wieder zu funktionieren. Die republikanische Regierung, die erste in der Geschichte Deutschlands, stabilisierte sich, die zerstörte Industrie erholte sich langsam, und nur die hohe Inflation gefährdete weiterhin die deutsche Wirtschaft. Mittels Einführung der Rentenmark, die durch Grundschuld auf deutschen Boden und Anlagekapital gedeckt war, konnte auch diese schließlich erfolgreich gedämmt werden.

Trotz der insgesamt leicht verbesserten Lage kamen die Geschäfte von Moritz nicht recht in Schwung. Die Metzgerei sorgte nur für einen kümmerlichen Lebensunterhalt. In seiner Tätigkeit als Viehhändler bemühte sich Moritz, sowohl für die Familienmetzgerei als auch für andere Betriebe, die niemanden hatten, der die umliegenden Dörfer durchstreifen konnte, Fleisch zu erstehen.

Freddi beklagte sich nicht. Sie akzeptierte das Bedürfnis von Moritz, in freier Natur unterwegs zu sein und nicht den ganzen Tag im Laden „eingesperrt“ zu sein. Sie war sich auch dessen bewusst, dass seine seelische

Verfassung weiterhin labil war, denn die traumatischen Erfahrungen des Krieges ließen ihn nicht los.

Doch sie wollte daran glauben, dass die Zeit und die Unterstützung der Familie seine Wunden heilen würden.

Moritz indes fürchtete die ständige Verpflichtung und hatte Angst, Verantwortung zu übernehmen; er suchte nach einem Ausweg, indem er sich in etwas Neues flüchtete.

Nicht einmal seine Beziehung zu den Kindern war stark genug, um ihn zu halten. Die langen Jahre der Trennung und die Furcht vor dauerhafter Bindung und langfristigen Verpflichtungen taten das Ihre. Tatsächlich war das einzige Band, das ihn immer wieder nach Hause zurückzog, seine starke emotionale Bindung zu seiner Mutter Anna.

Moritz fuhr nun unter geschäftlichem Deckmantel oft nach Schulhoff, hauptsächlich aus zwei Gründen: Da waren zum einen seine vertraulichen Gespräche mit Pfarrer Mannstein und zum anderen – das Verlangen, Kontakt mit Gretchen, Walter Kochs Tochter, aufzunehmen, zu der er sich heftig hingezogen fühlte.

Das mochte daran liegen, dass sie das genaue Gegenteil von Freddi war; doch sie war auch zwanzig Jahre jünger als er – warum sollte ein junges Mädchen wie sie Interesse daran haben, sich mit ihm abzugeben, einem verheirateten Mann und Familienvater?

Moritz hatte nichts, was er ihr hätte bieten können, weder Aussehen noch Reichtum – doch schon in den Sprüchen Salomos heißt es ja: „Drei sind mir zu wundersam, und vier verstehe ich nicht: des Adlers Weg am Himmel, der Schlange Weg auf dem Felsen, des Schiffes Weg mitten im Meer und des Mannes Weg beim Weibe“ (Sprüche 30,18).

Moritz freundete sich mit Walter Koch an und besuchte diesen nun öfter zu Hause. Dank seiner Kriegsgeschichten, seiner aufgedrehten Stimmung und seines persönlichen Charmes gelang es ihm dabei, auch Gretchens Aufmerksamkeit zu erregen. Eines Tages bot er an, sie auf seinem Motorrad ins Nachbardorf zu bringen, wo sie eine Freundin besuchen wollte. Sie sagte erfreut zu, und während der Fahrt plauderten die beiden gut gelaunt miteinander. Bevor sie sich trennten, lud Moritz Gretchen ein, mit ihm einen Abend im Wirtshaus eines benachbarten Dorfes zu verbringen, in dem eine nette Musikkapelle auftreten sollte. Gretchen willigte ein und die beiden verabredeten sich.

In den folgenden Wochen häuften sich die Zusammentreffen der beiden, und es wurde zunehmend schwieriger, sie geheim zu halten. In Schulhoff fingen die Leute an zu reden.

Die Mitglieder der örtlichen jüdischen Gemeinde waren besonders aufgewühlt angesichts der Romanze – Moritz gab sich nicht nur mit einer Nichtjüdin ab, er war ein verheirateter Mann, der ganz offen eine Liebesaffäre hatte. Über die jüdische Gemeinde verbreitete sich das Gerücht in den umliegenden Dörfern, doch niemand hatte den Mut, Anna oder Freddi einzuweihen, bis dass es so schien, als seien sie die Einzigen, die nichts von der Sache mitbekommen hatten.

Als Moritz anfing, auch des Nachts von zu Hause wegzubleiben, erwachte schließlich Annas Verdacht. Sie nutzte die erstbeste Gelegenheit, bei der sie mit ihm alleine war, und fragte ihn unverblümt nach seinem nächtlichen Treiben. Moritz versuchte auszuweichen, doch Anna ließ nicht nach und verlangte eine ehrliche Antwort von ihm – andernfalls, so drohte sie, würde sie Freddi verständigen, nicht bevor sie bei ihren Freundinnen nachfragen würde, was diesen über sein Tun bekannt sei.

Moritz gab sich nicht geschlagen, behauptete, dass ihre Unterstellungen ihrer Einbildung entsprängen und dass er aufgrund seiner Handelstätigkeit gezwungen sei, ab und zu in verschiedenen Herbergen der Umgegend zu übernachten.

Doch Moritz' Argumente konnten Anna nicht wirklich überzeugen, und sie begann mit eigenen Nachforschungen. Es dauerte nicht lange und sie fand heraus, was in aller Munde war. Die Kunde war ein harter Schlag für sie. Sie hatte geglaubt, dass Moritz erwachsen geworden war und gelernt hatte, Verantwortung zu übernehmen, doch wie sich jetzt herausstellte, waren seine Schwächen mächtiger als die Realität und der Lebenswandel, dem er sich versucht hatte anzupassen. Sie wusste, dass – würde Moritz nicht rasch zur Einsicht kommen – eine große Krise bevorstand.

Freddi spürte, dass etwas in der Luft lag – Moritz mied schon länger ihren Blick, und Anna sah blass aus, ihre Augen hatten den Glanz verloren und ab und zu, wenn sie mit den Enkeln spielte, sah Freddi Tränen in ihren Augen.

Sie wusste, dass es keinen Sinn hatte, Moritz in der Sache zu befragen – er hatte immer aalglatte Antworten bereit und würde die Rede sofort auf ein spaßiges Thema lenken.

So wartete sie auf einen geeigneten Moment und fragte Anna direkt: „Was geht hier vor? Ich spüre, dass etwas vorgeht ..."

Anna brach in Tränen aus und Freddi fragte sofort: „Es hat mit Moritz zu tun, nicht wahr?"

„Oh mein Mädchen, wie soll ich dir das denn erzählen? Wie kann ich dir das sagen … mein Herz bricht, ich spüre schon seit ein paar Tagen den Druck auf dem Herzen ..."

„Vielleicht ist es am einfachsten, die Wahrheit zu sagen."

„Aber die Wahrheit ist zu schlimm, und ich weiß nicht weiter, rede du mit Moritz, er soll es dir erklären ..."

„Du weißt doch, dass Moritz solchen Gesprächen aus dem Weg geht, bitte, Anna, lass mich nicht in diesem Zustand der Unwissenheit. Das ist nicht recht mir gegenüber und ganz besonders nicht gegenüber den Kindern."

Annas Weinen wurde heftiger. Erst nach mehreren Minuten gelang es ihr, sich ein wenig zu beruhigen, und sie sagte mit erstickter Stimme: „Meine Freddi, er hat eine in Schulhoff … Alle reden darüber, nur wir wussten von nichts."

Freddi spürte, wie ihr das Blut aus dem Gesicht wich, eine Kältewelle lief durch ihren Körper, und ihre Füße trugen sie nicht mehr. Sie setzte sich hastig, bedeckte ihren Mund mit den Händen, blickte Anna mit weit aufgerissenen Augen an und schrie in einer ihr fremden Stimme: „Warum hast du mir das nicht erzählt? Was mache ich denn jetzt?"

Anna setzte sich ihr gegenüber und sah sie stumm an. Freddi begriff auf einmal, was es mit dem häufigen Verschwinden von Moritz, seinem ausweichenden Blick und der gleichgültigen Haltung ihr und den Kindern gegenüber auf sich gehabt hatte, und ein bitteres Gefühl der Demütigung erfüllte ihr Herz.

In der ihr eigenen Sachlichkeit sagte sie zu Anna: „Ich werde nicht mit

Moritz darüber reden; noch heute nehme ich die Kinder und fahre nach Lautbach; wenn er reden möchte, soll er zu mir kommen."

Insgeheim bewunderte Anna die Entschlossenheit der jungen Frau, doch der Gedanke, dass sie von ihren Enkelkindern getrennt werden würde und sie diese nicht mehr täglich sehen konnte, brach ihr das Herz.

Als die Kinder mittags nach Hause kamen und sich an den Mittagstisch setzten, hörten sie verwundert, dass eine dringende Fahrt nach Lautbach bevorstand.

Der gehorsame Helmut stellte keine Fragen, doch er verstand sehr wohl, dass etwas Ernstes passiert war, denn er sah seine Großmutter mit traurigem Blick im Sessel sitzen; ganz entgegen ihrer Gewohnheit sagte sie kein Wort. Auch seine Mutter erschien heute verändert, sie war blass, ihre Augen waren gerötet und ihre Hände zitterten.

Doch die wissbegierige Ruth blickte ihre Mutter und ihre Großmutter an und fragte sofort: „Warum habt ihr geweint?" Freddi antwortete: „Wir haben nicht geweint, wir sind nur traurig, und deswegen fahren wir nach Lautbach."

Diese Antwort befriedigte Ruth zwar nicht, doch sie begriff, dass dies eine außergewöhnliche Lage war und dass sie ihre Fragen besser für später aufschob.

Sie fuhren nach Lautbach, zu Freddis Elternhaus.

Helene empfing ihre Schwester und die Kinder warmherzig und richtete sofort das Haus für einen längeren Aufenthalt her. Wie alle anderen wusste auch sie Bescheid und versicherte Freddi, dass sie und die Kinder so lange bleiben könnten, wie sie wünschten.

Derweil versuchte Anna, ihre ganze Überzeugungskraft aufzubieten, um Druck auf Moritz auszuüben, sich von Gretchen zu trennen, nach Lautbach zu fahren und Freddi um Vergebung zu bitten – damit diese vielleicht noch einmal gewillt wäre, nach Hause zurückzukommen.

Zunächst versuchte Moritz, seine Affäre entrüstet abzustreiten. Doch sehr schnell erkannte er, dass seine Mutter es diesmal ernst meinte und dass er dem Problem auf diese Art und Weise nicht ausweichen konnte.

In gewohnter Art suchte er krampfhaft nach weiteren Ausreden und Fluchtwegen, doch ohne Erfolg. Anna bestand darauf, dass er alles tun müsse, um Freddi und die Kinder wieder nach Hause zu bringen. Sie gab ihm zu verstehen, dass ihr Leben ohne die Enkelkinder kein Leben mehr sei und dass sie die wenigen Jahre, die ihr noch verblieben, nicht in einer solch beschämenden Lage verbringen wolle.

Moritz wusste weder ein noch aus. Seine neue Liebschaft hatte jeglichen Rest von Gefühl, den er Freddi und den Kindern gegenüber empfunden hatte, erstickt.

Er fühlte sich in der Falle und weigerte sich, zu versprechen, dass er Gretchen verlassen und Freddi zurückholen werde. Doch Anna gab nicht auf, und nach drei Tagen anhaltender Streitereien bestiegen die beiden einen Wagen, um nach Lautbach zu fahren.

Im Haus von Onkel Max setzten sich alle Erwachsenen um den Tisch, mit der Absicht, den Hausfrieden wiederherzustellen.

Anna sprach als Erste: „Das Wichtigste im Leben ist die Familie. Es geht hier um zwei kleine Kinder, und deshalb flehe ich dich an, meine Freddi, dass du die Kraft aufbringst, zu vergeben und nach Hause zurückzukehren. Moritz hat mir versprochen, sich von diesem Mädchen zu trennen und alles zu tun, um dich zufriedenzustellen und dich zu versöhnen für den schrecklichen Fehler, der er begangen hat."

Alle Augen richteten sich auf Moritz, doch der saß mit gesenktem Kopf da und sagte kein Wort.

Rachel wandte sich an Freddi und fragte sie: „Was sagst du dazu?"

Freddi saß aufrecht und bleich am Tisch. Sie blickte Moritz direkt an und sagte: „Ich will es von Moritz hören und nicht von Vermittlern, wobei er mir in die Augen sehen soll ... dass seine Affäre ein Fehler war und dass er mit ganzem Herzen zu seiner Familie zurückkommt." Sie blickte ihn weiterhin an, eine Reaktion erwartend, doch diese blieb aus. Moritz rührte sich nicht und blieb stumm.

Anna erhob sich, rüttelte ihn an den Schultern und schrie ihn an: „Du hast es mir doch versprochen, was ist mit dir los? Du weißt, wie krank ich bin, willst du mich umbringen?"

Der sonst so ruhige und gelassene Max hämmerte mit den Fäusten auf den Tisch und brüllte: „Moritz, du warst Soldat im Krieg und hast nicht den Mut, deiner Frau in die Augen zu sehen? Wo ist deine Verantwortung den Kindern gegenüber? Nun antworte schon – so oder so!!"

Moritz stand unter Druck. Er hob den Kopf, doch nicht hoch genug, um seiner Frau in die Augen blicken zu können, und sagte mit heiserer Stimme: „Es tut mir leid, es ist halt so passiert, eins hat zum anderen geführt und ich habe mich halt hinreißen lassen ..."

Max bohrte nach: „Was willst du damit sagen? Hast du dich so hinreißen lassen, dass es nicht mehr gutzumachen ist? Oder wirst du die Affäre beenden und zu deiner Familie zurückkehren?"

Schweigen.

Anna wurde wütend. „Er versucht, sich wie immer jeder Verantwortung zu entziehen. Sag schon, was gesagt werden muss, zu was sind wir hierhergekommen?"

Freddi brach in nervöses Lachen aus und sagte: „Er will anscheinend nicht, aber wie gewohnt hat er nicht den Mut, es zuzugeben. Diesmal musst du aber, Moritz; du wirst hier nicht wegkommen, bevor ich nicht weiß, wie es um mich steht, kapierst du das?"

Rachel saß still dabei, musterte die Anwesenden und las mit ihrem feinen Gespür deren Körpersprache. Schließlich schüttelte sie leicht den Kopf, so als wäre sie zu einer Einsicht gelangt, und sagte: „Moritz, du bist ein Lügner und hinterhältig und verheimlichst auch weiter allen die Wahrheit, auch deiner Mutter. Du solltest dich schämen! Mach schon den Mund auf, aber diesmal sag die Wahrheit!"

Wieder breitete sich angespannte Stille aus, Moritz wand sich auf seinem Stuhl, so als wolle er in diesem verschwinden.

Anna, erregt, bleich wie Kreide und mit kaltem Schweiß bedeckt, sprang auf und verabreichte Moritz eine schallende Ohrfeige. „Mach schon den Mund auf, du elender Wurm!"

Der verblüffte Moritz stieß aus, ohne nachzudenken: „Gretchen ist schwanger, ich kann nicht nach Hause zurückkommen."

Anna wurde ohnmächtig und sackte in sich zusammen. Tumult brach aus, Rachel eilte, ein Glas Wasser zu holen, und half der unglücklichen

Frau, das Bewusstsein wiederzuerlangen. Freddi blieb sprachlos auf ihrem Stuhl sitzen. Einige Minuten später erhob sie sich, nahm ihren Mantel und verließ das Haus.

Allmählich wurde Anna wieder ansprechbar. Moritz half ihr aufzustehen, und die beiden gingen stillschweigend und kehrten nach Schaffhausen zurück.

Bei Überreichung des Scheidebriefes kam es zu einem einzigen weiteren Treffen zwischen Freddi und Moritz – danach sahen sie einander nie wieder.

Die Kinder bekamen ihren Vater, nachdem sie Schaffhausen verlassen hatten, nicht wieder zu Gesicht, und Moritz unternahm keinerlei Anstrengungen, sie noch einmal wiederzusehen, obgleich dies unter den Scheidungsbedingungen möglich gewesen wäre.

Freddi nahm ihren Mädchennamen Katzenstein wieder an und zog ihre Kinder alleine auf, jede Erinnerung an deren Vater auslöschend – selbst sein Name wurde nie mehr erwähnt.

Einige Jahre später verließen Helene, Freddi und die Kinder das Städtchen Lautbach und zogen nach Essen ins Ruhrgebiet, wo sie mit Unterstützung von Max ein Schuhgeschäft aufmachten.

5 Schulhoff

Die Trennung von seinen Kindern bereitete Moritz keine sonderlichen Gewissensbisse, im Gegenteil, er nahm die Scheidung mit großer Erleichterung hin. Sie befreite ihn von der Last, seine Familie ernähren zu müssen, und auch seine Affäre musste nicht länger geheim gehalten werden. Insgeheim gestand er sich ein, dass er Freddi nie geliebt hatte und dass ihm seine Kinder, wenngleich sie niedlich und gut erzogen waren und er echte Zuneigung zu ihnen verspürte, vor allem lästig waren.

Ja, Moritz mochte tatsächlich keinerlei Art von Verpflichtung. Aus seiner Sicht war er in dem Moment, in dem er seiner Frau den Scheidebrief ausgehändigt hatte, einer höchst unangenehmen Situation entkommen, und es begann für ihn ein neues Leben. Er beschäftigte sich mit der Leitung der Metzgerei und hoffte, dass ihm trotz der schwachen Wirtschaftslage noch gute Zeiten bevorstanden.

Im Gegensatz zu Moritz verlor Anna zusehends ihre Lebenslust.

Schwere Krankheiten suchten sie heim, ihre Kräfte waren erschöpft und sie versank in tiefe Depressionen. Die Trennung von ihrer geliebten Schwiegertochter und von ihren Enkeln, die ihr unendlich viel bedeuteten, war ein tödlicher Schlag für sie. Sie verbrachte ihre Tage im Bett und wartete nur noch darauf, dass der Tod sie aus ihrem Leiden erlöse.

Moritz versuchte, die Fortsetzung seiner Liebesaffäre vor seiner Mutter zu verbergen, doch Gretchen forderte, dass er sie heirate, und wieder einmal fühlte sich Moritz in die Ecke gedrängt.

Er wusste, dass eine Heirat mit dem nicht jüdischen Mädchen seine Mutter zutiefst verletzen würde und versuchte daher, die Hochzeit unter verschiedenen Vorwänden immer wieder aufzuschieben. Doch eines Tages erschien Gretchen im Metzgerladen und drohte Moritz, ihn zu verlassen, sollte er sie nicht noch in diesem Monat heiraten.

Moritz konnte von Glück reden, dass gerade keine Kunden im Laden waren. Er breitete hilflos seine Hände aus und sagte: „Mein Liebstes, du siehst doch, wie schlecht die Lage ist, was hat es denn für einen Sinn, dass wir heiraten, wenn ich dich nicht anständig ernähren kann? Lass uns noch ein wenig warten, die Wirtschaftslage wird sich verbessern, und dann feiern wir eine Riesenhochzeit, über die sie in allen Dörfern reden werden!"

Gretchen reagierte wütend. Sie nahm einen Knochen von der Theke, warf ihn in Moritz' Richtung und schrie ihn an: „Kein Problem, ich warte, so lange es nötig ist, aber bis dass du nicht mit einem Ring bei mir erscheinst, wage es ja nicht, mir nahezukommen!"

Moritz war froh, Zeit gewonnen zu haben, um sein weiteres Vorgehen überdenken zu können. Doch die Wirtschaftslage verbesserte sich nicht, im Gegenteil, es ging weiter bergab.

Anna begann über Schmerzen im Brustbereich zu klagen und hatte oft Atembeschwerden. Moritz rief bei seiner Schwester Rachel an, die mit ihrer Familie in Kassel lebte, und bat sie, nach Schaffhausen zu kommen, um ihm bei der Betreuung der kranken Mutter zu helfen. Doch seine Schwester – die ihren Bruder nur allzu gut kannte – verweigerte sich seiner Bitte unter dem Vorwand, dass sie ihre kleinen Kinder nicht zurücklassen könne.

Rachel war Moritz böse wegen all dem, was er seiner Frau und seiner Mutter angetan hatte, und wegen der Schande, die er über die Familie gebracht hatte. Sie hatte den Verdacht, dass er versuchen würde, sich der Verantwortung für die Situation, die er selbst herbeigeführt hatte, zu entledigen, und sie dazu bringen wollte, sein Versagen zu vertuschen. Dazu war sie nicht bereit. Es reichte ihr. Schließlich war ein Hauptgrund dafür, dass sie bis nach Kassel gezogen war, der Wunsch gewesen, sich von dem einengenden Elternhaus zu lösen, von ihrer unterwürfigen Mutter, die sich nur um Moritz sorgte und sie vernachlässigt hatte, und natürlich auch von dem verantwortungslosen Bruder.

Ein halbes Jahr nach Moritz' Scheidung verstarb Anna und fand ihre letzte Ruhestätte auf dem jüdischen Friedhof des Dorfes, neben den Gräbern ihres Mannes Robert und ihrer Schwiegermutter Regina. Rachel erschien zur Beerdigung und fuhr gleich danach zurück nach Kassel.

Bruder und Schwester wussten nicht, dass dies das letzte Mal sein sollte, dass sie einander sehen würden.

Am Tag nach Annas Beerdigung erwachte Moritz mit einem schmerzhaften Gefühl völliger Einsamkeit. Es schien, als strömten seine Ängste aus ihm heraus und hielten auch die wenigen Kunden fern, die ihm bislang treu geblieben waren.

Moritz erkannte, dass er – würde er keine neue Einnahmequelle ausfindig machen und eine Schulter finden, an die er sich anlehnen konnte – Gefahr lief, verrückt zu werden.

Am schlimmsten waren seine Nächte, in denen er stundenlang auf seinem Bett lag und nicht einschlafen konnte. Und wenn er schließlich vom Schlaf übermannt wurde, suchten ihn immer wieder die Gräuel des Krieges heim, und er wachte schluchzend und schweißgebadet auf.

In seiner Not beschloss Moritz, den Kontakt mit Gretchen wiederaufzunehmen.

Er holte das alte Motorrad aus dem Schuppen, reparierte es und brachte es instand, kaufte neue Reifen, lackierte den Fahrzeugrahmen weinrot und fuhr nach Schulhoff.

Zu seiner Überraschung hatte Gretchen tatsächlich auf ihn gewartet und nahm seinen erneuten Annäherungsversuch bereitwillig entgegen.

„Sie liebt mich anscheinend sehr“, dachte Moritz, und sein Selbstvertrauen kehrte zurück.

Er investierte in die erneuerte Beziehung all seine Energie und auch ein wenig Geld, natürlich auf Kosten des Metzgereibetriebs, nahm Gretchen mit auf Ausflüge in die Umgebung und fuhr sogar mit ihr nach Kassel, um mit ihr in der großen Stadt auszugehen.

Moritz war wieder der charmante Bursche und Lebenskünstler, und Gretchen war glücklich.

Es kam ihr gar nicht in den Sinn, dass all die neuerlichen Ausfahrten und Vergnügungen vor allem die wahre wirtschaftliche Situation von Moritz verschleiern sollten, der vor dem Bankrott stand.

Es dauerte nicht lange, bis dass Moritz einsah, dass er keine Wahl hatte, als den Laden zu schließen und seinen gesamten Besitz zu verkaufen – wenn er nicht mit schweren Schulden dastehen wollte.

Und so kam es, dass Moritz wenige Wochen nach dem Tod seiner Mutter unter seinen zahlreichen Bekannten im Dorf und der Umgebung die Kunde verbreitete, dass sein Haus sowie der dazugehörige Fleischerladen zum Verkauf ständen.

Innerhalb von zwei Wochen war das Haus verkauft. Der Erlös reichte, um die Schulden zu decken, und Moritz blieb noch ein kleines Vermögen, um seine unmittelbare Zukunft zu sichern.

Nun hatte er nichts mehr in Schaffhausen verloren.

Er entledigte sich der Pistole, die er seit Abbruch seines Wehrdienstes in einer Holzkiste verborgen gehalten hatte, packte ein paar Habseligkeiten in einen kleinen Koffer, verabschiedete sich von seinen Verwandten und Bekannten, startete das Motorrad und machte sich auf nach Schulhoff, ein neues Leben zu beginnen.

Gretchen war ein einfaches deutsches Mädchen von lückenhafter Bildung. Sie war fast nie aus ihrem Dorf herausgekommen und kannte sich nicht mit den Gepflogenheiten der Welt außerhalb ihres ländlichen Lebensbereiches aus.

Doch genau das gefiel Moritz – er hatte genug von seiner tüchtigen Frau, die mit Erfolg die Metzgerei geführt hatte, und von seiner Mutter, die sein Leben gelenkt hatte.

Das Verhalten der beiden Frauen war dabei nicht ungewöhnlich; es war damals nicht unüblich, dass jüdische Frauen die finanziellen Angelegenheiten der familiären Betriebe verwalteten. Ihre Männer, die oft während der gesamten Woche von einem Marktplatz zum nächsten zogen, waren dabei für die Abwicklung der Geschäfte und den Handel zuständig und hinterlegten ihre Geschäftseinnahmen bei den Frauen.

Bei den Nichtjuden in den ländlichen Gebieten, von denen die meisten Bauern und keine Händler waren, herrschte hingegen eine andere Arbeitsaufteilung vor. Die Frauen hatten nicht nur die Aufgabe, die Kinder zu erziehen und den Haushalt zu verwalten, sondern mussten nicht selten auch bei der Feldarbeit mit anpacken. Die Einkünfte aus der Landwirtschaft waren nicht gleichbleibend, sondern hingen von Ernte und Jahreszeit ab; die Männer waren diejenigen, die Ernte und landwirtschaftliche Produkte verkauften, und sie waren für den Finanzbereich verantwortlich.

Hieraus ergaben sich, zusätzlich zu den religiösen Differenzen, soziale und kulturelle Unterschiede zwischen der jüdischen und der christlichen deutschen Bevölkerung.

Beide Gesellschaften waren zwar patriarchalisch organisiert, doch bei den Juden führten die Frauen die Familien und die Männer die Gemeinde, während bei den Nichtjuden fast alle Lebensbereiche unter männlicher Kontrolle standen.

Es war also kein Wunder, dass sich die jüdischen Frauen im Wirtschaftsleben auskannten und mitunter auch gebildeter waren als ihre Männer, während die Bauersfrauen einen niedrigeren Status hatten und sowohl von der Familie als auch von der Gemeinschaft abhängig waren. Die meisten von ihnen waren ungebildet und sahen ihre Bestimmung darin, Kinder aufzuziehen, den Haushalt zu führen und ihren Ehemännern beizustehen.

Gretchens Familie nahm Moritz freundlich auf und beeilte sich, beim benachbarten Bauern ein Zimmer für ihn zu mieten. Das Signal war eindeutig: Es wurde von ihm erwartet, dass er sich zunächst einmal an seinem neuen Wohnort etwas aufbaute, bevor von einer Heirat geredet werden konnte.

Wie in Schaffhausen, bestand auch in Schulhoff eine etablierte jüdische Gemeinde, die jedoch wohlhabender war. In Schaffhausen lebten die meisten Juden weiterhin vom Viehhandel – ein Relikt der Beschränkungen, die der beruflichen Beschäftigung der Juden im Mittelalter auferlegt worden waren. In Schulhoff dagegen hatte bereits ein schrittweiser Übergang zu unterschiedlichen gewerblichen Bereichen stattgefunden, die sich über das Dorf hinaus in die benachbarten Dörfer und bis in die weiter entfernten Kreisstädte ausbreiteten. Die junge Generation zeigte Interesse für die sich rasch entwickelnde Industrie und an Berufen, die eine breite Ausbildung erforderten, und neigte daher dazu, das Dorf zu verlassen – zum Verdruss der Eltern. Die verbliebenen Juden waren in der Landwirtschaft und im Handel beschäftigt oder arbeiteten in der

Weberei von Familie Schulmann – ein großes modernes Werk, das viele der Dorfbewohner beschäftigte – zu besseren Bedingungen, als sie in der Landwirtschaft üblich waren.

Doch Moritz suchte den Abstand von der jüdischen Gemeinde, in der man natürlich genau über seine Scheidung Bescheid wusste. In den Augen der Gemeindemitglieder war die Tatsache, dass er seine Familie für ein einfaches, nicht jüdisches Mädchen verlassen hatte, unverzeihbar.

Insofern waren seine Aussichten, einen Arbeitsplatz in seinem Fachgebiet zu finden, stark eingeschränkt. Das Fleischerhandwerk und der Viehhandel waren ganz in den Händen jüdischer Familien, von denen keine mit dem treulosen Ehemann irgendetwas zu tun haben wollte. Eine Möglichkeit war, bei den Bauern oder den Handwerkern des Dorfes Arbeit zu finden, eine andere, in die Stadt zu ziehen und dort sein Glück zu suchen. Die zweite Alternative kam nicht wirklich infrage, da Moritz seine Beziehung zu Gretchen festigen wollte und befürchtete, dass ihre Familie eine Beschäftigung außerhalb des Dorfes, die ihn nur an den Wochenenden nach Hause kommen ließe, ablehnen würde.

Doch auch die erste Möglichkeit schien Moritz keine Lösung zu bieten.

Der Lohn eines Lehrlings oder Gesellen bei einem Handwerksmeister war niedrig und würde kaum ihn selbst ernähren, geschweige denn eine Frau und zukünftige Kinder.

Zudem würde die Ausbildung zum Handwerksmeister mindestens fünf Jahre in Anspruch nehmen, und Moritz hatte weder die Geduld noch das Durchhaltevermögen und die Disziplin für einen solch langwierigen Prozess.

Er beschloss also, sich seinen beruflichen Weg selbst zu ebnen. Moritz wusste, dass er über geschickte Hände, über Einfallsreichtum und technisches Wissen verfügte und daher Aushilfsarbeiten in Hülle und Fülle finden würde.

Bewaffnet mit seinem liebenswürdigen Temperament und seiner Fähigkeit, mit Leichtigkeit die Sympathien seines Gegenübers zu wecken, begann er, sich mit den nicht jüdischen Dorfbewohnern bekannt zu machen, plauderte mit ihnen und lernte so ihren Alltag mit seinen Problemen und kleineren Reibereien kennen. In kurzer Zeit gelang es ihm so, ein breites

Spektrum an Bedürfnissen auszumachen, das seinen eigenen Vorhaben und Einschränkungen entsprechen würde: Er fand heraus, dass bei den Dörflern Bedarf an Renovierungsarbeiten und kleineren Reparaturen in Haus und Hof bestand – Aufträge, die zu geringfügig waren, um einen Fachhandwerker von außerhalb des Dorfes zu bestellen.

Moritz erstand also das nötige Handwerkszeug und begann damit, in Schulhoff und Umgebung bei Bedarf und auf Bestellung Reparaturen aller Art durchzuführen.

Diese Beschäftigung brachte ihn den Dorfbewohnern so nahe, dass er in kurzer Zeit bei einigen von ihnen fast schon mit zur Familie gehörte. Er hatte es nie eilig und nahm sich immer Zeit für eine Tasse Kaffee oder ein Gläschen Schnaps, um in aller Ruhe mit seinem Gegenüber Dorf- und Weltangelegenheiten zu erörtern.

Das kleine Dorf Schulhoff war im 14. Jahrhundert gegründet worden, nachdem die Pest Deutschland verwüstet und einen tief greifenden Wandel in der mittelalterlichen Gesellschaft Europas ausgelöst hatte. Unter anderem kam es nach der Seuche zu einer Umstrukturierung der Feudalstruktur und der Landteilung. Die Bauern, die zunächst Pachtbauer waren, wurden später im Verlauf der Reformen des 18. Jahrhunderts zu Grundbesitzern.

Schulhoff lag auf einem niedrigen Hügel und hatte, wie alle anderen Dörfer der Region, eine Hauptstraße, an deren höchstem Punkt die Kirche stand; gleich daneben lag das Gebäude des Gemeinderates. Die Hauptstraße war so breit, dass ein Pferdewagen wenden konnte; von beiden Seiten zweigten schmalere Straßen ab, die in entgegengesetzte Richtungen führten, gesäumt von Bauernhäusern mit kleinen Höfen.

Die Häuser in Schulhoff waren sich alle recht ähnlich; sie waren aus lokalem Stein gebaut und trugen rote Ziegeldächer. Die meisten Häuser in der Hauptstraße gehörten verschiedenen Dienstleistern und beherbergten zumeist ein Geschäft im Erdgeschoss und Familienwohnungen im oberen Stockwerk. Hier wohnten die meisten Juden Schulhoffs, und diejenigen unter ihnen, die ihr Haus selbst gebaut hatten, hatten es von den Häusern ihrer nicht jüdischen Nachbarn abgesondert, indem sie den oberen Teil des

Daches an der der Straße zugewandten Seite gestutzt hatten. Jeder jüdische Reisende, der zufällig durch das Dorf kam, wusste so Bescheid, wo Juden wohnten, und konnte um Übernachtung oder eine Mahlzeit anfragen.

Die Hauptstraße war beidseitig von Platanen gesäumt, zwischen denen Blumenbeete angelegt waren. Auch die Häuser selbst zierten Blumenkästen mit Geranien, die im Winter drinnen gehalten wurden und im Sommer farbenprächtig vor den Häusern hingen.

Schulhoff lag auf einem niedrigen Hügel, und am Ende der Hauptstraße, gen Osten, stand die Anfang des 19. Jahrhunderts erbaute jüdische Synagoge. Gegenüber der Synagoge erhob sich ein großes modernes Gebäude – das größte im ganzen Dorf – es war vom Jüdischen Frauenverband errichtet worden und diente den Dorfkindern als Kindergarten.

An der Nordseite des Dorfes, entlang der Straße, die zu den Feldern führte, lagen am Hang zwei Friedhöfe, ein christlicher und ein jüdischer Friedhof. Schulmanns Weberei befand sich etwas außerhalb des Dorfes an der Straße, die nach Lautbach führte.

Nach wenigen Monaten in Schulhoff hatte sich eine annehmliche Routine eingestellt; Moritz erfreute sich einer geordneten Unterkunft, reichlichen Einkommens und wachsender Zuneigung vonseiten Gretchens Familie.

Er begegnete den Eltern seiner Geliebten immer mit Respekt, und jedes Mal, wenn er zum Abendessen oder einem anderen Anlass eingeladen wurde, brachte er ein angemessenes Präsent mit: eine Flasche Wein oder Schnaps, ein Schweinerippchen und – in der Saison – einen frischen Blumenstrauß.

Moritz und Gretchen hatten keine gemeinsamen Freunde, da Moritz sich mit seinen vierundvierzig Jahren unter den Jugendfreunden Gretchens, die um die zwanzig Jahre jünger waren als er, nicht wohlfühlte. Doch auch Gretchen fühlte sich unbehaglich in der Gesellschaft ihrer Freundinnen, die bereits verheiratet waren und Kinder hatten.

Moritz verzichtete seinerseits auf seine liebe Gewohnheit, bei einem Glas Bier im Wirtshaus zu sitzen, denn die Gespräche in den Kneipen drehten sich nur noch um düstere Themen wie die schwierige Wirtschaftslage, die schlimmen Kriegsverluste und die unübersichtliche politische Situation. Moritz dagegen suchte den Problemen zu entkommen und vermied es daher, sich an den Debatten zu beteiligen. Alle wussten, dass er Soldat im Infanterieregiment der Region gewesen war, dass er an der Westfront gekämpft hatte und dort gegen Ende des Krieges verwundet worden war. Er hatte den respektablen Rang eines Unteroffiziers und für seine Teilnahme an den Schlachten das „Eiserne Kreuz" erhalten.

Die Männer im Dorf schätzten die Errungenschaften des neuen Bewohners und respektierten seinen Wunsch, nicht über seine Erlebnisse vom Schlachtfeld zu sprechen.

Während also die anderen ehemaligen Frontkämpfer zusammensaßen und in ihren Heldentaten schwelgten, verschanzte Moritz sich hinter seinem Schweigen und nippte mit ausdruckslosem Gesicht an seinem Bier. Er wollte vergessen, was er in den Kriegsjahren erlebt hatte, als er von seiner Familie getrennt war, im Schlamm der Schützengräben versank und sein Bestes tat, sich vor dem schweren Beschuss zu schützen; sich nicht als Erster in einem sinnlosen Angriff auf die Stacheldrahtzäune zu stürzen, welche die deutschen Truppen von den französischen trennten. Insgeheim war er dankbar für die Verwundung, die seine schnelle Bergung vom Schlachtfeld und seinen Transport ins Krankenhaus nach Köln erforderlich gemacht hatten.

Und so zogen Moritz und Gretchen – jeder von ihnen aus seinen eigenen Gründen – es vor, sich außerhalb des Dorfes zu vergnügen, und nutzten Moritz' Motorrad zu etlichen Fahrten und Ausflügen in die nahe und ferne Umgebung.

Besonders gern wanderten sie am Flussufer der Eder entlang, um in der Natur ein Picknick zu machen; dazu wählten sie stets abgelegene Stellen und verbrachten lange Stunden in vertrauter Zweisamkeit.

Die Region war für ihre schöne Landschaft bekannt und zog Touristen aus aller Ferne an, doch diese bevorzugten die Dörfer nahe der Talsperre, in denen es zahlreiche Herbergen, Schankstuben und Cafés gab. Moritz, der die Musik und den Tanz liebte, zog es in die Städte, wo Musikkapellen in Tanzhallen spielten, doch Gretchen fühlte sich minderwertig den städtischen Mädchen gegenüber und konnte sich für diese Art von Vergnügen nicht erwärmen, sodass Moritz klein beigeben musste.

Doch was Gretchen mehr als alles andere zu schaffen machte, war ihr Bedürfnis, die Beziehung mit Moritz amtlich zu machen, zu heiraten und wie alle anderen Kinder zu bekommen. Moritz dagegen hatte es nicht eilig; er hatte bereits Erfahrung mit dieser Situation und wusste im Grunde genommen, dass er nicht zum soliden Familienvater geschaffen war. Darum lehnte er ihre Bitte immer wieder mit den unterschiedlichsten Argumenten ab, wie zum Beispiel der Notwendigkeit, sich zunächst wirtschaftlich zu etablieren, oder mit der religiösen Komplexität einer Eheschließung. Er wusste, dass Gretchens Familie auf einer kirchlich-katholischen Trauung bestehen würde. Sie gehörte zu einer katholischen Minderheit in einer Region, in der die evangelisch-lutherische Glaubensrichtung vorherrschte, und daher war es ihnen besonders wichtig, die Tradition beizubehalten.

Ein paar weitere Monate vergingen, und die Ausreden von Moritz verloren ihre Überzeugungskraft. Moritz wusste, dass er eine Entscheidung treffen musste. Wie immer fiel ihm dies schwer, und er begann darüber nachzudenken, wie er sich der peinlichen Situation entziehen konnte.

Einerseits war eine reale Flucht vor der Entscheidung für ihn die bevorzugte Lösung, und fast hätte er diese auch gewählt. Andererseits war da kein Ort, an den er sich hätte zurückziehen können; seine Familie mied ihn, seine alten Freunde waren sesshaft geworden und hatten sich von ihm entfernt, und wenn er den Zufluchtsort verlassen würde, den er sich mittlerweile in Schulhoff geschaffen hatte, wäre er zum Leben eines mittellosen Vagabunden verdammt.

Das Leben hat seine eigene Macht und schafft nicht selten Situationen, in die der Mensch unbeabsichtigt hineinschlittert; in diesem Fall ist es am leichtesten, sich passiv vom Strom mitziehen zu lassen und das, was „Schicksal" genannt wird, anzunehmen; nämlich das Resultat zu akzeptieren, das uns von Umständen vorgeschrieben wird, auf die wir keinen Einfluss haben. Dies ermöglicht es dem Menschen, sich weiterhin passiv zu verhalten und dabei vielleicht sogar im Leben erfolgreich zu sein.

So ging es auch Moritz, und zwar aus dem einfachen Grund, dass Gretchen schwanger wurde – und diesmal war ihre Schwangerschaft echt und kein Vorwand für die Trennung von Freddi.

Obwohl Moritz kurz der Gedanke kam, dass sie vielleicht der Schwangerschaft ein wenig nachgeholfen hatte, war er ihr nicht böse, im Gegenteil – die neue Sachlage nahm ihm die Last der Entscheidungsfindung ab und diente ihm als Rechtfertigung, sich in seinem Leben weiter treiben zu lassen.

Gretchens Schwangerschaft erzwang eine frühestmögliche Hochzeit, und diese fand an einem bewölkten Herbstsonntag in einer Nebenkapelle der Dorfkirche statt, im Beisein von Gretchens Verwandtschaft. Die Trauung wurde von Pfarrer Mannstein vorgenommen, der ein Freund der Familie war und Moritz von ihren Zwiegesprächen nach dem Krieg gut kannte und die Zeremonie zugunsten beider Seiten in aller Stille vornahm.

Gretchen und ihre Familie waren nicht sehr religiös; die Hauptsache war für sie eine traditionelle Hochzeitszeremonie. Moritz hatte nichts dagegen. Seine Zugehörigkeit zum Judentum war eine rein formelle Angelegenheit, er war nicht religiös und unterhielt ohnehin keine Verbindung zur örtlichen jüdischen Gemeinde. Außerdem hatte er die jüdischen Hochzeitszeremonien – vor allem seine Scheidungszeremonie – nicht in guter Erinnerung, und Moritz machte ungern den gleichen Fehler zweimal.

Ihm schien, dass sich die Dinge nun zum Guten wenden würden: Gretchen war glücklich, ihre Familie war zufrieden, seine Schwierigkeiten lagen hinter ihm, und der Weg in ein neues Leben war geebnet.

Nach der Trauungszeremonie in der Kirche und der Registrierung der Ehe im Gemeinderegister kehrte das frische Paar ins Elternhaus der Braut zurück und die feuchtfröhliche Hochzeitsgesellschaft feierte mit einem üppigen Hochzeitsmahl.

Moritz verließ das Zimmer, das er im Nachbargehöft gemietet hatte, und das Paar erhielt im Dachgeschoss des Familienhauses Koch eine eigene Wohneinheit. Die Wohnung war zwar klein und bestand nur aus zwei Zimmern und einer Toilette – doch sie genügte ihren Bedürfnissen. Die Möglichkeit, im Haus der Familie zu wohnen, ersparte dem Paar die Ausgaben für Haushaltskosten und Lebensmittel.

Moritz war bemüht, sich so wenig wie möglich zu Hause aufzuhalten, und verbrachte den Großteil des Tages außer Haus bei Erledigung seiner Aufträge und ging abends früh schlafen. Er bot sich freiwillig an, alle anfallenden Reparaturen an Haus und Hof zu erledigen, und stellte sich auch für alle saisonbedingten Arbeiten zur Verfügung, die den Einsatz sämtlicher Arbeitskräfte verlangten. So gewann er bald die Zuneigung der gesamten Familie.

Gretchens Vater Walter war Landwirt, der Nutztiere hielt und Zuckerrüben anbaute. Seine Felder erstreckten sich am Hang eines flachen Hügels nördlich von Schulhoff. Er hatte Hof und Äcker von seinem Vater geerbt und beabsichtigte, sie einst seinem Sohn Jürgen zu vermachen, der noch keine achtzehn Jahre alt war.

Gretchen war glücklich. Endlich hatte sie eine eigene Familie und war unter ihren Freundinnen im Dorf kein Ausnahmefall mehr. Sie war zwar schon dreiundzwanzig und die meisten ihrer Freundinnen waren längst verheiratet, doch sie würde noch genug Zeit haben, um Kinder zu gebären. Der große Altersunterschied zwischen ihr und ihrem Mann störte sie nicht. Es war üblich, dass ein Mann erst heiratete, nachdem er sich eine solide finanzielle Grundlage geschaffen hatte – durch Gründung eines eigenen Unternehmens oder nachdem er einen Bauernhof geerbt hatte.

Und nun waren sie eine Familie, die die Geburt ihres ersten Kindes erwartete.

Als die Saison der Rübenernte ihrem Ende zuging und das hektische Treiben ein wenig nachließ, wurde Moritz und Gretchen ein kleines Mädchen geboren, das nach Gretchens Großmutter Waldtraud genannt wurde. Moritz war ein wenig enttäuscht, dass es kein Sohn war, ging aber schnell zur Tagesordnung über. Die Geburt seiner Tochter weckte in ihm Erinnerungen an seine Kinder aus erster Ehe, die er bereits mehrere Jahre lang nicht mehr gesehen hatte.

Für einen Moment kam ihm der Gedanke, sich auf sein Motorrad zu schwingen und die kurze Strecke zwischen den Dörfern hinter sich zu legen, um sie wiederzusehen, doch sofort kamen bittere Erinnerungen an die Zeit vor der Scheidung in ihm hoch und Gewissensbisse ob seines Verhaltens, sodass er den Gedanken, den Kontakt zu seinen Kindern zu erneuern, schnellstens wieder verwarf.

Zur Freude der gesamten Familie ähnelte das Baby seiner Mutter und entwickelte sich schnell zu einem gesunden und anmutigen Mädchen.

Endlich konnte auch Gretchen mit Kinderwagen im Dorf spazieren gehen und allen ihre kleine Tochter zeigen. Sie erneuerte den Kontakt zu ihren verheirateten Freundinnen, und die jungen Frauen trafen sich mal bei dieser, mal bei jener, tranken Kaffee, aßen Kuchen, besprachen Fragen der Kindererziehung und Klatschgeschichten aus dem Dorf.

Eine Weile lang verlief Moritz' und Gretchens Familienleben reibungslos, und beide waren zufrieden: Sie ging in der Mutterschaft auf und er erfreute sich wieder größerer Unabhängigkeit.

Gretchen war jetzt mit der Kleinen beschäftigt und interessierte sich weniger für sein Treiben, sodass Moritz wieder öfter in das lokale Wirtshaus ging, ein paar Bierchen trank und mit den anderen Männern die Lage in Deutschland und die regionalen Probleme diskutierte.

Die Wirtschaftslage war weiterhin schwierig, obwohl die Große Inflation gedämmt war und das Leben allmählich wieder in normale Bahnen zurückkehrte.

Doch das demokratische Regime – die erste parlamentarische Demokratie in der Geschichte Deutschlands – hatte sich noch nicht fest etabliert, und die meisten Bürger standen der Neuordnung fremd gegenüber. Es fiel ihnen schwer, sich von der alten Ordnung zu lösen, in der jeder seinen Platz in der Hierarchie kannte und seine Stellung willig akzeptierte.

Wie die meisten Juden unterstützte Moritz die neue politische Ordnung, in der er eine Fortsetzung der Reformprozesse sah, die zu Beginn des 19. Jahrhunderts begonnen hatten und Deutschland in einem kontinuierlichen Prozess von einem feudalen Agrarstaat zu einem modernen und liberalen Industriestaat gemacht hatten.

Mitunter erinnerte sich Moritz seiner eigenen Familiengeschichte:

Seine Vorfahren hatten im Getto von Kassel gelebt und ihre Erwerbsmöglichkeiten waren auf den Vieh- und Fellhandel beschränkt. Allabendlich wurden die Tore des Gettos verschlossen, niemand kam heraus und niemand herein. Sein Urgroßvater war der Erste seiner Familie gewesen, der das Getto verlassen hatte und die Erlaubnis bekam, sich in Schaffhausen anzusiedeln und dort ein Haus zu kaufen. Von nun an konnte er den Lebensunterhalt an seinem Wohnsitz verdienen und war nicht mehr gezwungen, die ganze Woche lang von Dorf zu Dorf zu ziehen, weit weg von der Familie, und erst zum Schabbat wieder nach Hause zu kommen.

Der Umschwung hatte schon Ende des 18. Jahrhunderts begonnen – auf Initiative des Kurfürsten von Hessen, der die Moderne verstand –, wurde aber erst unter Napoleon rechtsverbindlich, der die fortschrittliche Gesetzgebung der Französischen Revolution in allen Staaten Europas unter seiner Herrschaft verfügt hatte. Damals hatte auch die jüdische Emanzipation begonnen.

Der Emanzipationsprozess war wie ein Flaschengeist, der seit Hunderten von Jahren in einer Flasche eingesperrt war und plötzlich aus ihr befreit wurde.

Innerhalb von zwei Generationen wurden die Juden von einer mittellosen und verfolgten Minderheit zu einer gebildeten und etablierten Gemeinschaft, die bald zu einem zentralen Bestandteil der deutschen Mittelschicht wurde.

Trotz institutioneller Diskriminierung, die sie sowohl in den Universitäten als auch bei der Aufnahme in Regierungspositionen weiterhin behinderte, dominierten die Juden in Arbeitsgebieten wie der Medizin, des Rechts, des Bankwesens und Handels.

In den ländlichen Gebieten erstanden die Juden nun auch Häuser inmitten der Dörfer, und in vielen Orten war die Straße, die von der Kirche geradeaus zur Hauptstraße führte, die jüdische Straße.

Die Metzgerei der Familie Goldberg war 1790 vom Urgroßvater der Familie gegründet worden. Der Aufbruch der Familie aus dem Getto markierte den Weg für weitere Familien, und bald war in Schaffhausen eine kleine Gemeinde von ungefähr zwanzig Familien entstanden. Sie hatten weder einen eigenen Rabbiner noch einen Schlächter oder Mohel[15].

Diese kamen bei Bedarf aus der Kreisstadt Lautbach. Die Juden von

15 Ein **Mohel** (hebräisch) ist ein Fachmann, der die männliche Beschneidung nach jüdischer Sitte vollzieht. Die Ausbildung dazu dauert mehrere Jahre und erfolgt z. B. an großen Schulen in Israel.

Schaffhausen hatten nur eine einzige Thorarolle und einige wenige Gebetsbücher und Exemplare des Talmuds und pflegten im Schtiebel[16] zu beten.

Erst in den 30er-Jahren des 19. Jahrhunderts erhielten sie die Erlaubnis, ein eigenes Gotteshaus zu bauen. Moritz erinnerte sich der Geschichten über seinen Großvater und an die Spenden, die zum Bau der Synagoge unter den jüdischen Familien gesammelt worden waren.

Die Beziehungen mit den Nichtjuden waren gut, vielleicht weil sich die Juden in ihrer Kleidung und in ihrer Lebensweise nicht von den anderen Dorfbewohnern abhoben. Sie praktizierten eine typisch deutsche Lebensweise, waren nicht besonders religiös und pflegten ihre Gebräuche lediglich zu Hause und in der Synagoge.

In Schulhoff und in den anderen Dörfern der Region war die Entwicklung ähnlich verlaufen.

Die kleine Familie von Moritz, Gretchen und Waldtraud fügte sich in die Familie Koch und in die umgebende dörfliche Gemeinschaft ein und lebte ein ruhiges Leben. Moritz führte alle Arten von Reparaturen und Ausbesserungsarbeiten aus, und Gretchen arbeitete als Kindergartenhelferin im Kindergarten, während die kleine Waldtraud in ihrer Nähe war, was bequem für alle Beteiligten war.

Doch die Ruhe und das friedliche Leben im Dorf sollten nicht von langer Dauer sein.

Die politische Wende im Land führte alsbald zur Errichtung einer Niederlassung der Nationalsozialistischen Deutschen Arbeiterpartei, mit Unterstützung einer kleinen Minderheit von Dorfbewohnern, doch dies war genug, um die bestehende Harmonie im Dorf zu erschüttern.

Die Juden waren die Ersten, die sich unwohl fühlten, hielten sich jedoch mit einer Reaktion zurück, in der Hoffnung, dass die trübe Welle abflauen würde, nachdem alle begreifen würden, dass auch sie, wie alle anderen, patriotische deutsche Bürger waren. Die meisten christlichen Bewohner missbilligten die Eröffnung der Parteifiliale, wegen der Feindseligkeit,

16 **Schtiebel** (jiddisch – wörtlich „kleine Stube") – Betraum, abgesonderter Raum in Privathäusern oder Geschäftsräumen, der zu Gebetsandachten benutzt wird.

die die Nationalsozialisten dem christlichen Establishment gegenüber an den Tag legten.

Moritz äußerte sich nicht zum Thema, damit keine der Seiten irgendeinen Vorwand gegen ihn geltend machen könnte. Er glaubte insgeheim, dass die nationalistische und antisemitische Welle mit der Verbesserung der Wirtschaftslage abebben würde; bis dahin war es das Beste, sich ruhig zu verhalten und abzuwarten. Abgesehen davon, sah er sich ohnehin nicht als Teil der jüdischen Gemeinde, und als ehemaliger Frontkämpfer mit Ehrenzeichen fühlte er sich in jeder Hinsicht als Deutscher, zumal seine Familie und alle seine Freunde Nichtjuden waren.

Er setzte sein Leben wie gewohnt fort, vergnügte sich im Wirtshaus und fuhr ab und zu mit dem Motorrad in die Nachbardörfer. Nur Lautbach mied Moritz, um nicht zufällig jemandem aus Freddis Familie zu begegnen oder – schlimmer noch – sie selbst oder eines seiner Kinder zu treffen. Seit der Scheidung waren nun schon mehrere Jahre vergangen, und Moritz war sich nicht einmal sicher, dass er sie wiedererkennen würde.

Er wusste nicht, dass Freddi und die Kinder mittlerweile in eine Großstadt gezogen waren und dass überhaupt keine Gefahr bestand, ihnen in Lautbach über den Weg zu laufen.

Von Zeit zu Zeit war er an der Organisation von Feiern zu verschiedenen Anlässen beteiligt und war dann entsprechend wenig zu Hause. Er vermied es, Gretchen an diesen Vergnügungen teilnehmen zu lassen, da er seine Freiheit behalten wollte. Als Ausrede schob er vor, dass jemand mit der kleinen Waldtraud daheimbleiben müsse und dass es sich für eine verheiratete Frau ohnehin nicht gehöre, sich in Vergnügungszentren herumzutreiben.

Waldtraud war nun schon fünf Jahre alt und Gretchen wünschte sich ein weiteres Kind, doch davon wollte Moritz nichts hören; er flüchtete sich stattdessen in geselliges Treiben. Dort fühlte er sich wohl, die Leute mochten ihn, er war der Mittelpunkt jeder geselligen Runde, derjenige, der dafür sorgte, dass alle ihren Spaß hatten, und der jede Menge Sprüche und Witze auf Lager hatte. Er machte auch Frauen wieder den Hof, ab und zu sogar mit Erfolg, aber gewiss nicht wegen seines Aussehens.

Mittlerweile hatten die Jahre ihre Spuren bei ihm hinterlassen: Sein ergrautes Haar wurde dünner, feine Fältchen bedeckten sein Gesicht, und sein Rücken war gebeugt. Moritz' Kleider waren abgetragen und verschlissen, die Schuhe waren steif und verformt. Wenn er, wie gewöhnlich, mit seinen leichten O-Beinen gemächlich durch die Straßen des Dorfes ging, schwankte sein Körper von einer Seite zur anderen. Auch seine finanzielle Situation hatte sich verschlechtert, und er musste seine Getränke sorgfältig berechnen.

Dennoch hatte Moritz weiterhin Charme, und die Frauen ignorierten sein Aussehen und genossen seine Gesellschaft und seine fröhliche Art. Nur selten kam es dabei zu einer intimen Beziehung, und auch in diesem Fall war es nie mehr als eine kurze und beiläufige Bekanntschaft, die sich nie auch nur zu einer kurzen Affäre entwickelte.

Moritz nahm seine oberflächlichen Beziehungen zum anderen Geschlecht nicht ernst und sah in ihnen auch keinen Bruch seiner Verpflichtung Gretchen gegenüber. Er hatte seine Lektion aus der Liebschaft mit ihr gelernt, infolgedessen seine erste Ehe in die Brüche gegangen war, und hütete sich davor, sich einer Frau zu verpflichten; von daher betrachtete er sein Verhalten auch nicht als Vertrauensbruch. Doch Gretchen konnte seine verschlungenen Gedankengänge nicht nachvollziehen, und als sie von den Klatschmäulern im Dorf erfuhr, dass sich ihr Mann häufig in diversen Gaststätten vergnügte – und nicht allein in männlicher Gesellschaft –, entbrannte ihre Eifersucht. Sie kannte Moritz' Schwäche allzu gut, hatte aber geglaubt, dass er sie überwunden hatte; schließlich war er nicht mehr jung und war zudem von ihr und ihrer Familie abhängig.

Gretchen brachte sein verändertes Verhalten nicht damit in Verbindung, dass er sich von ihr bedrängt fühlte, weil sie ihm mit ihrem Wunsch nach einem weiteren Kind keine Ruhe ließ; sie verstand auch nicht, dass er immer davonlief, wenn er das Gefühl hatte, Verantwortung für etwas übernehmen zu müssen – genau wie damals, als sie einander vor etlichen Jahren begegnet waren. Damals war er in ihre Arme geflüchtet, um der Einengung durch seine Frau zu entkommen – und nicht aus Liebe zu ihr, wie sie irrtümlicherweise geglaubt hatte.

Waldtraud war ein umgängliches und braves Mädchen mit blondem Haar und blauen Augen, immer bemüht, ihren Eltern zu gefallen, um Aufmerksamkeit und liebevolle Zuwendung zu bekommen. Sie war das Nesthäkchen im Hause der Kochs, und alle verwöhnten sie – alle außer ihr Vater. Moritz war gewöhnlich distanziert und begnügte sich mit einem leichten Tätscheln ihres blonden Schopfes, wenn er an ihr vorbeiging.

Die Kleine war verwirrt, denn sie war es gewohnt, im Zentrum der Aufmerksamkeit zu stehen, und verstand nicht, warum ihr Vater nicht liebevoller mit ihr umging.

Die Situation verstimmte sie sehr und steigerte noch ihre Versuche, seine Aufmerksamkeit zu erregen. Immer wieder versuchte sie, ihn in Spiele zu verwickeln, und bettelte ihn an, ihr Geschichten zu erzählen, doch Moritz drückte sich jedes Mal unter verschiedenen Vorwänden.

Er liebte seine hübsche Tochter, fürchtete jedoch, sich emotional an sie zu binden.

Er wusste nun bereits, dass Kinder Verantwortung und langfristige Belastung bedeuteten, und zog es vor, Abstand von ihr zu halten. Nur wenn die Bitten des Mädchens gar kein Ende nehmen wollten, nahm er sie manchmal auf den Schoß und erzählte ihr eine Geschichte. In jenen wenigen Augenblicken strahlte das Gesicht der kleinen Waldtraud, doch dieser Zeitvertreib dauerte nie länger als wenige Minuten, dann hatte Moritz genug und wandte sich wieder seinen anderen Beschäftigungen zu.

Auch Gretchen fiel die Distanz zwischen Moritz und Waldtraud auf. Zunächst meinte sie den Grund dafür in seiner Sehnsucht nach den Kindern aus seiner ersten Ehe zu finden, danach glaubte sie, er versuche der Tochter aus dem Weg zu gehen, weil sie ein weiteres Kind haben wollte. Gretchen war dazu erzogen worden, den Willen des Familienvaters zu respektieren, auch wenn sie nicht mit seinem Verhalten einverstanden war. Gleichzeitig hatte sie das Bedürfnis, ihre Tochter zu schützen und sie für den Mangel an väterlicher Liebe zu entschädigen. Im Laufe der Jahre fand sie sich damit ab, dass sie keine weiteren Kinder mehr haben würde, und die einzige Tochter war ihr ganzes Leben. Mutter und Tochter wurden in der eigenen Kleinfamilie zu einer Teilfamilie, die zusammenlebte und aufs Engste miteinander verbunden war, während der Vater gleich einem Satellit in der Ferne um sie herumkreiste.

Gretchens Eltern und ihre Brüder mischten sich nicht in die Beziehungen zwischen Moritz, seiner Frau und seiner Tochter ein und waren sich der Problematik, die sich in ihrem Familienleben entwickelte, nicht bewusst. Doch Walter Koch, der Familienvater, verspürte Moritz gegenüber zunehmende Geringschätzung. Er konnte nicht verstehen, dass sein jüdischer Schwiegersohn sich nicht „wie ein Jude benahm" und keine Geschäfte initiierte, um seine Familie anständig zu ernähren. Koch unterhielt ausgezeichnete Verbindungen zu seinen jüdischen Nachbarn und bewunderte deren Fähigkeit, weitverzweigte Geschäftsverbindungen herzustellen, neue Industriezweige zu entwickeln und mit dem Fortschritt zu gehen. Auch das gesellige Leben von Moritz war dem alten Koch schon lange ein Dorn im Auge. Als konservativer Mann vertrat er die Auffassung, dass ein ehrbarer Mann und Familienvater seiner Frau und seiner Familie treu zu sein habe und sich nicht etwa in Wirtshäusern herumtreiben und mit fremden Frauen flirten dürfe.

Koch wusste nur zu gut, dass Gretchen ihre Arbeitsstelle im Kindergarten dank seiner persönlichen Beziehungen bekommen hatte, und nicht Moritz' halber, der aus ihm unerklärlichen Gründen einen weiten Bogen um die Mitglieder der jüdischen Gemeinde machte.

Der örtliche Kindergarten, in dem alle Kinder des Dorfes betreut wurden, war ein Beispiel für die gute Einbindung der jüdischen Gemeinde in der Bevölkerung von Schulhoff und für ihre angesehene Stellung. Die Juden in Schulhoff unterhielten ein reges Gemeindeleben, und dabei auch diverse Sozialeinrichtungen, die dank der Spenden von wohlsituierten Gemeindemitgliedern mit Erfolg tätig waren. Anfang des 20. Jahrhunderts hatte der jüdische Frauenrat beschlossen, dass es ungebührlich sei, allein die jüdische Gemeinde zu unterstützen, und dass man zugunsten der Allgemeinheit tätig sein wolle. Auf seine Initiative hin wurde im Dorf das bislang größte Gebäude errichtet, das als Kindergarten allen Kindern im Dorf zugutekommen sollte. Der jüdische Frauenrat richtete außerdem einen Fonds ein, um die Finanzierung der Institution über Jahre hinweg sicherzustellen.

Dies war ein herausragendes Beispiel für das Engagement der Juden in der allgemeinen deutschen Gesellschaft und wurde von den Dorfbewohnern hoch geschätzt.

Im Januar 1933 wendete sich das Blatt.

Die nationalsozialistische Partei kam an die Macht, und innerhalb von einem Jahr wurde Deutschland von einem liberalen demokratischen Staat zu einer mörderischen und antisemitischen Diktatur. Die neuen Gesetze entzogen den Juden alle ihre Rechte, hinderten sie daran, ihren Lebensunterhalt zu verdienen, und untersagten Mischehen. Die meisten Juden in Schulhoff und Umgebung wollten es nicht wahrhaben, dass das fortschrittliche Deutschland zu den Gesetzen des Mittelalters zurückkehrte. Sie waren fest davon überzeugt, dass es sich um eine vorübergehende Phase handelte, dass die Nazis in kurzer Zeit der Macht enthoben würden und alles wieder so sein würde, wie es einmal war.

Die 1935 verabschiedete Gesetzesreihe, bekannt als „Nürnberger Gesetze", machte deutlich, dass ihre Lage schwieriger war, als sie angenommen hatten, und zwang die Juden nach mehr als einem Jahrhundert der Emanzipation, ihren Status in Deutschland neu zu überdenken. Etliche von ihnen erkannten die drohende Gefahr und ergriffen, wie schon Generationen von Juden vor ihnen, Maßnahmen, um sich zu schützen. Einige der jüdischen Familien im Dorf, an erster Stelle Familie Schulmann, liquidierten ihre Geschäfte, verkauften ihren Besitz und emigrierten aus Deutschland. Die Wohlhabenden gingen in die Vereinigten Staaten, wo ihnen ein Eigentumstitel verliehen wurde, die anderen reisten nach Südamerika, Südafrika und Australien.

Die Jugendlichen, die in zionistischen Jugendbewegungen tätig waren, wanderten zum Teil nach Palästina aus. In Schulhoff blieben nur fünf Familien zurück, die entweder nicht bereit waren, sich von ihrem Besitz zu trennen, oder zu alt, um in der Fremde ein neues Leben zu beginnen.

Der Kindergarten wurde weiterhin vom jüdischen Fonds finanziert. Obwohl die wohlhabenden Familien das Dorf verlassen hatten, blieb der Fonds noch viele Jahre aktiv.

Moritz war davon überzeugt, dass ihm aufgrund seiner Ehe mit einer Deutschen arischer Abstammung nichts passieren könne. Ohnehin hatte er keinen Besitz, den er hätte verlieren können. Die allgemeine Atmosphäre war angespannt, doch niemand dachte daran, Moritz' Dienste nicht mehr in Anspruch zu nehmen, nur weil er Jude war. Moritz galt als einer der ihren – einerseits wegen seiner Zugehörigkeit zur Familie Koch und andererseits, weil er sich schon immer demonstrativ von der jüdischen Gemeinde ferngehalten hatte.

Doch Gretchen sah dies anders.

Obgleich sie Katholikin war, entschloss sie sich, die Nürnberger Gesetze zu nutzen, um sich von Moritz scheiden zu lassen. Seine ewigen Frauengeschichten, seine lieblose Haltung ihrer Tochter gegenüber und sein emotionaler Rückzug von ihr waren stärker als ihre Befürchtungen, als geschiedene Frau in einem konservativen Dorf weiterzuleben.

Gretchen vertraute darauf, dass die Dorfbewohner sie verstehen und ihren Schritt sogar schätzen würden, wenn sie ihren Scheidungswunsch in den Nürnberger Gesetzen begründete.

Die einseitige Scheidung wurde in einem Ex-parte-Verfahren, also ohne Beteiligung von Moritz selbst, in einer Regierungsbehörde in Lautbach vorgenommen. Moritz verlor umgehend alle seine Bürgerrechte; er wurde nicht einmal aufgefordert, dem Verfahren zuzustimmen oder sich ihm zu widersetzen.

Nachdem Gretchen und ihr Vater nach Schulhoff zurückgekehrt waren, eröffnete Walter Koch seinem ehemaligen Schwiegersohn, dass er sofort das Haus zu verlassen habe, und verbot ihm, sich Gretchen oder Waldtraut noch einmal zu nähern.

Er warnte ihn, dass er ihn den Behörden melden würde, sollte Moritz versuchen, eine der beiden wiederzusehen – was zu Moritz' Inhaftierung in einem Konzentrationslager hätte führen können.

Moritz blieb keine Wahl. Er wandte sich an seine Freunde im Dorf mit der Bitte, ihm ein Zimmer zu vermieten. Schließlich war es Max Hartmann, der einwilligte und ihm einen Raum mit anliegender Toilette in einem Wirtschaftsgebäude gleich hinter seinem Haus vermietete.

Zu Gretchens Leidwesen nahmen die Dorfbewohner ihre Scheidung von Moritz nicht wohlwollend auf. Viele von ihnen waren der Ansicht, dass eine katholische Frau ihren Ehemann nicht verlassen dürfe, gleich aus welchem Grund.

Die Angst vor der nationalsozialistischen Obrigkeit verhinderte, dass die Angelegenheit zum Dorfgespräch wurde, doch die Bewohner drückten ihre Einstellung darin aus, dass sie Moritz zu Reparaturarbeiten bestellten und ihn großzügig bewirteten, während viele der Familie Koch die kalte Schulter zeigten.

Moritz passte sich rasch an die neue Realität an und tröstete sich sogar in der Annahme, dass er nun in einer besseren Lage sei. Die Zuneigung der Dorfbewohner machte ihm Mut, die zahlreichen Aufträge brachten ihm Geld ein und – vor allem – er war die Last der Verantwortung für seine Familie los und war wieder frei wie ein Vogel.

Doch es dauerte nicht lange, bis dass er einsehen musste, dass seine Freiheit ausgesprochen beschränkt war. Es war mittlerweile unangenehm geworden, sich außerhalb des Dorfes aufzuhalten, auch wenn er nicht den gelben Judenstern trug, wie das Gesetz es verlangte. In diesem Zusammenhang bewies Moritz großen Mut, eine Eigenschaft, die man ihm niemals zugemutet hätte. Er überraschte sogar sich selbst. Da er kein Besitztum hatte, allein arbeitete und auch kein Betrieb auf seinen Namen registriert war, agierte er tatsächlich unter dem Radar der Behörden, in aller Stille und ohne Aufmerksamkeit zu erregen. Er schloss sich in seiner eigenen kleinen Welt, in seinem Zimmer bei den Hartmanns ein und verließ es nur zur Arbeit und wenn er von seinen Freunden ausdrücklich eingeladen wurde, sich ihnen auf eine Runde Bier im Wirtshaus anzuschließen.

Die örtlichen Amtsträger waren zwar allesamt Mitglieder der Nazi-Partei, aber sie ließen Moritz, wie die anderen Dorfbewohner auch, in Frieden und verrieten ihn nicht.

Moritz unternahm keinen Versuch, mit Gretchen oder mit seiner Tochter Kontakt aufzunehmen. Wenn er sie ab und zu auf der Straße sah, ignorierten die beiden ihn vollkommen. Er begnügte sich mit dem Gedanken, dass es ihnen gut ging, und die Sorge um ihr Wohlergehen belastete sein Gewissen nicht weiter.

An seine erste Familie versuchte Moritz nicht zu denken.

Wenn es doch vorkam, dass Erinnerungen und Bilder seiner Kinder und Freddi vor seinem inneren Auge erschienen, beruhigte er sich mit dem Gedanken, dass die drei Deutschland gewiss längst verlassen hatten und dass es ihnen woanders viel besser ginge.

Nach der Olympiade von 1936, bei der die NSDAP bemüht war, die falsche Fassade eines ganz normalen europäischen Staates zu präsentieren, wurden die Gesetze gegen die Juden weiter verschärft. Täglich wurden neue restriktive Regelungen auferlegt, die keinen normalen Lebensverlauf zuließen, wie das Verbot, in jüdischen Geschäften zu kaufen, Einschränkungen in den öffentlichen Verkehrsmitteln, die Schließung von Bildungs- und religiösen Einrichtungen und der Zwangsverkauf von jüdischem Eigentum.

Zahlreiche jüdische Familien hatten Deutschland infolge der Nachstellungen bereits verlassen, doch viele Juden glaubten weiterhin, dass das aufgeklärte deutsche Volk sich alsbald gegen die tyrannische Herrschaft auflehnen würde, und weigerten sich, die Möglichkeit, ihr Vaterland zu verlassen, überhaupt in Erwägung zu ziehen.

Sie zogen sich in ihre vier Wände zurück, lebten von Erspartem und hofften auf bessere Zeiten. Auch Moritz kam niemals der Gedanke, auszuwandern, nicht nur, weil er nirgendwo hinkonnte oder weil er nicht die finanziellen Mittel dazu hatte, sondern auch, weil es ihm gar nicht in den Sinn kam, dass jemand ihm etwas antun wolle.

Er war schließlich ein treu ergebener deutscher Bürger und hatte dies als ehemaliger Frontkämpfer, der verwundet worden war und im Großen Krieg das „Eiserne Kreuz" erhalten hatte, bewiesen.

Gleichwohl, und um auf Nummer sicher zu gehen, war Moritz vorsichtig. Er glaubte, dass er in dem kleinen Dorf mitten unter dessen duldsamen Bewohnern geschützt sei.

Die meisten von ihnen waren hartgesottene Bauern, die ihre Anschauungen und Gefühle gewöhnlich für sich behielten und ihre Unterstützung für Moritz in einer praktischen Weise ausdrückten – indem sie ihm Aufträge erteilten, ihn ab und zu bei sich zu Gast hatten und bei einem gelegentlichen Gläschen Schnaps mit ihm anstießen.

Eine Ausnahme war der lutherische Pfarrer Mannstein, Moritz' alter Freund.

Der Pfarrer war ein sanfter Mann, der zutiefst an Gott und an die elementaren christlichen Werte glaubte. Er war gebildet und aufgeschlossen und versuchte, in diesem Sinne auch seine Gemeinde zu führen. Er erinnerte sich noch gut an die Trauungszeremonie von Moritz und Gretchen, die mangels einer katholischen Kirche im Dorf in seiner Kirche stattgefunden hatte; er wusste selbstverständlich auch von der ersten Ehe Moritz' und auch dessen jüdische Abstammung war ihm bekannt. Pfarrer Mannstein betrachtete die Juden, aus religiöser Sicht, als seine älteren Brüder, und insgeheim gestand er sich ein, dass das Christentum in seinen Anfängen nicht mehr gewesen war als eine einfache Version des Judentums, die dann die Welt erobert und die Herzen der heidnischen Massen gewonnen hatte.

Pfarrer Mannstein war davon überzeugt, dass sich die lutherische Kirche von den heidnischen Bestandteilen des Katholizismus und der orthodoxen Kirche befreit hatte, im Streben, dem abstrakten Glauben an Gott näherzukommen, wie er im Judentum besteht. Er hatte ein wenig Hebräisch gelernt, kannte sich ausgezeichnet im Alten Testament aus und unterhielt gute Beziehungen zu seinen jüdischen Nachbarn; dazu gehörte auch die aktive Teilnahme an Wohltätigkeitsveranstaltungen und seine Anwesenheit als Ehrengast bei Veranstaltungen der Gemeinde. Mannstein bewunderte die jüdische Lebensweise aufgrund ihrer Familienwerte, der gegenseitigen Hilfe und der allgemein verbreiteten Bildung.

An der jüdischen Religion schätzte er besonders die halachische Tradition, der es gelungen war, Verhaltensregeln für den Einzelnen und die Gemeinde aufzustellen und diese über Jahrhunderte hinweg umzusetzen – ganz ohne staatliche Autorität, die diese aufzwingen konnte, sondern allein kraft des Glaubens. Tatsächlich handelte es sich ja nicht um eine einfache Lebensgestaltung, sondern um eine mit Einschränkungen und schwerwiegenden Verboten verbundene Lebensform. Und doch hatten die Juden, Verfolgungen und Beschränkungen zum Trotz, ihre Lebensweise und Tradition beibehalten.

Die kleine jüdische Gemeinde in Schulhoff hatte keinen eigenen Rabbiner, mit dem Pfarrer Mannstein über theologische Fragen hätte diskutieren können. Er hatte Kontakt mit Rabbiner Awerbuch von Lautbach, der mitunter nach Schulhoff kam, um die jüdischen Rituale vorzunehmen, doch ihre Bekanntschaft hatte nie zu einer engeren Freundschaft geführt. Insgeheim befürchtete Pfarrer Mannstein auch, bei intellektuellen Diskussionen mit dem Rabbiner den Kürzeren zu ziehen.

Das Nazi-Regime widerte ihn an, und die Abwanderung eines Großteils der jüdischen Dorfbewohner betrübte ihn sehr, doch er unterließ jegliche Bemerkung oder Handlung, die als Akt des Widerstandes gegen die Obrigkeit ausgelegt werden konnte. Er wusste selbst nicht, ob er aus Gehorsam den zuständigen Behörden gegenüber so handelte oder aus Angst davor, seine Stellung und seinen Lebensunterhalt zu verlieren. Der Pfarrer versuchte, alles zu tun, um den Juden zu helfen, ohne dabei allzu viel Aufsehen zu erregen, und unterstützte einige der alten jüdischen Bewohner, die im Dorf zurückgeblieben waren, mit Geld und Lebensmitteln. Die Dorfbewohner, die von der Tätigkeit des Pfarrers wussten, standen hinter ihm. Tagtäglich kamen sie am Kindergarten vorbei, der von der jüdischen Gemeinde errichtet worden war und weiterhin mit Mitteln des Gemeindefonds betrieben wurde, auch nachdem die Stifter aus Deutschland ausgewandert waren.

Mannstein bot auch Moritz Hilfe an, doch dieser weigerte sich, materielle Hilfe anzunehmen. Der Pfarrer, der wusste, dass er zutiefst einsam war, lud ihn von Zeit zu Zeit ins Pfarrhaus zu Kaffee und Kuchen, und die beiden Männer unterhielten sich lange, so wie sie es vor Jahren getan hatten, als Pfarrer Mannstein ihm mit seinem mitfühlenden Ohr geholfen hatte, die Qualen zu bewältigen, die ihn infolge der traumatischen Erlebnisse des Großen Krieges geplagt hatten.

Im Gegenzug führte Moritz alle möglichen Reparaturen an Kirche und Pfarrhaus aus.

In der Nacht vom 9. auf den 10. November 1938 ereignete sich ein in seinem Umfang beispielloses Pogrom.

Obwohl überall im Dritten Reich die Pöbelhaufen ihre Wut an jüdischen Häusern, Geschäften und Synagogen ausließen, blieb es in Schulhoff und in den umliegenden Dörfern ruhig. Doch den Juden blieb keine Zeit, ihre Rettung zu feiern, denn kurz danach wurden viele von ihnen festgenommen und in Konzentrationslager gebracht, darunter auch Moritz' Verwandte aus Schaffhausen.

Etliche Wochen später wurden die meisten festgenommenen Juden unter dem Druck weltweiter Proteste wieder freigelassen und kehrten, geschlagen und lädiert, in ihre Heimatorte zurück.

Die Hoffnungen auf eine Wende zum Besseren hatten sich zerschlagen, und mittlerweile war allen klar, dass die Juden in Deutschland keine Zukunft hatten.

Doch die Familien, die das Land verlassen wollten, standen mittlerweile vor großen Schwierigkeiten.

Die neuen Gesetze verboten, Eigentum oder Geld außer Land zu bringen, was den Status der immigrierenden Juden änderte – sie wurden zu mittellosen Flüchtlingen, und die meisten Staaten weigerten sich, ihnen Visa zu gewähren. Die wenigsten von ihnen hatten das Glück, Einreisebewilligungen zu erhalten.

Selbst die Ausreise nach Palästina war fast unmöglich geworden, nachdem die britische Mandatsregierung harsche Einreisebeschränkungen auferlegt hatte.

Moritz beteiligte sich nicht an den Bemühungen, aus Deutschland zu fliehen. Er näherte sich dem siebten Jahrzehnt seines Lebens und fühlte sich alt und müde; er war mittellos und stand ohne Familie und ohne Unterstützung da. Er verstand sehr wohl, dass er – ohne Geld, ungebildet und mutterseelenallein – außerhalb Schulhoff kaum überleben würde, und hatte daher beschlossen, im Dorf zu bleiben, komme, was da wolle.

Nachdem ein neues Gesetz verabschiedet wurde, das alle jüdischen Männer verpflichtete, ihrem Vornamen den Namen „Israel" zuzufügen, und die jüdischen Frauen, zusätzlich den Namen „Sarah" anzunehmen, um sie leichter kenntlich zu machen, fuhr Moritz in die Kreishauptstadt Kassel, um dort die amtliche Eintragung vornehmen zu lassen. Zu diesem Anlass trug er zum ersten Mal den gelben Stern. Die Fahrt nach Kassel wühlte ihn zutiefst auf.

Erinnerungen an gute Zeiten wurden in ihm wach; er sah sich, wie er oft mit Gretchen nach Kassel gefahren war, sie hinter ihm auf dem Motorrad, ihr Haar im Wind wirbelnd, ihr gemeinsames Lachen von den grünen Hügeln widerhallend …

Einen Augenblick lang überlegte er, dass er vielleicht doch das Dorf verlassen und in die Stadt ziehen sollte, wo er in der Masse der Menschen untergehen und vielleicht so sein elendes Leben verbessern könnte. Er kannte Kassel noch von den Tagen, an denen er seinen Vater und seinen Onkel zu ihren Geschäftsreisen begleitet hatte, doch was er in der Stadt sah, war völlig anders als das, was er in Erinnerung hatte. In den Hauptstraßen hingen Dutzende von Hakenkreuzfahnen und Plakate mit nazistischen Parolen, und es wimmelte nur so von Uniformierten. Moritz begriff sofort, dass er den Judenstern verdecken musste, wenn er wieder heil nach Hause kommen wollte.

Das Herz tat ihm weh. Zum ersten Mal spürte er ganz unmittelbar und brutal, wie gewaltig der Wandel war, der in seiner Heimat stattgefunden hatte.

Er sah sich in jeder Hinsicht als Deutscher, sein Judentum war für ihn Religion, keine nationale Zugehörigkeit. Doch mit einem Mal fühlte er sich minderwertig, verfolgt und unerwünscht. Sein Wehrdienst, seine Verwundung, seine Auszeichnung und nicht einmal seine Heirat mit einer „reinrassigen" Deutschen hatten noch irgendeinen Wert, und er war zu einem gesuchten Verbrecher geworden. In Anbetracht dessen, was er in den Straßen von Kassel sah, begriff Moritz, dass niemand ihn als Deutschen betrachtete.

Seine Beklemmung verstärkte sich, und er hastete zum Bahnhof, um nach Schulhoff zurückzukehren. Er überlegte noch kurz, seine Schwester Rachel zu besuchen, die er seit dem Tod seiner Mutter nicht mehr gesehen hatte, verwarf die Idee aber sofort wieder. Es kam ihm nicht in den Sinn, dass sie und ihre Familie Deutschland längst verlassen hatten.

Auf dem Weg zum Bahnhof kam er im Industriegebiet der Stadt an der Leder- und Schuhfabrik Liebholz vorbei, und wieder wurden angenehme Erinnerungen wach.

Bevor er zum Krieg einberufen worden war, hatte Moritz in engem Kontakt mit Erich Liebholz gestanden, dem Sohn von Gunther Liebholz. Fast hätte Moritz den Betrieb aufgesucht, um sich nach seinem alten Freund zu erkundigen, doch er widerstand der Versuchung und ging rasch weiter zum Bahnhof. Er hatte Familie Liebholz zwar als eine gebildete und liberale Familie in Erinnerung, aber nach allem, was er an diesem Tag gesehen hatte, schien ihm die Wahrscheinlichkeit groß, dass auch sie zu Anhängern der NSDAP geworden waren.

Traurig, mutlos und deprimiert fuhr Moritz zurück ins Dorf, warf sich auf sein Bett und fiel in einen unruhigen, traumlosen Schlaf.

Seine Stimmung besserte sich auch am nächsten Tag nicht, und er suchte Pfarrer Mannstein auf, um seine Beklemmung mit ihm zu teilen.

Der Pfarrer sah Moritz seine schlechte Verfassung an und lud ihn mitfühlend zu einer Tasse Kaffee und einem Stück Kuchen ins Pfarrhaus ein, das zu dieser Stunde leer war.

Moritz saß zunächst stumm da, schlürfte langsam an seinem Kaffee und wusste nicht, wie er beginnen sollte. Der Pfarrer bemerkte seine Verlegenheit und versuchte, ihm auf die Sprünge zu helfen. „Ich weiß, dass die Lage für uns alle nicht einfach ist und ganz besonders nicht für Sie, aber es sieht so aus, als hätten Sie etwas Schlimmes hinter sich. Was ist denn passiert?"

„Ich war gestern den ganzen Tag über in Kassel, und was ich da zu sehen bekommen habe – das flößt mir Angst ein, und ich weiß nicht mehr, was ich denken soll ..."

„Was haben Sie denn genau gesehen? Etwas Besonderes?"

„Es fing bei der Polizei an, da musste ich mich registrieren lassen und alle persönlichen Einzelheiten angeben – auch den neuen Namen, den sie mir angehängt haben – Israel. Das Auftreten der Beamten und wie man mit mir geredet hat, waren schlechtweg beleidigend und herablassend."

„Das ist wirklich schlimm! Aber was kann man denn tun? So sind die gesetzlichen Anordnungen. Wir haben keine Wahl, als die Anordnungen auszuführen und sie danach zu vergessen und unser Leben normal weiterzuführen."

„Die ganze Stadt ist voller Fahnen, Uniformierten und sogar die Kinder ... Alle gucken ernst, ich habe keinen einzigen Menschen lachen sehen! Was ist mit Deutschland passiert?"

„Gut, dass diese Erscheinungen bei uns nicht vorkommen, noch nicht …"

„Ich bin im früheren Getto an der alten Synagoge vorbeigegangen ... das Gebäude war verlassen und vollkommen schwarz verkohlt von dem Brand in der Kristallnacht. Ich fühlte mich mit einem Mal wie ein verfolgter Jude, wie vor 200 Jahren. Ich, ein Kriegsveteran des Kaisers, ein stolzer Deutscher. Wie kann das sein?"

„Ja, was in der Kristallnacht passiert ist, ist eine Schande für Deutschland und für das Christentum, aber das liegt hinter uns, und ich hoffe, die Regierung nimmt die Kritik aus aller Welt ernst und setzt den Verfolgungen endlich ein Ende."

„Anfangs dachte ich noch, dass ich vielleicht nach Kassel ziehen sollte, um der Einsamkeit im Dorf zu entkommen, aber ich habe schnell kapiert, dass ich als Jude nicht mal die Chance habe, dort zu leben, geschweige denn Arbeit zu finden."

„Da haben Sie recht … hier im Dorf, unter Freunden, ist das Überleben für Sie leichter. Hoffen wir, dass sich die Lage bald ändert, ich bete dafür."

„Da bin ich mir gar nicht mehr so sicher, besonders nicht nach dem Anschluss … Hitler will Europa erobern und es von Juden säubern. Ich hoffe, dass meine Angehörigen aus Schaffhausen schon nach Amerika oder Argentinien ausgewandert sind ..."

„Und was ist mit Ihnen? Fühlen Sie sich sicher genug, um hierzubleiben?"

„Ich habe schon keine Wahl mehr. Ein Visum kann man nicht mehr bekommen, ich habe kein Geld und ich bin alt und ohne Familie. Außerdem hoffe ich, dass man meine Lage berücksichtigen wird – als Kriegsveteran und Mann einer Deutschen – und dass sie keinem alten Mann zusetzen werden."

„So Gott will. Die Kirche wird versuchen, so gut es geht zu helfen. Leider kann ich während der Andachten nicht sprechen, das Regime ist sowie schon gegen die Kirche, und wir müssen vorsichtig sein."

„Ja, das stimmt, man muss vorsichtig sein, nicht auffallen und sich mit allen gut stellen. Sagen Sie, wie ist das mit Familie Zimmermann, kann man sich auf sie verlassen? Sie erschienen mir immer wie Anhänger der Nazis."

„Ja, das scheint so … Ich hoffe, dass sich ihnen nicht noch mehr Leute anschließen. Die Menschen neigen nun mal dazu, die Obrigkeit zu unterstützen, um nahe an den Teller zu kommen und ein paar Krümelchen abzubekommen."

„Das hoffe ich auch. Ich fürchte, jemand wird mich denunzieren."

„Machen Sie sich mal keine Sorge. Obwohl ich in der Öffentlichkeit nicht darüber reden kann, führe ich mit vielen Menschen bei uns vertrauliche Gespräche, und bis auf Weiteres können wir beruhigt sein. Hoffen wir, dass die positive Atmosphäre fortbestehen wird."

„Pfarrer Mannstein, es ist mir sehr unangenehm, dass ich Sie um Hilfe bitten muss. Aber ich bin fast mittellos zurückgeblieben, und ich brauche ein paar Kleidungsstücke, können Sie mir damit helfen?"

„Herr Goldberg, zögern Sie nicht, sich hiermit an mich zu wenden. In der Kleidertruhe in der Kirche gibt es reichlich Kleiderspenden, sehen Sie selbst nach und nehmen Sie sich, was Ihnen passt. Und was Geld betrifft, ich gucke mal, was ich von der Spendenkasse nehmen kann."

„Vielen, vielen Dank, ich wünschte, ich bräuchte Ihre Hilfe nicht in Anspruch zu nehmen ..."

„Danken Sie nicht mir, wir alle im Dorf wissen von den vielen Spenden an Bedürftige, welche die Mitglieder der jüdischen Gemeinde im Laufe der Jahre still und leise geleistet haben, ganz zu schweigen von unserem Kindergarten ..."

„Na gut, ich habe schon genug von Ihrer Zeit in Anspruch genommen und muss jetzt auch weiter ... Heute arbeite ich bei Familie Hopf. Auf Wiedersehen, Herr Pfarrer."

Moritz erhob sich schwerfällig vom Sessel, zog seinen Mantel über und wandte sich zur Tür.

„Ich komme heute Abend vorbei, mir etwas zum Anziehen zu suchen. Nochmals vielen Dank für alles, vor allem für das Gespräch, ich habe nicht oft die Gelegenheit dazu ..."

„Sie wissen, dass Sie immer bei mir willkommen sind, Gott sei mit Ihnen."

Der Blick des Pfarrers folgte Moritz bis zur Tür, und er bemerkte seinen knochigen Rücken, den zu Boden geneigten Kopf und seine kleinen, zögerlichen Schritte. Der Mann war in kurzer Zeit alt geworden, dachte der Pfarrer bei sich, kein Wunder bei der schlimmen Lage der Juden im Allgemeinen und seiner im Besonderen; er war, nachdem er aus dem Haus der Familie Koch verbannt worden war, mittellos zurückgeblieben und auf das Mitleid der Dorfbewohner angewiesen. Pfarrer Mannstein, der gute Beziehungen zu den jüdischen Gemeindemitgliedern unterhielt, wusste von deren Entrüstung über Moritz und ihrer Abneigung gegen ihn wegen seines Lebenswandels, aber all das spielte jetzt keine Rolle mehr. Von der einst stolzen jüdischen Gemeinde Schulhoffs waren nur wenige ältere Familien geblieben, darunter Familie Metzger.

Pfarrer Mannstein hatte bereits vor Jahren versucht, Salomon Metzger mit seiner Familie zur Auswanderung zu überreden, war aber immer auf strikte Ablehnung gestoßen.

„Deutschland ist unsere Heimat, wir sind Deutschland treu, ich habe den ganzen Krieg über an der Front gedient … Uns wird niemand etwas antun, das ist unmöglich."

Bis zur Reichskristallnacht war auch der Pfarrer ähnlicher Meinung gewesen, aber allmählich begann er zu begreifen, dass die Nazis kein vorübergehendes Phänomen waren, das demnächst von den Eliten der Macht enthoben würde. Die hochrangigen Militärs, der deutsche Adel und die Industrieführung waren mittlerweile Teil des herrschenden Systems geworden und unterstützten es wegen der Fülle an Aufträgen und Privilegien, die ihnen zufielen.

Die wirtschaftlichen und politischen Erfolge der Nazis stärkten ihre Position auch in der breiten Bevölkerung, die das Gefühl hatte, dass Deutschland, ähnlich dem Phönix aus der Asche, aus der schmählichen Niederlage des Großen Krieges auferstand und sich sowohl die Achtung als auch jene Gebiete der Heimat zurückeroberte, die ihr genommen worden waren.

Unter den Entscheidungsträgern der lutherischen Kirche bestanden zunächst Meinungsverschiedenheiten über die angemessene Einstellung zu den Nazis, doch im Laufe der Jahre akzeptierte die Kirche den Standpunkt des Regimes, und die Kirche bekundete ihre Unterstützung sowohl für antisemitische Gesetze als auch für die wirtschaftliche Verfolgung der Juden. Gleichwohl hatte die lutherische Kirche von ihrer Art her keine zentrale Kirchenleitung, sodass den Pfarrern keine politischen Richtlinien aufgezwungen wurden.

Pfarrer Mannstein war von der Position der kirchlichen Elite enttäuscht, wagte aber nicht, seine Meinung offen zum Ausdruck zu bringen. Er nahm eine vorsichtige positive Haltung gegenüber den Juden im Dorf ein und hoffte, dass die Mitglieder seiner Gemeinde die versteckte Botschaft verstehen und ihr folgen würden.

Tatsächlich war es in Schulhoff bislang nicht zu offenkundigem Antisemitismus gekommen, und die Dorfbewohner belästigten die wenigen verbliebenen Juden nicht.

Im Gegensatz zu den evangelischen Kirchen verfügte die katholische Kirche über eine zentrale Führung, die sich schon früh mit den Nazis verbunden hatte. Bereits 1933 war zwischen dem Heiligen Stuhl der Kirche und der deutschen Regierung ein Abkommen geschlossen worden, das Reichskonkordat, das den Kirchen ihre Rechte garantierte. Im Gegenzug hierzu akzeptierten die Kirchenführer die antijüdische Politik der Regierung und verzichteten auf jegliche Unterstützung für die Juden.

Die meisten nationalsozialistischen Führer kamen aus Süddeutschland und entstammten katholischen Familien. Sie hoben den privilegierten Status der evangelischen Kirchen wohl auch deshalb auf, weil diese nicht zentralisiert waren wie die römisch-katholische Kirche – es gab keine zentrale Führung, mit der man Abkommen schließen konnte.

Pfarrer Mannstein begriff, dass schriftliche und mündliche Bündnisse mit den Kirchen politischer Natur waren, da die nationalsozialistische Ideologie die Religionen prinzipiell ablehnte, auch das Christentum, das als Nachfahre des verhassten Judentums galt. Die Nationalsozialisten hatten den Einfluss der Kirchen auf ihre Gläubigen für ihren Bedarf nutzen wollen, und dies war ihnen gelungen.

Er seufzte, stand aus seinem Sessel auf und ging in die Kirche, um im Gebet Erleichterung zu finden.

Moritz war ein wenig ermutigt, als er das Pfarrhaus verließ. Es war ein angenehmer Frühlingstag, die Sonne schien und in den Höfen spross bereits frisches Gras. Die Straßen waren leer, alle Dorfbewohner waren bei der Arbeit, und kurz danach war Moritz auch schon zu Hause. Er wurde sich bewusst, dass er im Vergleich zu anderen Juden in Deutschland noch Glück hatte. Vielleicht würde er hier, in dem kleinen Dorf, unter der seelsorgerlichen Führung von Pfarrer Mannstein und dank seiner guten Beziehungen mit den Bewohnern weiterleben können, ohne Schaden zu nehmen. Alles, was er zu tun hatte, war, zu versuchen, nicht unter Beschuss zu geraten, seinen Mitbürgern wie bisher zu Diensten zu sein, weiterhin nett und zuvorkommend zu sein und in stetigem Kontakt mit dem Pfarrer zu bleiben.

Moritz seufzte erleichtert, zog den Mantel aus und machte sich eine Tasse Tee.

Ohne es zu wollen, führten ihn seine Gedanken zurück nach Kassel. „Deutschland hat sich vollkommen verändert“, dachte er, „nichts wird wieder so, wie es einmal war.“

Das Gefühl, gejagt zu sein, stieg in ihm auf und engte sein Herz ein.

Gedanken über das Schicksal seiner Familie machten ihm nicht zu schaffen, er war zu sehr mit seinen eigenen Sorgen beschäftigt, versunken in Gedanken über das eigene Überleben.

Nachdem er ein wenig im Sessel geruht hatte, zog er seinen Mantel wieder über, nahm die Werkzeugkiste und machte sich auf zum Hof der Familie Hopf, wo er die Abwasserrohre ausbessern sollte.

Am Abend, nachdem er ein leichtes Mahl eingenommen hatte, plagten ihn seine Gedanken aufs Neue. Um die zwei Monate zuvor hatte das Deutsche Reich die Tschechoslowakei annektiert, ein Jahr nach dem Anschluss Österreichs. Das Dritte Reich befand sich auf dem Höhepunkt seiner Macht, die Wirtschaftslage war gut, und die Bürger waren voller patriotischer Begeisterung und glaubten, dass Deutschland zum Glanz der Tage Bismarcks zurückgefunden hatte.

Auch in Schulhoff wurden viele junge Leute von der euphorischen Atmosphäre mitgerissen, und einige von ihnen meldeten sich sogar zur Armee. Die Älteren waren skeptischer, doch auch sie verspürten patriotischen Stolz. Moritz holte tief Luft. Er wusste, dass die Lage größte Vorsicht erforderte, und beschloss, das Haus nicht mehr zu verlassen, wenn es nicht dringend notwendig war.

Der Sommer verging wie im Flug. Am ersten September 1939 überfiel das nationalsozialistisch regierte Deutsche Reich die polnische Republik, woraufhin die britischen und französischen Regierungen dem Nazi-Besatzer den Krieg erklärten. Niemand hatte damals eine Vorstellung davon, welch düstere Konsequenzen der schreckliche Krieg haben würde.

Heinz Möller, der Bürgermeister von Schulhoff und Mitglied der NSDAP war, sorgte dafür, dass das alltägliche Leben im Dorf ungestört weiterging. Möller vertrat die Meinung, dass seine Mitgliedschaft in der Partei unerlässlich war, um das Dorf zu schützen und ungewollte Einmischung von außen in dessen interne Angelegenheiten so gut es ging zu verhindern.

Die im Dorf verbliebenen Juden führten ihr Leben unter den bestehenden Einschränkungen fort, trugen den Judenstern und hofften auf eine Wende zum Besseren; allein Moritz war nicht bereit, den gelben Stern zu tragen – und niemand im Dorf verlangte es von ihm.

Diese Situation dauerte unverändert um die zwei Jahre an, bis dass Anfang 1942 ein Befehl erlassen wurde, wonach alle Juden sich am Bahnhof von Lautbach einzufinden hatten, zwecks Neuansiedlung im Osten des Reiches. Jeder von ihnen, so die Anweisung, hatte sich mit einem Koffer von höchstens acht Kilo Gewicht am Sammelpunkt einzufinden.

Alle Juden der Region kamen der Verfügung nach, außer Moritz, der beschloss, sie zu ignorieren und sich im nahen Wald in einer verlassenen Hütte zu verstecken, die er von seinen Streifzügen in der Natur gut kannte. Max Hartmann und Pfarrer Mannstein waren die Einzigen, die über seinen Plan Bescheid wussten, und statteten ihn mit Nahrung, Kleidung und Decken aus. Alle Juden aus dem Kreis Kassel wurden auf Züge geladen und erreichten nach zweitägiger Fahrt Wilna, wo sie ins jüdische Getto verbracht wurden. Die Mehrzahl von ihnen starb noch im Getto an Hunger und Krankheiten, und die Überlebenden wurden in den Vernichtungslagern und in den Wäldern umgebracht. Niemand von ihnen überlebte den Krieg.

Moritz blieb etwa eine Woche in der Hütte. Es kam ihm nicht in den Sinn, dass er jetzt der einzige Jude in einem Gebiet von Hunderten Quadratkilometern war; er war vor allem mit sich selbst beschäftigt und dachte nicht an andere. Trotz des winterlichen Wetters genoss er seinen Aufenthalt im Wald: In der Hütte gab es genug Brennholz zum Heizen, und wenn er Feuer gemacht hatte, war es warm und gemütlich.

Moritz kochte sich bescheidene Mahlzeiten, bestehend aus Kartoffeln, Würsten und Kohl, und schloss sie gewöhnlich mit einem Schluck selbst gebranntem Schnaps ab, den ihm Max Hartmann überlassen hatte. Er beschäftigte sich nicht mit Gedanken, die darüber hinausgingen, was er essen und wann er etwas trinken könnte, denn er wollte nicht in unangenehme Grübeleien verfallen, wie an das Schicksal seiner ersten Frau und seiner Kinder denken.

Mitunter, wenn der Schnaps seine Sinne ein wenig umnebelt hatte, dachte er an seine Jugendfreunde aus Schaffhausen und an die Kameraden, die er während seines Wehrdienstes gewonnen hatte. Doch all diese Erinnerungen erschienen nun wie die Betrachtung eines alten Films.

Die Woche im Wald verlief angenehm, und Moritz kam zu dem Schluss, dass die Gefahr vorüber war, und kehrte ins Dorf zurück. Auf den Straßen lag hoher Schnee, und er betrat unbemerkt das Haus der Hartmanns. Nachdem er die Familienmitglieder begrüßt hatte und ihnen berichtete, dass es ihm gut ging, entschuldigte er sich bei ihnen und begab sich auf seine Kammer.

Erst dann, so als sei er von einem langen Traum erwacht, begann er seine nächsten Schritte zu planen. Er wollte die Routine der letzten Jahre fortsetzen: Wartungs- und Reparaturarbeiten bei den Dorfbewohnern durchführen, nicht auffallen und so wenig persönliche Verbindungen wie möglich pflegen. Er fürchtete nicht, der Gestapo ausgeliefert zu werden – das hatte Heinz Möller ihm bereits vor langer Zeit versprochen –, und vertraute darauf, dass es ihm auf seine stille Art gelingen würde, zu überleben, bis dass sich die Lage besserte. In den Nachrichten war die Rede von großen Erfolgen der Wehrmacht an allen Fronten, und Moritz wollte nur zu gern glauben, dass der Krieg bald vorbei sein würde, dass die Anspannung sich verringern würde und dass er wieder so bequem weiterleben könnte wie bisher.

Noch im März des gleichen Jahres wurde Moritz von einem Arbeitsangebot überrascht, das ihn von niemand anderem als seinem ehemaligen Freund Erich Liebholz erreichte. Wie sich herausstellte, machte der Krieg eine Produktionsvergrößerung in der Lederfabrik notwendig; hierzu wurden dringend weitere Arbeitskräfte benötigt, doch viele mieden die Arbeit wegen des schrecklichen Geruchs. Die Nachricht, dass Moritz noch in der Nähe war, hatte Erich erreicht und er beeilte sich, ihm einen Arbeitsplatz in der Gerberei anzubieten.

Moritz war froh, das Dorf verlassen zu können. Die Änderung der Atmosphäre und das geregelte Gehalt reizten ihn. Er mietete ein Zimmer in der Nähe der Fabrik und hoffte, dass niemand über einen alten Mann wie ihn herfallen würde. In stillschweigender Übereinstimmung wurde die Tatsache, dass er Jude war, in der Fabrik verschwiegen, und er fing an, als Gerber bei Liebholz zu arbeiten.

Auch in der neuen Umgebung bemühte sich Moritz, ganz besonders vorsichtig zu sein. Er verließ sein Zimmer nur dann, wenn es nicht anders ging – zur Arbeit, um Lebensmittel zu kaufen oder um seine Wäsche abzuliefern.

Mehr als einmal kam ihm der Gedanke, Heidi, die Prostituierte, ausfindig zu machen, um zu hören, wie es um sie stand – aber er wagte nicht, etwas Konkretes zu unternehmen.

Obwohl es schon viele Jahre her war, seit sie sich kennengelernt hatten, war sie das einzige Wesen in seiner Umgebung, dem er voll hätte vertrauen können und das ihm seine bedrückende Einsamkeit für eine Weile hätte nehmen können. Aber das Risiko war zu groß, und Moritz verzichtete auf die Suche nach Heidi und zog sich weiter in sich zurück.

Der Winter verging, der Frühling brach mit aller Kraft aus, der Sommer kam, und es schien Moritz, als sei die Lage stabil und sicher. Er wagte es sogar, auf einen Besuch nach Schulhoff zu fahren, und war erfreut zu hören, dass Max Hartmann sein Zimmer für ihn bereithielt und es niemandem vermietet hatte.

Er besuchte bei der Gelegenheit auch Pfarrer Mannstein, der ihn herzlich begrüßte und zu Kaffee und Kuchen einlud. Die beiden setzten sich zu einem Gespräch im Hof des Pfarrhauses hin, während die sechsjährige Tochter des Pfarrers mit ihren Puppen spielte, ohne sie zu stören.

Pfarrer Mannstein erzählte Moritz, dass Soldaten, die zum Osterfest auf Heimaturlaub gekommen waren, schlimme Gerüchte von der Ostfront überbracht hatten. Sie hatten davon berichtet, wie sehr die Soldaten unter der schrecklichen russischen Kälte litten.

„Es sind schon mehr Soldaten durch die Kälte umgekommen als auf dem Schlachtfeld", sagte der Pfarrer, „unsere Soldaten aus dem Dorf wollten nicht an die Front zurück, aber sie hatten ja keine Wahl. Alle im Dorf hatten das Gefühl, dass sie zu ihrem sicheren Tod zurückkehren."

„Haben die Soldaten, die auf Urlaub waren, etwas über die Juden erzählt, die nach Osten verschickt wurden?"

„Nein, das nicht, aber im Nachbardorf gibt es einen Soldaten, der bei der SS ist, der soll bei seinem Heimaturlaub zum Priester in die Beichte gegangen sein und ihm fürchterliche Dinge erzählt haben."

„Woher wissen Sie das denn? Sie sind doch lutherischer Pfarrer, und außerdem ist die Beichte doch vertraulich ..."

„Der Priester kam eines Tages zu mir zu Besuch ... Ich sah ihm an, dass er ganz blass und aufgewühlt war. Er wollte mir nicht sagen, warum, und als ich ihn bedrängt habe, sagte er mir, er könne mir nichts erzählen wegen des Beichtgeheimnisses, aber dass er seitdem kein Auge mehr zutue ..."

„Aber dann hat er Ihnen schließlich doch etwas erzählt, oder?"

„Er sagte, wenn er das, was man ihm erzählt habe, nicht loswerde und mit jemandem teilen könne, dann würde er noch verrückt, also habe ich ihm vorgeschlagen, vor mir die Beichte abzulegen, obwohl ich kein katholischer Priester bin ... doch so könne er seine Not lindern, ohne das Beichtgeheimnis zu verletzen."

„Und? Jetzt haben Sie davon angefangen, geben Sie mir doch zumindest einen Hinweis, jetzt bin ich ganz besorgt ..."

Pfarrer Mannstein schüttelte langsam seinen Kopf, die Fältchen in seinem Gesicht vertieften sich, seine Augen füllten sich mit Tränen und es war ihm anzusehen, dass er sich quälte.

„Ich bin als christlicher Pfarrer zum absoluten Stillschweigen verpflichtet ... Andererseits quält mich auch mein Gewissen angesichts der Dinge, die ich gehört habe. Gott, an den und an dessen Lehre ich zutiefst glaube, lehrt uns etwas ganz anderes."

Moritz sah, dass der Pfarrer nicht ein noch aus wusste ob der widersprüchlichen Kräfte, die in seiner Brust rangen, und spürte, dass sein Gesprächspartner eine schwere Last loswerden wollte, also sagte er:

„Sie müssen vor Ihrem Gott ein reines Gewissen haben, sonst werden Sie sich selbst nicht vergeben können. Ich werde Ihnen nicht weiter zusetzen, aber mein Herz sagt Schlimmes voraus."

Moritz lehnte sich in seinem Stuhl zurück, kostete von den selbst gebackenen Plätzchen der Pfarrfrau, schlürfte an seinem Kaffee, ohne den Blick vom Pfarrer zu nehmen, und wartete ab.

Pfarrer Mannstein rutschte unruhig auf seinem Stuhl hin und her und konnte Moritz kaum in die Augen sehen. Zum Schluss schlug er die Hände zusammen, nickte mit dem Kopf, so als habe er einen Beschluss gefasst, und sagte mit zittriger Stimme: „Was ich gehört habe, ist so ungeheuerlich, dass man es kaum glauben kann, aber warum sollte ein Soldat solch eine Geschichte erfinden? Er hat dem Priester weinend gebeichtet, dass Sonderkommandos der SS durch die Ukraine streifen – nachdem die von den Russen erobert wurde –, dass sie von Dorf zu Dorf ziehen und ihre Soldaten dort alle Juden erschießen, Männer, Frauen und Kinder. Der Soldat selbst gehört nicht zu einem dieser Kommandos, er ist in einer Logistikeinheit, welche die Sonderkommandos begleitet, und so hat er das alles mitbekommen. Er hat noch mehr erzählt ... dass sie in manchen Dörfern die Juden in der Synagoge zusammentreiben, dass dann die Soldaten die Türen verriegeln und das Gebäude in Brand stecken."

Moritz' Gesicht war bleich geworden. Er sah den aufgewühlten Pfarrer an und wollte etwas sagen, aber kein Laut kam aus seinem Mund.

Plötzlich dachte er an Freddi, an Helmut und Ruth und sah sie in seiner Fantasie in einer Synagoge, die in Flammen aufgeht, sich ans Fenster pressend und ihn um Hilfe rufend. Er merkte, dass sein Mund trocken war, und spürte zugleich einen scharfen Stich in der Herzgegend. Sein Körper war mit Schweiß bedeckt.

Der Pfarrer bemerkte seine Bedrängnis und reichte ihm ein Gläschen Kirsch. Moritz kippte das scharfe Getränk mit einem Mal hinunter, und sein Gesicht bekam wieder Farbe.

„Das ist ja ganz schrecklich. Sind Sie sicher, dass das wahr ist? Und was ist mit den Juden geschehen, die aus dem Reich nach Osten verbracht wurden? Ein ähnliches Schicksal?"

Der Pfarrer antwortete nicht, sondern schüttelte nur in einer Geste der Ohnmacht den Kopf.

Das Gespräch hinterließ einen starken Eindruck auf Moritz, und er beschloss, die Arbeit in Kassel aufzugeben und in Schulhoff zu bleiben. Nach allem, was er gehört hatte, musste er sich so gut es ging versteckt halten, bis dass der Wahnsinn ein Ende hatte. Er wusste, dass er es hiermit auch seinem Freund Erich Liebholz leichter machte, denn sollte Moritz' Identität entdeckt werden, wäre wohl beiden ein ähnliches Schicksal beschert.

Obwohl Schulhoff von den eigentlichen Kriegshandlungen verschont blieb, war es unmöglich, den Krieg zu ignorieren. Über inoffizielle Kanäle – Berichte von Soldaten auf Urlaub, illegales Anhören des britischen Rundfunks und durch Menschen, die im Land unterwegs waren – verbreitete sich eine zunehmende Flut erdrückender Nachrichten. Gerüchte über Niederlagen der deutschen Armee in Russland und im Nahen Osten gingen von Mund zu Mund, und am Himmel tauchten von Zeit zu Zeit Bomber der Alliierten auf.

Die Wehrmacht begann mit der Mobilisierung von Siebzehnjährigen und von Männern bis vierzig, einschließlich Familienvätern.

Die landwirtschaftlichen Arbeiten wurden nunmehr von Frauen, Alten und Kindern durchgeführt – das Dorf musste die Armee weiterhin mit den auferlegten Quoten an landwirtschaftlichen Erzeugnisse versorgen, obwohl es immer weniger Arbeitskräfte gab.

Moritz' hatte alle Hände voll zu tun, aber seine Kräfte ließen merklich nach.

Die Not und die vergangenen Jahre hatten ihre Spuren hinterlassen, und jeden Abend fiel er erschöpft auf sein Bett und schlief so fest bis zum Morgen, als sei er betrunken.

Jeden Morgen verließ Moritz seine kleine Kammer, die Holzkiste mit den Werkzeugen unter dem Arm, und machte sich auf den Weg zum Haus seiner Auftragsgeber. Dort tat er seine Arbeit, aß gewöhnlich mit der Familie, die ihn bestellt hatte, zu Mittag und kehrte am Abend in seine Kammer bei den Hartmanns zurück, wo er noch eine Kleinigkeit aß und dann sofort schlafen ging.

Im Dorf wurde das Stillschweigen über die Anwesenheit des letzten Juden mitten unter ihnen aufrechterhalten. Die einfachen Bauern waren der Meinung, dass von dem alten, erschöpften Mann, der sich abmühte, einen kärglichen Lebensunterhalt zu verdienen, keine Gefahr ausging.

Überdies mochten sie ihn, und schließlich hatte er im Ersten Weltkrieg an der Front gestanden und für den Kaiser gekämpft. Die Einzigen, die Moritz' Existenz völlig ignorierten, waren die Mitglieder der Familie Koch. Sie verziehen ihm nie, was er Gretchen und Waldtraud angetan hatte.

Von dem Tag an, an dem er aus Kassel zurückgekommen war, verließ Moritz Schulhoff nicht mehr, außer wenn er vom Bürgermeister einen Hinweis erhielt, dass er besser für einige Tage verschwinden solle. Dann zog sich Moritz in die alte Hütte im Wald zurück, bis dass die Gefahr vorüber war.

6 Januar 1945 – das Ende

Pfarrer Mannstein saß am Fenster des Pfarrhauses bei der Kirche, schaute auf die öde Straße und versuchte zum tausendsten Mal vorauszusehen, wann der Albtraum des Krieges, der das Leben im Dorf lähmte und die junge Generation mit sich gerissen hatte, endlich ein Ende haben würde. Seine achtjährige Tochter saß am Tisch und machte ihre Hausaufgaben, Margot, seine Frau, hantierte in der Küche herum und war mit der Zubereitung von Kohlsuppe und Kartoffeln beschäftigt, die seit vielen Monaten ihre Hauptnahrungsmittel waren.

Es war zwei Uhr mittags, die Sonne hing schon tief, der Himmel war trüb und grau, und die Platanen, die beiderseits der Hauptstraße schwarz und blätterlos dastanden, verstärkten noch die düstere Atmosphäre. Nur einige kleine Schneehäubchen, die an den kahlen Ästen haften geblieben waren, brachten ein wenig Licht ins Dunkel.

Plötzlich bemerkte der Pfarrer eine Bewegung in der Ferne und erblickte eine gebeugte Gestalt, die sich auf der Straße in Richtung Kirche bewegte. Der Pfarrer sah neugierig hin. Als sich die Gestalt näherte, erkannte er Moritz, der wie gewohnt seine Werkzeugkiste dabeihatte und nur schwerfällig vorwärtskam. Er war in einen alten, abgetragenen Mantel gehüllt, hatte Arbeitsstiefel an und auf dem Kopf eine Schirmmütze. Wie er da so langsam näher kam, konnte man erkennen, dass er leicht hinkte und dass jeder Schritt ihm Mühe machte. Langsam näherte er sich dem Pfarrhausfenster, aber sein Blick war auf den Bürgersteig geheftet, und es schien, dass er Pfarrer Mannstein nicht bemerkte, der ihm zuwinkte. Als er nah genug war, fiel dem Pfarrer auf, wie eingefallen Moritz' Gesicht war und wie fahl und welk seine Gesichtsfarbe. Seine tief in den Augenhöhlen liegenden schwarzen Augen drückten Angst und Verzweiflung aus.

Moritz schleppte sich an der Kirche vorbei und verschwand in der nahe gelegenen Gasse, offenbar auf dem Weg zum Haus der Hartmanns, die ihm im Gegenzug für diverse Instandhaltungsarbeiten ein Zimmer überlassen hatten und ihn mit Essen versorgten.

Der Pfarrer bewegte sich unbehaglich auf seinem Stuhl. Er fürchtete, vor sich selbst offen zuzugeben, was er fühlte; er fürchtete sich davor, seinen Glauben zu verlieren und sich gegen seinen Gott, der in jenen schrecklichen Jahren nichts getan hatte, aufzulehnen.

Diese Anfechtungen befielen ihn jedes Mal, wenn er Moritz sah – so als sei der alte Jude eine Art Feuersäule, die zurückgeblieben war, um auf den Verlust des Weges zu weisen und auf die Katastrophe, die die Nazis den Juden der Region und der gesamten deutschen Nation zugefügt hatten.

Sieben Söhne aus Schulhoff waren im Krieg gefallen, fast alle an der russischen Front. Der Pfarrer gedachte wehmütig ihrer Eltern, die ihre Nachfolger verloren hatten, der zwei Witwen und der kleinen Kinder, die ihre Väter nie wiedersehen würden.

Sein Herz zog sich zusammen, wenn er an die guten Zeiten zurückdachte, als ein Fünftel der Dorfbewohner Juden waren, die friedlich Seite an Seite mit ihren Nachbarn gelebt hatten und viel für ihre Gemeinde und das ganze Dorf getan hatten.

Sein Blick wanderte die Straße hinunter, zu den Häusern, deren Dächer gestutzt waren. Es waren die Häuser von Juden gewesen, die so gekennzeichnet waren, damit jeder Jude, der unterwegs war, wusste, an wen er sich wenden konnte. Pfarrer Mannstein grübelte über die wundersame Rettung von Moritz Goldberg nach, dem einzigen Juden, der im gesamten Landkreis überlebt hatte. Er dachte an die vielen Gespräche, die er mit ihm geführt hatte, Gespräche, die nicht immer leicht und entspannt gewesen waren. Aber Moritz hatte fast immer versucht, eine gute und optimistische Stimmung beizubehalten. Er war nicht an seiner Not zerbrochen und bestritt seinen Lebensunterhalt nach der erzwungenen Scheidung von seiner katholischen Frau mit allen möglichen Gelegenheitsarbeiten.

Der Pfarrer spürte leise Genugtuung darüber, dass er Anteil an der Beschützung von Moritz hatte. Moritz Goldberg wusste dies nicht, aber Pfarrer Mannstein hatte für die Nichtauslieferung des letzten Juden den Rückhalt des Oberbischofs von Kassel erwirkt und hatte danach alle einflussreichen Amtsträger auf seine Mission eingeschworen, vom Bürgermeister bis hin zum Zuständigen für die lokale Feuerwehr.

Ein kleiner Trost füllte sein Herz. Als Dorfpfarrer war er stolz auf die Pfarrmitglieder, die Moritz nicht verraten und ihn sogar unterstützt hatten. Er wusste, dass dies nicht nur seinem eigenen Einfluss zu verdanken war, sondern dass auch die gemeinsame Geschichte von Juden und Nichtjuden in Schulhoff dazu beigetragen hatte, wie auch das Bewusstsein, dass die Juden des Dorfes im Laufe der Jahre einen beträchtlichen Beitrag zum Wohl der Gemeinschaft geleistet hatten.

Pfarrer Mannsteins Blick folgte der sich langsam entfernenden Silhouette von Moritz, der weiter die Straße hinunterging, bis dass er im Nebelschleier verschwand, durch den nun dichte Schneeflocken wirbelten.

Der Pfarrer seufzte schwer, seine düsteren Gedanken bedrückten ihn. Um sich abzulenken, stand er auf und setzte sich zu seiner Tochter, um ihr bei den Hausaufgaben zu helfen.

In jener Nacht starb Moritz mitten im Schlaf. Er war dreiundsechzig Jahre alt geworden – der letzte Jude in der ganzen Region, der sich während der langen Kriegsjahre im Dorf und dessen Umgebung versteckt gehalten hatte – mit Wissen der Dorfbewohner und mit ihrer Hilfe.

Mit dem Segen des Pfarrers beschlossen die Dorfbewohner, Moritz auf dem jüdischen Friedhof zu bestatten. Max Hartmann zog seinen schwarzen Anzug an, setzte seinen Zylinder auf, spannte den schwarzen Leichenwagen an und führte Moritz' Sarg zum jüdischen Friedhof am Rande des Dorfes. Trotz der schneidenden Kälte, die am 6. Januar 1945 herrschte, gingen viele Dorfbewohner hinter dem Sarg her und erwiesen Moritz die letzte Ehre. Das Begräbnis ging ohne jede Zeremonie vonstatten, und das Grab wurde ringsum mit einer Steinreihe markiert.

Moritz' Tod wurde ordnungsgemäß im Einwohnerregister verzeichnet.

Nachwort

Sechzig Jahre später traf ich die Tochter von Pfarrer Mannstein, den Sohn von Max Hartmann und weitere gleichaltrige Freunde ihrer Generation – in dem gleichen kleinen Raum in der Kirche, in dem sich der Pfarrer so oft mit Moritz getroffen hatte.

Von ihnen hörte ich zum ersten Mal in meinem Leben die Geschichte von Moritz – die Geschichte meines Großvaters.

Gemeinsam suchten wir den jüdischen Friedhof auf, und ich sprach an seinem Grab das Kaddisch.

Moritz' Geschichte ist der Schlusspunkt meiner vielschichtigen Familiengeschichte in Deutschland, die ihren Anfang im Mittelalter hatte. Es ist die Geschichte von einfachen Juden, die jahrhundertelang in einer ländlichen und beschaulichen Umgebung mitten in Deutschland lebten. Meine Familie wohnte Haus an Haus mit ihren nicht jüdischen Nachbarn, bis das Naziregime sie alle umbrachte.

Freddi verließ Deutschland Mitte der Dreißigerjahre und zog nach Holland, im Glauben, dass sie in dem neutralen Land vor den Verfolgungen der Nazis sicher sei. Sie schloss sich Helmut und seiner Familie an, die bereits in Amsterdam wohnten. Die Familie versuchte, nach England oder Argentinien auszuwandern, aber ihre Anträge auf Einreiseerlaubnis wurden abgelehnt. Nach der Besetzung Hollands durch die Deutschen tauchte die Familie unter, wurde von holländischen Nachbarn den Nazis ausgeliefert, nach Auschwitz transportiert und ermordet.

Ruth, die Mitglied einer zionistischen Jugendbewegung war, wanderte nach Eretz Israel aus, heiratete ihren Auserwählten, den sie noch aus Deutschland kannte, und gründete eine wunderbare Familie. Helene hat Deutschland nie verlassen. Sie wurde mitten im Krieg festgenommen, ins Konzentrationslager Theresienstadt verschickt, überlebte die Strapazen des Lagers und kehrte Ende des Krieges nach Deutschland zurück.